新能源汽车关键技术研发系列

# 电动汽车
## 充电技术及基础设施建设

王震坡 张 雷 刘 鹏 孙逢春 编著

机械工业出版社

随着电动汽车产业的迅速发展，派生出了新兴产业——电动汽车充电基础设施。充电基础设施承担着为电动汽车动力电池提供电能的重要使命，是电动汽车行业快速发展的基础性设施。本书从电动汽车充电技术的发展现状、基础知识以及充电关键技术入手，在全面阐述国内外电动汽车充电基础设施市场、建设、技术和运营管理等方面发展现状的基础上，分析了我国充电基础设施的建设和未来的发展趋势。

## 图书在版编目（CIP）数据

电动汽车充电技术及基础设施建设 / 王震坡等编著. —北京：机械工业出版社，2018.5（2024.7重印）
（新能源汽车关键技术研发系列）
ISBN 978-7-111-59999-9

Ⅰ. ①电… Ⅱ. ①王… Ⅲ. ①电动汽车–充电–研究 ②电动汽车–充电–基础设施建设–研究 Ⅳ. ①U469.72

中国版本图书馆 CIP 数据核字（2018）第 093375 号

机械工业出版社（北京市百万庄大街22号　邮政编码100037）
策划编辑：何士娟　　　责任编辑：何士娟
责任校对：刘秀芝　　　封面设计：张　静
责任印制：常天培
固安县铭成印刷有限公司印刷
2024年7月第1版第2次印刷
169mm×239mm・15.5 印张・2 插页・299 千字
标准书号：ISBN 978-7-111-59999-9
定价：89.90 元

凡购本书，如有缺页、倒页、脱页，由本社发行部调换
电话服务　　　　　　　　　网络服务
服务咨询热线：010-88361066　　机 工 官 网：www.cmpbook.com
读者购书热线：010-68326294　　机 工 官 博：weibo.com/cmp1952
　　　　　　　010-88379203　　金　书　网：www.golden-book.com
封面无防伪标均为盗版　　　　　教育服务网：www.cmpedu.com

# 前　言

随着世界能源短缺和环境污染问题的日益加剧，发展以电动汽车为主的新能源汽车成为当前世界各国的普遍共识。与传统内燃机汽车相比，电动汽车利用电能全部或者部分取代燃油燃烧为车辆提供动力，具有清洁、高效、布置灵活和易操控等优点。随着水力发电、风能、太阳能等清洁能源的不断发展和渗透，电动汽车节能与环保的潜力得到更充分的挖掘。为了引导和扶植电动汽车产业发展，世界主要发达国家在出台相关鼓励政策、措施的同时，也相继公布了纯燃油汽车退市时间表，例如德国和法国分别宣布将于2030年和2040年禁止销售纯燃油汽车。据彭博社新能源财经板块预计，到2030年，新上市的车型中将会有四分之一为电动汽车，而到2040年，这一数字将扩大到54%，届时，电动汽车也将占据全球汽车保有量中的三分之一。

在电动汽车快速发展的形势下，作为电动汽车能量补给的主要媒介，充电基础设施的建设以及运营管理技术成为当下亟待研究和解决的问题。了解动力电池以及充电基础设施的分类及工作原理，掌握以充电站为主的充电基础设施的选址、规划原则以及匹配方法，对于新能源汽车领域的学者和从业人员是极为重要的。在此背景下，编者依照相关国家标准和行业规范，结合北京理工大学电动车辆国家工程实验室近年来在充电基础设施技术与运行管理方面的研究经验，编写了本书，以供相关行业人员参考。

全书分为9章，各章基本内容概括如下：

第1章：对电动汽车充电基础设施的发展现状进行了概述。

第2章：主要介绍了电动汽车的分类以及每种类型电动汽车的基本特点、动力电池技术、电动汽车应用领域以及应用模式等电动汽车的基础知识。

第3章：讲解了以锂离子电池为主的动力电池的充、放电特性，对几种常用的常规充电方法和快速充电方法做了简单分析和比较。

第 4 章：介绍了充电机的基本构成和主要工作原理。

第 5 章：介绍了电气性能测试、通信性能测试和互操作性等充电机测试方法，对测试数据的流程、所用到的仪器、编码规则等进行了简要说明。

第 6 章：对电动汽车充电站的基本分类和拓扑结构进行了讲解，对充电站的供配电设施及谐波治理等方面进行了简要介绍。

第 7 章：充电站监控系统是保障充电站运行安全的重要措施。本章介绍了其基本构成和网络结构，结合实例对充电站监控系统的功能进行了展示和说明。

第 8 章：作为电动汽车充电方式的补充，换电方式具有多种优点。本章就电池更换的关键技术和基本工作原理进行讲解，结合国内外应用案例进行分析。

第 9 章：主要介绍了充电基础设施选址以及布局规划的基本原则和思路，并列举了常见的布局规划模型。

本书由北京理工大学王震坡教授构建总体结构，并与张雷博士、刘鹏博士和孙逢春院士共同编著。在编写过程中，参考了相关教材、专著和期刊论文等文献，并得到了北京理工大学电动车辆国家工程实验室王硕博士的大力支持，博士生洪吉超、朱晓庆、王聪，硕士生易密、王秋诗、黄吕威等协助进行了书稿资料的整理工作，在此对他们的工作表示衷心的感谢。

受编者水平所限，且书中信息、数据和内容涉及范围广泛，部分引用的内容来源可能有所遗漏，敬请各位读者谅解。希望以本书作为交流的平台，与各位读者建立联系，同时本书的研究团队也将继续跟踪行业发展趋势与最新技术进展，不断更新相关信息，持续为产业发展服务。

编著者

# 目 录

前言
第1章 概述 ·················································································· 1
 1.1 电动汽车充电技术的发展现状与趋势 ·············································· 1
  1.1.1 充电技术的发展现状 ··························································· 1
  1.1.2 充电技术的发展趋势 ··························································· 4
 1.2 电动汽车充电基础设施的发展现状与趋势 ········································· 5
  1.2.1 国外充电基础设施的发展现状 ··············································· 5
  1.2.2 国内充电基础设施的发展现状 ··············································· 8
第2章 相关基础知识 ····································································· 13
 2.1 电动汽车的分类 ········································································ 13
 2.2 电动汽车的应用领域与应用模式 ···················································· 19
  2.2.1 车分享模式（分时租赁） ···················································· 19
  2.2.2 融资租赁模式 ···································································· 22
  2.2.3 电池租赁模式 ···································································· 23
 2.3 电动汽车动力电池技术 ······························································· 23
  2.3.1 化学能电能转换基本原理 ···················································· 24
  2.3.2 动力电池的分类 ································································· 24
  2.3.3 动力电池的基本结构 ·························································· 25
  2.3.4 动力电池的基本参数 ·························································· 26
  2.3.5 常用动力电池简介 ····························································· 30
  2.3.6 动力电池管理系统 ····························································· 38
  2.3.7 动力电池的使用寿命 ·························································· 42
  2.3.8 动力电池的梯次利用与回收 ················································· 46
第3章 动力电池的充电方法 ··························································· 53
 3.1 充电方法的评价指标 ·································································· 53
  3.1.1 充电效率 ·········································································· 53

3.1.2　充电时间······54
　　3.1.3　电池内阻······54
　　3.1.4　电池寿命······54
3.2　锂离子动力电池的充、放电特性······55
3.3　最佳充电电流曲线······61
3.4　蓄电池充电电流接受比定律······62
3.5　电池极化现象及其影响······64
　　3.5.1　电池极化现象······64
　　3.5.2　极化现象对电池的影响······66
　　3.5.3　去极化遵循的原则及方法······66
3.6　常规充电方法······67
　　3.6.1　恒流充电法······67
　　3.6.2　恒压充电法······69
　　3.6.3　阶段充电法······70
3.7　快速充电方法······71
　　3.7.1　脉冲式充电法······71
　　3.7.2　Reflex™快速充电法······73
　　3.7.3　变电流间歇充电法······73
　　3.7.4　变电压间歇充电法······74
　　3.7.5　变电压、变电流波浪式间歇正负零脉冲快速充电法······74
　　3.7.6　智能充电法······74
3.8　充电优化方法······75

# 第4章　充电机

4.1　分类与构成······77
　　4.1.1　充电机的分类······78
　　4.1.2　充电机的基本构成······80
　　4.1.3　充电策略······84
4.2　充电机主电路的基本工作原理······87
　　4.2.1　主电路的功率等级分类······87
　　4.2.2　传导式充电技术主电路······89
　　4.2.3　无线充电技术主电路······92
　　4.2.4　功率因数校正电路······95
　　4.2.5　无线充电机示例······97
4.3　性能及其技术要求······101
　　4.3.1　充电机的性能标准······101

4.3.2 充电机的技术要求 …… 102

## 第 5 章 充电机测试 …… 104
### 5.1 充电机测试分类 …… 104
5.1.1 电气性能测试 …… 104
5.1.2 通信性能测试 …… 106
5.1.3 保护功能测试 …… 106
5.1.4 使用及保养要求 …… 107
### 5.2 充电系统互操作性测试 …… 108
5.2.1 互操作性测试顺序、流程、项目编码规则、仪器及要求 …… 108
5.2.2 供电设备互操作性测试 …… 110
5.2.3 车辆互操作性测试 …… 130

## 第 6 章 充电基础设施 …… 141
### 6.1 分类与功能 …… 141
6.1.1 充电桩 …… 141
6.1.2 充电站 …… 143
### 6.2 充电站的总体布局及拓扑结构 …… 144
6.2.1 充电站的建设形式 …… 144
6.2.2 充电站的系统结构 …… 146
### 6.3 充电站供配电系统 …… 148
6.3.1 供配电系统的基本结构 …… 148
6.3.2 充电站交流配电系统的配置原则 …… 150
### 6.4 充电站系统匹配的方法和理论 …… 151
6.4.1 充电机电池负载功率模型 …… 151
6.4.2 充电站配电容量需求模型 …… 152
6.4.3 电动公交车充电站容量需求模型 …… 153
6.4.4 充电站服务能力计算模型 …… 154
6.4.5 整车充电模式下充电机配置模型 …… 154
6.4.6 更换模式下备用车辆和电池配置模型 …… 155
6.4.7 M/M/S 排队论模型 …… 155
### 6.5 电动汽车充电基础设施对电网的影响 …… 156
### 6.6 谐波与谐波治理 …… 157
6.6.1 谐波的产生 …… 157
6.6.2 充电站谐波对电网和充电设施的危害 …… 159
6.6.3 谐波治理的技术和方法 …… 160
### 6.7 充电站运行维护与安全管理 …… 167

|  |  |  |
|---|---|---|
| 6.7.1 | 设备定期维护与评价 | 167 |
| 6.7.2 | 设备缺陷管理 | 167 |
| 6.7.3 | 消防安全保障管理 | 168 |
| 6.7.4 | 防汛、防寒、防高温工作管理 | 168 |
| 6.7.5 | 安全标识及交通标志的规范化管理 | 169 |
| 6.7.6 | 文件档案管理 | 169 |

## 第7章 充电站监控系统 170

### 7.1 充电站监控系统的构成及配置原则 170
- 7.1.1 充电站监控系统的基本功能 171
- 7.1.2 充电站监控系统的基本要求 172
- 7.1.3 充电站监控系统的基本构成 172

### 7.2 充电站监控系统的监控网络 173
- 7.2.1 充电站监控系统网络的结构 173
- 7.2.2 充电站监控系统网络的功能 175
- 7.2.3 充电站监控系统网络的设置模式 177

### 7.3 充电机监控单元与外界的通信协议 179
- 7.3.1 非车载充电机监控单元与电池管理系统的通信协议 179
- 7.3.2 车载充电机监控系统与交流充电桩的通信协议 182

### 7.4 案例分析 187
- 7.4.1 系统架构 187
- 7.4.2 技术参数 189
- 7.4.3 主要功能 189

## 第8章 换电技术 202

### 8.1 动力电池自动更换技术 202
- 8.1.1 自动更换系统的总体方案 202
- 8.1.2 自动更换系统的组成及工作原理 203
- 8.1.3 更换动作的基本准则与过程 205
- 8.1.4 更换系统的其他关键技术 206

### 8.2 动力电池手动更换技术 209

### 8.3 换电模式的应用与分析 210
- 8.3.1 国外换电模式应用 210
- 8.3.2 国内换电模式应用 211
- 8.3.3 国内、外换电模式分析 213

## 第9章 充电设施的布局规划与用地选址 218

### 9.1 充电设施布局规划的原则与思路 219

## 目　录

　　9.1.1　充电设施布局规划的原则 ·················································· 219
　　9.1.2　充电设施布局规划的思路 ·················································· 220
9.2　电动汽车保有量的预测方法 ························································ 221
　　9.2.1　基于灰色理论的预测方法 ·················································· 221
　　9.2.2　基于时间序列数据的预测方法 ············································ 222
　　9.2.3　基于情景分析的预测方法 ·················································· 223
　　9.2.4　基于 Bass 模型的预测方法 ················································ 225
9.3　充电设施布局规划模型 ······························································· 226
　　9.3.1　基于燃料需求的城市充电设施数量规划模型 ························· 226
　　9.3.2　面向区域的充电设施布局规划模型 ······································ 226
　　9.3.3　面向城际间线性路段的充电设施布局规划模型 ······················ 227
　　9.3.4　充电站服务规模规划模型 ·················································· 228
9.4　充电设施选址的影响因素与原则 ·················································· 228
　　9.4.1　充电设施选址的影响因素 ·················································· 228
　　9.4.2　充电设施选址的原则 ························································· 231
9.5　布局规划案例 ············································································ 234
**参考文献** ······················································································· 236

# 第 1 章

# 概　述

## 1.1 电动汽车充电技术的发展现状与趋势

燃油汽车通过加注燃料来维持车辆的能量供给，而电动汽车通过与电网连接的充电机对车载动力电池进行电能供给。目前，电动汽车的充电速度和充电便利性是影响电动汽车大面积推广的关键性问题。电动汽车的充电方式可以分为传导式充电以及现在正处于初期应用阶段的无线充电。

### 1.1.1 充电技术的发展现状

1887 年，Peukert 通过两种不同放电速率的实验，对电池在不同速率下放电时的放电容量进行了预测，但是并没有研究其在充电时的容量问题。1935 年，Woodbrode 发现了温度高低对充电特性的影响，并注意到电池在充电时所要求的指数特性。1967 年，J.A.MAS 在研究中意识到气体析出现象的重要性，并开始将这种现象应用于充电电压的控制。随后，人们对充电问题日益重视起来，研究出了多种充电方法，各种充电装置也相继问世。

铅蓄电池最早采用的是恒流充电和恒压充电两种方法。这两种方法的优点是控制电路简单，实现起来比较容易。但缺点是充电时间较长，充电方法单一，控制不当会对蓄电池本身造成伤害，甚至影响蓄电池的使用寿命。分段式充电法在恒流法和恒压法的基础上进行了改进，可分为二段式充电法和三段式充电法。三段式充电法在开始阶段采用恒流充电；当电池电压达到设定值之后转为第二阶段，即恒压充电阶段；当充电电流减小到设定的电流值之后转为第三阶段，即涓流充电。分段式充电法的优点是技术实现简单，基本能满足电池的充电要求，成本低。缺点是不能区别电池的放电深度而进行精准充电；对充电比例的控制较弱；对电池电解液的保持欠佳，易造成失水，从而影响电池寿命。

针对上述传统充电方法充电缓慢、安全性能不好等缺点，国内外陆续提出了一些新型的快速充电方法，如分级定电流充电法、脉冲式方法和变电流间歇充电法等。这些充电法的充电原理大多是在传统方法的基础上加以改进，以便使其充电曲线能够更好地接近 J.A.MAS 提出的铅蓄电池最佳充电曲线。

近几年，厦门大学的陈体衔教授提出了间歇充电法，其特点是将恒流充电阶段改为限电压变电流间歇充电。充电前期的恒电流充电阶段采用最佳充电电流，获得绝大部分充电电量；充电后期采用定电压充电获得过充电量，将电池恢复至完全充电态。陈教授所提出的充电方法在充电前期尽可能多地充入电量，但所采用的变电流方法实质上就是多阶段恒流递减充电，因此还没有达到真正意义上的最佳电流充电。

C. C. Chan 和 K. C. Chu 提出了一种脉冲充电方法，其实现方式是在充电过程中，充电装置和蓄电池被周期性地断开并自动测量蓄电池的开路电压，在一定的参考温度下，若蓄电池的开路电压超过一定值，停止充电，直至蓄电池的开路电压低于某一值时，再进行充电。当蓄电池的荷电状态很低时，由于蓄电池的开路电压低于某个值或迅速下降到某个值，充电装置持续对蓄电池进行充电。当蓄电池的荷电状态达到一定值后，暂停充电的时间相应增加。充电装置记录蓄电池开路电压下降到某个值的时间，当充电装置检测到相邻两个周期的时间相等时，自动切换到小电流充电方式直至完全充电。后来，他们又提出了一种自动充电方法：开始以较大的电流充电，直至蓄电池的单格电压达到 2.39V，这时荷电状态为 70%~80%；然后以较低的电流充电，直至单格蓄电池端电压达到 2.43V（析气电压）；接着周期性地断开充电装置和蓄电池（使蓄电池开路），直至蓄电池的开路电压下降到 2.29V/单格；重复上述过程，直至相邻两次时间相等。

有学者提出了按照马斯定律（Mas's Law）对蓄电池快速充电的思想，即恒流充电一段时间后，用大电流极化放电，以提高蓄电池的充电电流接受率，然后继续恒流充电……不断重复上述过程，直至充电结束。

铅蓄电池是一个非线性系统，其离散性大，难以建立精确的数学模型。国内外的学者对铅蓄电池建立了多种模型，但均难以实现模型复杂度和计算效率的平衡。因此，近年来，国内外有人提出了模糊控制等智能控制蓄电池充电的思想。

无线充电是一种利用无线电波或电磁场传递能量以达到充电目的的方法。不同于传统的有线充电方式，无线充电不仅节省了电源电线装置等费用，也避免了由于电源电线反复插拔而产生的消耗与触电风险，从而使电能传输更加灵活、安全。无线充电系统的能量传输具有灵活性高、安全性高和可靠性强等特点，且不受环境因素的影响，能满足多种不同条件下电动汽车的充电要求，方便在不同领域中广泛应用。早在 20 世纪末，无线充电方式就已经得到各汽车厂商的青睐，与之相关的技术开发在世界主要发达国家都已大范围开展，无线能量传播的技术水平也得到很大改善。

按工作原理可以将无线充电技术分成三类：一是利用电磁感应原理进行短程大功率传输的感应无线充电技术；二是基于非辐射交变磁场的耦合（即磁场谐振原理）实现电能的无线中程传输技术，即 WiTricity 技术；三是通过将电能转化为微波或激光形式发射给远端的接收天线，进行处理后实现电能的远程传输。

在 2014 年举办的 Formula E 比赛中，高通公司展示了电动汽车无线充电系统 Halo，其基本原理就是通过磁共振传播效应对汽车的电池组进行无线充电。这个充电过程无须使用电缆便可进行，在车辆电量不足时，驾驶者只需要将汽车驾驶至 Halo 充电系统的充电板处即可进行充电。该无线充电系统不仅能够达到 90% 以上的充电效率，而且还可以根据用户车辆的实际需要来变换充电功率，进一步提高充电速度。图 1-1 所示为车用无线充电系统 Halo，该系统可以满足 SUV 规格电动汽车的无线充电需求。据该公司负责人讲，高通公司采用的无线充电技术是由奥克兰大学科研团队开发的，只需利用一个厚度约为 28mm 的芯片就能够以 3.3kW 的功率对电动汽车进行充电。

图 1-1　车用无线充电系统 Halo

在 2016 年 3 月广州国际新能源汽车充电桩博览会上，中惠创智（Zonecharge）首次实车展示了新能源汽车无线充电桩。这套基于磁耦合谐振技术的 6.6kW 无线充电桩，传输距离达到 20cm，传输效率最高达 90%。同时展示的另一套 30kW 的无线充电产品，传输距离最大可达 60cm，而且具有一定的水平和垂直自由度，主要应用在大巴车和城市公交上。同年，中惠创智团队基于磁耦合谐振无线充电技术，针对商用化新能源汽车无线充电终端项目，在国内首次推出了车用双模（有线+无线）充电桩，其充电原理如图 1-2 所示。

成立于 2014 年 6 月的中兴新能源（ZTEV）研发出具有完全自主知识产权的电动汽车 3~60kW 大功率无线充电系列产品，并推出"智慧无线充电"，重点应用在城市公交大巴上。目前，ZTEV 在全国 30 多个城市（包括成都、襄阳、张家口、大理、丽江、贵阳、长春、惠东等地）开通了无线充电公交线路。除公交大巴外，ZTEV 也积极投入到乘用车无线充电系统的开发，分别于 2015 年 7 月及 2016 年 12 月完成了乘用车分体式及一体式无线充电系统设计，同国内大部分 OEM 厂家都展开了交流合作。

图 1-2　车用双模（有线+无线）充电桩充电原理

### 1.1.2　充电技术的发展趋势

随着电动汽车技术的不断发展和进步，电动汽车对于充电系统实用性的要求也越来越高，为了适应电动汽车的快速发展，电动汽车充电技术应向以下几方面发展（见图 1-3）：

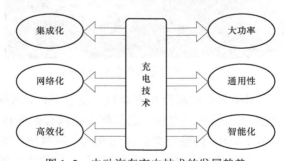

图 1-3　电动汽车充电技术的发展趋势

（1）大功率

目前，电动汽车动力电池的比能量较低，不能满足增加电动汽车续驶里程的要求。因此，提高充电功率、实现电池的快速充电成为现阶段缓解电动汽车续驶里程短问题的重要方法和途径。大功率充电技术示范运行后，必将对电动汽车及充电设施的产业发展起到带动作用，有助于改进电动汽车续驶里程短、充电时间长、使用不方便的缺点，进一步突出电动汽车环保、科技和使用费用低的优势。

（2）通用性

电动汽车上应用的动力电池具有多样性，不同动力电池的充电特性不完全相同。为了保证充电机与不同类型动力电池之间都可以相互匹配，完成充电过程，需要充电机具有通用性。对于公共充电设施，要求其能够适应多种类型动力电池的充电控制算法、电压等级，并且可以与各类电动汽车的动力电池系统的充电特性进行匹配。

（3）智能化

充电技术的智能化包括对充电技术、充电设施进行优化，对电池电量进行智能化计算与管理，对电池故障自动诊断和维护等。这就要求充电系统能够自动识别动力电池类型、充电方式和电池故障等信息，通过对动力电池充电状态的智能化监控，以达到降低充电人员工作强度，提高充电安全性和充电工作效率的目的。

（4）集成化

目前，电动汽车充电系统是作为一个独立的辅助子系统而存在的，但是随着电动汽车技术的不断成熟，出于对子系统小型化和多功能化的要求，充电系统将会和电动汽车能量管理系统以及其他子系统集成为一个整体，从而为电动汽车其余部件节约布置空间，降低系统成本，优化充电效果，延长电池寿命。

（5）网络化

对于一些公共场合，例如大型市场的停车场和公交车总站等，为了满足大量电动汽车的充电要求，就必须配备相当数量的充电机。基于网络化的管理体制可以对这些充电机进行有效的协调管理，使用中央控制主机来监控分散的充电机，从而实现集中管理，统一标准，降低使用和管理成本的目的。

（6）高效化

充电设施的充电效率和能耗指标不仅影响电动汽车的充电时间，而且直接影响电动汽车和充电设施的运行运作费用，因此需要选择具有电能转换效率高、建设成本低的充电装置。

## 1.2 电动汽车充电基础设施的发展现状与趋势

### 1.2.1 国外充电基础设施的发展现状

美国是最早建设电动汽车充电站的国家。根据国际能源署（IEA）的测算，

# 电动汽车
## 充电技术及基础设施建设

美国充电基础设施主要分布在东部和西部的沿海地区（见图1-4），截至2016年，美国共建成14 300个公共电动汽车充电站，公共充电桩数量已经突破4.4万。然而，这仍然不能满足大量电动汽车的充电需求。为了改善电动汽车缺乏充电基础设施的现状，美国能源部已采取措施刺激充电基础设施的发展。2016年7月，美国能源部宣布贷款45亿美元以支持电动汽车充电站建设。在美国的加州101公路上已经建立了5个电动汽车充电站，每个充电站的充电电压高达240V，充电电流高达70A，可使电动汽车在短时间内恢复电量。美国的特斯拉公司针对其所生产的电动汽车，大力开展充电基础设施的建设，现已横跨美国东西海岸建设了71座超级充电站。特斯拉超级充电站的充电功率可以达到120kW，仅需30min便能充到可行驶240km的电量，约为普通家用充电桩的10倍。2016年，美国政府计划联合各大汽车厂在美国境内建设48条快速充电走廊，大力促进电动汽车发展，这将覆盖美国境内35个州，共计4.02万km（2.5万mile）的公路网。目前，总部位于加州的电动汽车基础设施公司ChargePoint，已经沿着美国主要沿海公路安装了近100个公共电动汽车充电站。根据快速充电走廊计划，电动汽车充电站将沿美国长途公路分布，安装在沿途的餐厅、休息站和购物中心等公共区域，每2个充电站相距约50mile，提供50kW或24kW直流SAE二合一充电口，支持对宝马i3和大众EV高尔夫等电动汽车充电，不少充电站还具备CHAdeMO充电口，可为日产LEAF等电动汽车充电。该充电站比一般公共场所使用的240V充电桩充电速度更快，能够在20min内将电动汽车动力电池的电量充到80%。

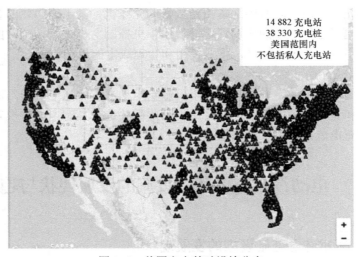

图1-4　美国充电基础设施分布

# 第 1 章
概　述

2016 年 11 月，宝马集团、戴姆勒集团、福特汽车与大众集团协同奥迪及保时捷品牌共同签订了一份谅解备忘录，以期联手在欧洲建设高压充电网络。该备忘录旨在为新能源汽车长途出行建立覆盖面广泛的充电网络。该充电网络的充电功率将高达 350kW，高于目前绝大部分充电站所使用的充电功率。2017 年 11 月，上述公司成立了合资公司 Ionity，首批将在欧洲地区建立约 400 个快充站。到 2020 年，新能源汽车用户将有望使用欧洲境内千余个充电站。

近日，欧盟宣布的一项超级快充电网的计划表明将在欧洲建造一个连接荷兰、比利时、德国和奥地利 4 个国家，共计由 25 个充电站点组成的充电网络，充电功率达到 350kW。按照计划，这些充电站点将于 2018 年建设完成，预计将花费 1300 万欧元。除了建设公共充电站点，欧盟还希望电动汽车充电桩成为该地区新建房屋的标配。据悉，欧盟正在制定一项关于推广电动汽车的新草案。该草案要求，到 2019 年欧洲所有新建或改建住房都必须安装电动汽车充电设施，并规定，到 2023 年欧盟范围内所有新建停车场至少 10%的停车位需要配备电动汽车充电设施。图 1-5 所示为欧洲部分地区现有充电站分布情况。

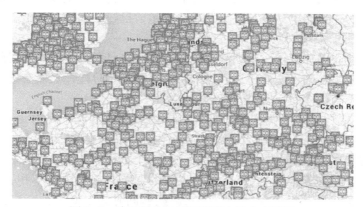

图 1-5　欧洲部分地区现有充电站分布情况

日本政府制订了明确的电动汽车充电站建设计划，并成功地开发了大型快速充电器，使电动汽车的充电时间大大缩短，进一步提高了普及使用电动汽车的可能性，帮助电动汽车早日实现商业化。为方便电动汽车在城市中充电，日本政府在超市停车场、便利店及邮局等公共场所内陆续建设了充电设备，东京电力公司表示将在 3 年内建造千余座充电站。截至 2015 年底，日本公共充电桩保有量约为 22 110 个，其中，快速直流充电桩 5990 个，普通交流充电桩 16 120 个，提前 5 年完成了《日本下一代汽车战略 2010》中提出的到 2020 年建设 5000 个快速直流充电桩的目标。在充电设施分布方面，直流充电桩主要建设在汽车销售店、便利

7

店、公共场所以及购物中心等场所，主要服务对象为日产的 LEAF、三菱的 iMiEV 和欧蓝德 PHEV；普通交流充电桩主要分布在汽车销售店、酒店、停车场以及购物中心等场所。

国外在换电模式的应用上也进行了很多积极的探索，以色列的 Better Place 公司曾致力于采用换电机器人实现电动汽车电池系统的快速更换，并在初期向雷诺公司订购了 10 万辆 Fluence ZE 电动汽车用于研发和推广换电技术，但最终因为所需成本投入过大以及换电模式标准无法统一而宣告失败。特斯拉公司于 2013 年发布了自己的电池更换技术，该技术可将换电时间缩短至 90s 以内，但随着特斯拉超级充电站效率和功率的不断提升以及换电基础设施过大的建设运营成本，换电模式失去了继续推广的动力和意义。2015 年，特斯拉终止了换电模式的推广，只在加州保留了 1 个换电站用于示范运行。

### 1.2.2 国内充电基础设施的发展现状

建设电动汽车充电站是电动汽车产业链中的重要环节，是电动汽车推广和应用的前提和基石。大力开展充电基础设施建设，不仅可以拓展电力市场需求，还有利于加速电动汽车的普及，具有显著的经济、社会及环境效益。当前，使充电站基础设施的建设比电动汽车整车发展适度超前已经成为国内外电动汽车产业发展的共识。

近年来，我国加大了对电动汽车研发的投入，已取得了一定的成就。但是针对电动汽车充电基础设施的建设和推广，仍处于起步阶段，还没有建立一个可以服务于社会不同群体的、完善的充电站体系。

2006 年，比亚迪公司在深圳建立了国内首个电动汽车充电站；2008 年，北京公交集团在北京建立了首个集中式充电站，能够同时为 50 辆电动公交车充电；2009 年，上海市电力公司在上海建立了电动汽车示范充电站，该充电站能够同时给 9 辆公交车充电，该充电站主要的服务对象是公务车和公交车。2010 年，上海公交集团在世博会期间，建立了能够同时为 120 辆公交车充电的集中式充电站。

全国新能源汽车示范应用城市均有大规模充电设施建设计划。自 2010 年以来，全国已经有 20 多个省市建立了电动汽车充电站，电动汽车的相关配套基础设施也在不断完善。随着各地政府推广新小区配套充电桩，各地加快了与新能源汽车相配套的充换电站（桩）等基础设施的建设步伐，以打通新能源汽车产业化的"最后一公里"。为满足电动汽车迅猛发展的需求，国家电网在未来几年将进一步加大电动汽车充电设施的投资力度，计划到 2020 年建成充电站 1 万座、充电桩 12 万个，在北京、上海、杭州等城市形成半径不超过 1km 的公共快充网络。

# 第1章 概述

在高速公路充电网络建设方面,"十二五"期间,我国已在京津冀鲁和长三角地区主要城市间的高速公路建成快速充电网络,覆盖高速公路1.1万km,"十三五"期间计划覆盖高速公路3.6万km,为电动车提供更加便利的服务。

中国充电联盟的统计数据显示,截至2017年9月,我国电动汽车公共类充电桩已达到19万个,其中,交流充电桩74 783个、直流充电桩49 717个、交直流一体充电桩66 059个,此外成员企业总计上报私人充电桩总数16.7万个,这标志着我国充电基础设施发展进入了新阶段。

国内关于充电和换电模式的争论由来已久。近年来,随着北汽、力帆和时空等企业的不断探索,换电模式逐渐得到社会的认可。北汽新能源的换电模式是底盘换电,主要应用在其生产的出租车上,截至2017年6月底,北京地区已经建成换电站68座(见图1-6),北汽新能源也已在北京、厦门和兰州3个城市投放了超过2400辆换电出租车。在2022年北京—张家口冬奥会之前,北汽新能源将以替换的方式在北京和张家口地区投放5万辆换电纯电动出租车。力帆集团主要采用的是分箱换电技术,该技术具有分布式电池温控、不改变底盘结构等多个优点。截至2017年3月,力帆旗下盼达用车以分时租赁的形式累计投入使用换电技术的运营车辆超过7000辆。力帆集团规划到2020年建设500座换电站,并投放30万辆电池更换式新能源汽车。换电站每台新能源汽车平均换电时间为3min,每座换电站每天可为2000辆新能源汽车更换电池。除各个汽车制造商之外,作为电动汽车产业的参与方,国家电网公司和南方电网公司也将换电模式作为电动汽车发展的重要模式,在各自的辖区范围内开展了相关的示范建设。但电池控制权和标准化建设等方面的问题迟滞了换电站的进一步推广应用。

图1-6 北汽新能源换电站

# 电动汽车
## 充电技术及基础设施建设

在北京，电动汽车有 10 万多辆，充电桩已经建设了 9.75 万个，从数字上可以看出，基本实现了一辆车配一个桩。但具体到每个电动汽车车主，情况却差别很大，10 万电动汽车车主中只有 6 万多有自己的私人充电桩，还有 3 万多车主只能依赖公共充电桩，"充电焦虑"依旧存在。与北京基本实现了一辆车配一个桩相比，放到全国范围，这个比例却是 3 辆车 1 个桩，车多桩少依旧是制约电动汽车发展的一个重要因素。为了解决车多桩少的问题，2016 年 9 月～2017 年 9 月，国家接连出台了加快居民区、企事业单位和停车场建设充电设施的指导意见，充电桩建设正在全面提速。按照国务院制定出台的加快发展充电设施建设意见，到 2025 年要满足 500 万辆车的充电任务要求，要新建 480 万个桩、1.2 万个站，届时，平均一辆电动汽车就会有一个充电桩。

2015 年 10 月，国务院办公厅印发《关于加快电动汽车充电基础设施建设的指导意见》（以下简称《意见》）。《意见》指出，大力推进充电基础设施建设，有利于解决电动汽车充电难题，是发展新能源汽车产业的重要保障，对于打造大众创业、万众创新和增加公共产品、公共服务"双引擎"，实现稳增长、调结构、惠民生具有重要意义。明确了我国将以纯电驱动为新能源汽车发展的主要战略取向，按照统筹规划、科学布局、适度超前、有序建设、统一标准、通用开放，依托市场、创新机制的原则，力争到 2020 年基本建成适度超前、车桩相随、智能高效的充电基础设施体系，满足超过 500 万辆电动汽车的充电需求。《意见》提出，要加强充电基础设施建设专项规划设计和指导，强化充电基础设施建设的支撑保障，完善充电设施标准规范、建设充电智能服务平台、建立互联互通促进机制、做好配套电网接入服务、创新充电服务商业模式，加快制定、修订或完善有关标准规范，大力推进"互联网+充电基础设施"，促进电动汽车与智能电网间能量和信息的双向互动，组建国家电动汽车充电基础设施促进联盟，将充电基础设施配套电网建设与改造项目纳入各地配电网专项规划，鼓励充电服务企业创新建设充电基础设施商业合作模式。

2015 年 10 月，为科学引导电动汽车充电基础设施建设，促进电动汽车产业健康快速发展，国家发改委、国家能源局、工业和信息化部、住房城乡建设部组织编制了《电动汽车充电基础设施发展指南（2015—2020 年）》。《发展指南》根据需求预测结果，按照适度超前原则明确充电基础设施建设目标：

① 到 2020 年，新增集中式充换电站超过 1.2 万座，分散式充电桩超过 480 万个，以满足全国 500 万辆电动汽车的充电需求。

② 优先建设公交、出租及环卫与物流等公共服务领域充电基础设施，新增超过 3850 座公交车充换电站、2500 座出租车充换电站、2450 座环卫物流等专用车充电站。

③ 积极推进公务与私人乘用车用户结合居民区与单位停车位配建充电桩,新增超过 430 万个用户专用充电桩,以满足基本充电需求。鼓励有条件的设施对社会公众开放。

④ 合理布局社会停车场所公共充电基础设施,按照适度超前原则,新增超过 2400 座城市公共充电站与 50 万个分散式公共充电桩,以满足临时补电需要。结合骨干高速公路网,建设"四纵四横"的城际快充网络,新增超过 800 座城际快充站,以满足城际出行需要。

图 1-7 所示为 2015~2020 年新增各类充电设施总体目标;图 1-8 所示为到 2020 年充电基础设施分场所建设目标。

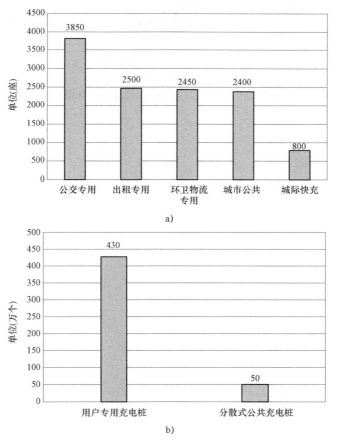

图 1-7 2015~2020 年新增各类充电设施总体目标
a) 集中式充换电站 b) 分散式充电桩

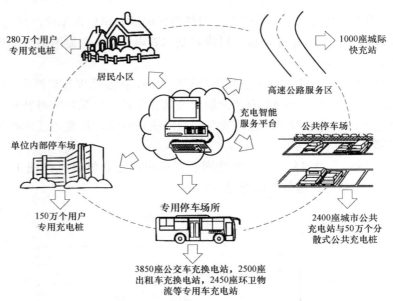

图1-8　到2020年充电基础设施分场所建设目标

# 第 2 章 相关基础知识

了解和掌握电动汽车的基础知识是提升电动汽车运行技术的关键。本章将从电动汽车的分类与基本结构、应用领域与应用模式以及动力电池技术等方面对电动汽车的基础知识进行介绍。

## 2.1 电动汽车的分类

按照电动汽车的驱动原理和技术现状,一般将其划分为纯电动汽车(EV)、混合动力电动汽车(HEV)、插电式混合动力电动汽车(PHEV)和燃料电池电动汽车(FCEV)4种类型,如图2-1所示。

**1. 纯电动汽车**

纯电动汽车是指利用动力电池作为储能动力源,通过动力电池向驱动电机提供电能,驱动电动机运转,从而推动电动汽车前进的一种新能源汽车,其基本结构如图2-2所示。

图2-1 电动汽车的分类

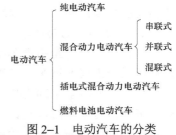

图2-2 纯电动汽车的基本结构

与燃油汽车相比，纯电动汽车具有下述优点：
① 零排放、零污染、噪声小。
② 结构简单，使用维修方便。
③ 能量转换效率高，可回收制动和下坡时的能量，提高能量的利用效率。
④ 可在夜间利用电网的廉价"谷电"进行充电，起到平抑电网峰谷差的作用。

纯电动汽车作为机械、电子、能源、计算机和信息技术等多种高新技术的集成，是典型的高新技术产品，其最终目标是实现智能化、数字化和轻量化。目前，研制和开发的关键技术主要有动力电池、驱动电机及其控制、车身和底盘设计及能量管理技术等。一般来讲，纯电动汽车可以分为机械子系统、电力电子子系统和信息子系统。

机械子系统由底盘、车身、驱动装置和变速器等组成，评价因素主要包括道路特性、防撞性、汽车内部空间、装配性以及价格等。

电力电子子系统由动力网、驱动电机及其控制器和能源系统组成，评价因素主要有安全性、可靠性、效率、重量以及价格等。

信息子系统用于处理驾驶人的意图，并监控汽车的运行以及电源、驱动电机及其控制器和充电器的状态，评价因素包括通信网络、数据处理的算法以及和通信相关的故障诊断和充电控制等。

2. 混合动力电动汽车

混合动力汽车是指汽车动力传动系统由两个或多个能同时运转的单个动力传动系统联合组成的汽车，汽车的行驶功率依据实际的汽车行驶状态由单个动力传动系统单独或者多个动力传动系统共同提供。如果其中一个动力传动系统为纯电动汽车动力传动系统，则该混合动力汽车为混合动力电动汽车。混合动力电动车按照推进系统能量流和功率流的配置结构关系或动力传输路线可以分为串联式混合动力、并联式混合动力和混联式混合动力电动汽车。

（1）串联式混合动力电动汽车

由内燃机直接带动发电机发电，产生的电能通过控制单元传到动力电池，再由动力电池传输给驱动电机转化为机械能，最后通过变速机构来驱动汽车。动力电池在发电机产生的能量和电动机需要的能量之间进行调节，从而保证车辆正常工作。其基本结构如图2-3所示。

串联式混合动力电动汽车具有下述特点：
① 车载能量源环节的混合。
② 单一的动力传动装置。
③ 车载能量源由两个或两个以上的能量源组成。

串联式混合动力电动汽车实现了车载能量源的多样化，可充分发挥各种能量源的优势，并通过适当的控制实现它们的最佳组合，满足汽车行驶的各种工况要求。

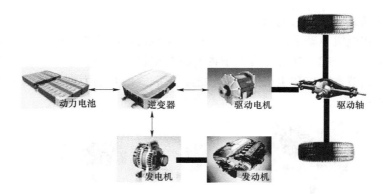

图 2-3 串联式混合动力电动汽车的基本结构

（2）并联式混合动力电动汽车

采用发动机和驱动电机两套独立的驱动系统驱动车轮。发动机和驱动电机通常通过不同的离合器来驱动车轮，可以采用发动机单独驱动、驱动电机单独驱动或者发动机和驱动电机混合驱动 3 种工作模式。当发动机提供的功率大于车辆所需驱动功率或者当车辆制动时，驱动电机工作于发电机状态，给动力电池充电。与串联式相比，它需要两个驱动装置，即发动机和驱动电机，在相同的驱动性能要求下，驱动电机系统与发动机可以同时提供动力，因此，并联式比串联式所需发动机和驱动电机的单机功率要小。并联式混合动力电动汽车的基本结构如图 2-4 所示。

并联式混合动力电动汽车具有下述特点：

① 机械动能的混合。

② 具有两个或多个动力装置。

③ 每一个动力装置都有自己独立的车载能量源。

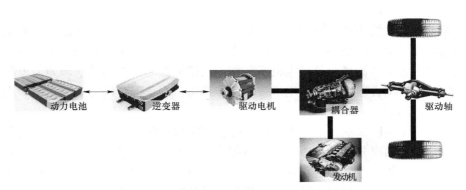

图 2-4 并联式混合动力电动汽车的基本结构

（3）混联式混合动力电动汽车

发动机和电机驱动系统各有一套机械变速机构，两套机构通过齿轮系统或行星轮结构结合在一起，从而综合调节内燃机与电机之间的转速关系，更加灵活地根据工况来调节发动机和电机的功率输出。混联式混合动力电动汽车的基本结构如图 2-5 所示。

图 2-5　混联式混合动力电动汽车的基本结构

混联式混合动力电动汽车的动力传动系统具有两个电机系统，即发电机和电机驱动系统，同时具备串联式车载能量源耦合以及并联式机械能耦合的优势，驱动模式灵活，能量效率更高。在实际应用中主要有两种方案，即开关式和功率分流式。

开关混联式混合动力电动汽车的基本结构如图 2-6 所示，离合器用于实现串联结构和并联结构的切换。若离合器分离，则该混合动力传动系统即为简单的串联式结构；若离合器接合且发电机不工作，则该混合动力传动系统即为简单的并联式结构；若离合器接合且发电机处于工作状态，则该混合动力传动系统即为复杂的混联式结构。

功率分流混联式混合动力电动汽车的基本结构如图 2-7 所示，它巧妙地利用了行星轮结构功率分流以及 3 个自由度的特点，发动机、发电机以及驱动轴分别与行星轮结构的 3 个轴相连。在正常工作时，发动机的输出动力自动分流为两部分：一部分直接输出到驱动轴，与电机驱动系统输出的动力构成并联式结构；一部分输出到发电机,发电机发出的电能与动力电池构成串联式结构。

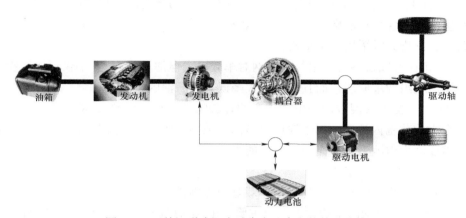

图 2-6　开关混联式混合动力电动汽车的基本结构

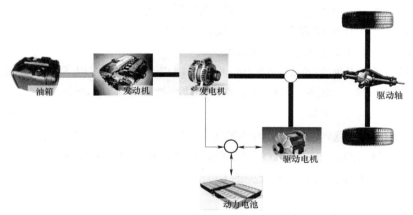

图 2-7　功率分流混联式混合动力电动汽车的基本结构

### 3. 插电式混合动力电动汽车

插电式混合动力电动汽车(Plug-in HEV,PHEV),是一种可外接充电的新型混合动力汽车。PHEV 是在传统混合动力汽车基础上派生而来的,并兼有传统混合动力汽车与纯电动汽车的基本功能特征。其本身也是一种混合动力电动汽车,区别在于其车载的动力电池组可以利用电力网(包括家用电源插座)进行充电,具有较长的纯电动续驶里程,必要时仍然可以工作在混合动力模式。因此,与混合动力电动汽车相比,它具有较大容量的动力电池组、较大功率的电机驱动系统以及较小排量的发动机。

该类电动汽车具有的特点如下:

① 噪声低、排放低。

② 插电式混合动力电动汽车介于常规混合动力电动汽车和纯电动汽车之间，出行里程长（如周末郊游）时采用以内燃机为主的混合动力模式，出行里程短（如正常上、下班）时采用纯电动模式。

③ 可在晚间低谷时使用外部电网对车载动力电池进行充电，不仅可以改善发电厂发电机组效率问题，而且可以大大降低其对石油的依赖。

④ 由于插电式混合动力电动汽车的行驶特性，动力电池 SOC（荷电状态）将在很大的范围内波动，属于深度充电深度放电，因此循环工作寿命受到一定影响，需要动力电池具备深充和深放的能力。

4. 燃料电池电动汽车

燃料电池电动汽车是一种利用车载燃料电池装置产生的电力作为行驶动力的汽车。燃料电池电动汽车的动力系统主要是由燃料电池发动机、燃料存储装置（主要用于储氢）、驱动电机和动力电池组等组成，采用燃料电池发电作为主要能量源，通过电机驱动车辆前进。燃料电池是利用氢气和氧气（或空气）在催化剂的作用下直接经电化学反应产生电能的装置，具有无污染、零排放的优点。燃料电池电动汽车的基本结构如图 2-8 所示。

燃料电池作为电动汽车的动力来源，其特点主要表现在以下几个方面：

① 能量转换效率高。燃料电池的能量转换效率可高达 60%～80%，是内燃机能量转换效率的 2～3 倍。

② 不污染环境。燃料电池的燃料是氢和氧，生成物是清洁的水，它本身工作不产生 CO 和 $CO_2$，无硫、$NO_x$ 和微粒。如果使用车载的甲醇重整催化器供给氢气，则仅会产生微量的 CO 和较少的 $CO_2$。

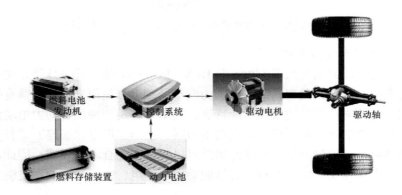

图 2-8 燃料电池电动汽车的基本结构

但现阶段，燃料电池的诸多关键技术仍处于研发试验阶段。此外，燃料电池的理想燃料——氢气，在制备、供应和储运等方面距离产业化还有大量的技术与经济问题有待解决。同时，稀有金属铂金（Pt）被大量用于燃料电池的催化剂，但按照现有燃料电池对铂金的消耗量，地球上所有储量都用来制造车用燃料电池，也仅能满足几百万辆车的需求。因此如何降低稀有金属用量也是燃料电池电动汽车推广应用的技术和资源瓶颈之一。

## 2.2　电动汽车的应用领域与应用模式

目前，电动汽车在中国许多城市和地区的私人消费领域、电动汽车租赁领域、出租车领域以及公交车领域中得到了应用和推广，并且在各城市、地区内形成了各式各样、独具特色的商业模式。

《我国对电动汽车商业模式创新的探索及应采取的政策》《中国新能源汽车产业发展报告》等研究报告表明，我国电动汽车在不同领域应用和推广过程中已经形成了一些典型的商业模式，如深圳普天模式（出租车、公交车）、合肥定向购买模式、杭州换电模式（出租车）、杭州微公交模式（私人租赁）、车分享模式（分时租赁）、融资租赁模式以及电池租赁模式等，这些商业模式已经取得了良好的市场反应和推广效果。

下面对车分享模式（分时租赁）、融资租赁模式以及电池租赁模式进行简单介绍。

### 2.2.1　车分享模式（分时租赁）

车分享模式（分时租赁，Car Sharing）是一种新兴的短租共享模式。在20世纪90年代兴起于欧美国家，并于2010年后在中国市场起步发展。截至2016年初，汽车分时租赁行业有30余家上规模企业，市场规模约为3万辆。整个分时租赁市场仍然正以超过50%的增速飞快发展。

2016年12月，国务院正式发布《"十三五"国家战略性新兴产业发展规划》，再次明确了新能源汽车、新能源和节能环保等绿色低碳产业的战略地位，要求大幅度提升新能源汽车和新能源的应用比例，积极推动新能源汽车、新能源和节能环保等绿色低碳产业成为支柱产业。目前，国内新兴的分时租赁企业主要使用的是新能源汽车，主要原因是目前分时租赁的主要市场为国内一线城市，如北京、上海等，传统汽车牌照的持有成本较高，使用新能源汽车可以有效降低牌照成本，有利于业务推广。此外，新能源汽车分时租赁能够有效地推动国内新能源汽车的推广与普及，是电动汽车推广应用中的一道重要环节。下面对分时租赁进行简单介绍。

由于电动汽车需要经常补充电能，因此可以在固定的网点或者停车位配备充电桩，在无人使用或者夜间时对汽车进行充电，其余时间进行分时租赁，这样能够充分发挥短距离分时租赁的作用。除了固定网点模式，电动汽车分时租赁还有其他一些常见的运营模式，具体如下：

（1）基于固定网点的原地取、还车模式

这种模式目前被大多数分时租赁公司广泛采用。分时租赁车辆停放在分时租赁站点内，站点的分布基于人口居住密度、商业用地程度、空间利用率和公司战略等多方面因素来进行规划。用户在某一站点租车后必须在约定时间内返回该站点还车，租车费用随着使用时间累计，电动汽车在闲置时段可在站内进行充电。

该模式的站点主要位于居民区、商业区、大学校园、军事基地、机场、医院和景区等特定的公共区域内。

（2）基于固定网点或者浮动区域的异地取、还车模式

异地取、还车模式是随着近期德国 Car2Go 公司的发展而兴起的一种新型租赁模式，如图 2-9 所示。根据停车区域范围的大小又可以分为浮动区域模式和固定网点模式两类。

图 2-9　异地取、还车模式（Car2Go）

Car2Go 采用的是浮动区域模式。该模式规划了一定的分时租赁区域，区域内的分时租赁车辆可以任意停放，开出区域外的车辆需要重新开回该区域，或者开到其他规划的分时租赁区域进行停放，大大提高了分时租赁的灵活性和自主性。但是，为了长期维持分时租赁区域的平衡，运营商需要定期投放一定的分时租赁车辆，同时区域自身也需要满足"自平衡"的条件。"自平衡"指的是某个分时租赁区域能够维持汽车数量与使用频率平衡的一种现象。居住在"自平衡"区域里的人们再次使用分时租赁车辆的可能性会更高，并且其停车点也会吸引更多的新用户，以达到一种不经过外界干预而实现分时租赁"自给自足"的良好状态。而

如果不是在这样的区域内，例如在交通繁忙的线路或者人口密度高的地方投放分时租赁车辆后，经过一段时间的使用，车辆会被随意停放、闲置或者不再被使用。

固定网点模式指的是停车的区域被进一步缩小到了固定的网点，用户可以在不同的固定网点之间取、还车。虽然自主性和灵活性不如浮动区域模式高，但是优于原地取、还车模式。然而与此同时，这种模式又对站点车辆的调度和运营管理提出了更高的挑战。在异地取、还车模式中，浮动区域模式相比于固定网点模式，其可行性更高，管理成本更低。

（3）面向企业或政府机构

当分时租赁的规模变大并且更加容易使用时，大型的企业或者政府机构会倾向于采用分时租赁的方式来节省员工的出行成本，提高企业或政府的效率，同时还能通过节能环保的出行模式履行企业与政府对于环保的社会责任。通常，政府机构作为早期的试点来验证分时租赁在新兴市场里的可行性。企业用户或者政府职员向分时租赁运营商承诺每周工作日使用分时租赁汽车的最低天数，同时居民可以在工作日的非高峰时段和周末使用分时租赁汽车，这样能实现分时租赁车辆的最大化利用，为分时租赁企业节省了车辆空闲时段的开支。实行这种方式一般需要在企业或者政府机构里面设立固定的分时租赁网点，采用原地取、还车的模式来提供服务。

（4）与交通枢纽结合

除了在居民区、办公区及企业与政府机构内设立分时租赁的站点外，还可以选择将站点设置在人流密集的公共交通枢纽内（以地铁站为例），为上班族的"最后一公里"行程提供便利，具体有两类实现方式：

方式一：上班族通过地铁到达某一地铁站，在该地铁站的租赁点租车前往工作地点并把车停在工作地点；上班后，停在工作地点的电动汽车可以以第一类双程模式的形式被再次租赁，并保证在下班后可以再次开回公共交通枢纽的租赁点。

方式二：上班族从家附近的站点租车并开车到工作地点附近的地铁站，把车停到地铁站附近的站点后再去上班；停在地铁站附近站点的车辆又可以以双程模式继续被使用，并确保在下班时能被上班族预定上。通常与交通枢纽结合的站点会与分时租赁运营商签订长期合同。

与交通枢纽结合的分时租赁能够提高租赁车辆的使用率，能够与公交系统实现统一支付，减少交通枢纽旁边的停车需求。但是这种模式需要运营商、政府以及分时租赁运营商的大力协调与配合。

（5）P2P 模式

此模式与目前的滴滴、优步等公司的运营模式类似，P2P 分时租赁的运营商并不需要购买和维护车辆。用于 P2P 分时租赁的车辆是由私家车主提供的，私家车车主既可以将自己的电动汽车租赁给别人，也可以去租别人的私家车。而运营商只需要遵循"共享经济"的原则，为用户和车主提供管理和协调 P2P 交易的平台和统一的保障措施即可，诸如价格，目的地，取还车地和充电等交易细节都可通过 P2P 网络进行。尽管 P2P 模式号称是分时租赁的未来，但是很多城市的发展规划都还未将其纳入考虑范围。

### 2.2.2 融资租赁模式

融资租赁是一种灵活、高效的消费信贷方式。当前，越来越多的新能源汽车企业与融资租赁公司合作，甚至自己成立租赁公司，各种不同的融资租赁模式也正在快速兴起。早在 2008 年，深圳巴士集团率先采用这一模式，打开了新能源公交的市场化之门。之后，又采取了"车电分离"的融资租赁模式，即公交公司只支付购买公交车的费用，剩余的电池费用由市场化企业来支付，分离车辆和电池所有权，进而实施"充电、维护"结合的运营模式。目前，又出现了"保值回购+残值租赁"的创新融资租赁模式。

融资租赁模式可有效缓解充电设施建设与车辆一次性购置的资金压力，解决了动力电池维护保养以及与整车寿命匹配的难题，为新能源汽车商业化运营探索出了一条可行的创新模式。

目前，常见的融资租赁模式有以下几种：

（1）售后回租方式

融资租赁公司与客户以双方协议价格购买客户现有车辆，再以长期租赁方式回租给客户，并提供必要服务，这样能摆脱目标客户的管理负担，有效降低固定资产比例，并能有选择地分解有关费用。售后回租可以设计为融资性租赁，也可以设计为经营性租赁。

（2）委托租赁方式

融资租赁公司接受厂商或经销商（委托人）委托，将车辆按融资租赁方式出租给用户（承租人），融资租赁公司作为受托人，代委托方收取租金，交纳有关税费，融资租赁公司只收取手续费。

在委托租赁期间，车辆产权为委托人所有，租赁公司不承担风险。此方式可以为厂商或经销商节约税费。

（3）直接租赁方式

融资租赁公司按照客户指定的车型及技术配置购进新车，并与客户签订融资租赁合同，在客户租用一定的期限后，将车辆的产权转让给客户。在签订租赁合同的同时，承租人应依次交清 20%～30%的保证金和 3%～5%的手续费，其余款项按租赁期分期支付。租金总额等于或超过车辆的价格。期满以后，承租人以名义价格取得车辆的所有权，完成全部租赁过程。

新能源汽车的融资租赁模式是由充换电站运营商、租赁公司和公交公司（或者出租车公司）三方合作进行新能源政策的运营。充换电站运营商负责出资购买电池，融资租赁公司出资购买裸车，整车租赁给公交公司（或者出租车公司）在固定期限内运营，三方参与利益分成，固定期限的运营时间内，电池厂商承诺电池质保年限，由充电站运营商负责电池的正常使用和维护。

（4）"保值回购+残值租赁"模式

保值回购，即消费者在购车时厂家承诺在消费者购车后的一定时期内，按照约定的价格对车辆进行回购，锁定残值。整车厂进行残值回购，催生市场，融资租赁公司辅以融资租赁工具，这样就可以锁定残值风险。"保值回购"的模式，加上融资租赁的方式"以租代售"，不仅减少消费者对于残值的顾虑，实现批量推广，也能够产生稳定的二手车源，有利于新能源汽车成熟二手车市场的建立和残值数据的形成。可以预见，保值回购与残值租赁的结合将成为未来新能源汽车大规模推广的有效途径。

### 2.2.3 电池租赁模式

电池租赁模式，也可称作换电模式，是一种把车辆与电池分开销售的思路。汽车制造商仅仅出售裸车，而电池的租赁则由电池租赁公司和电池生产商负责。这种模式的优点是能够让用户可以像加油一样进行电池更换，快速获得能源的持续供给，而且无需对电池的损耗、折旧负责，并让用户省心。

在电池租赁模式中，汽车制造商与政府部门仅仅对电动汽车的制造、研发以及推广负责，汽车制造厂的利益来源也是非常传统的整车出售以及常规零部件的维护保养。这个模式中的电池生产商、能源供给企业和运营服务商是整个模式中的创新重点。电池生产商在提供电池、回收电池中获得其利益，能源供给企业及换电站运营商则可以从用户所用电费、电池租赁费用、旧电池回收费用和政府补贴中获得利润，同时需要为电池购买、电池换电站建设、维护和运营承担费用。在这套成熟的体系下，可以非常有效地弥补整车出售模式中客户需要为其电池寿命负责的弊端。同时，电池租赁模式的客户群体也不受限，因为其使用条件不受限制，在易用程度上具有一定的优越性。

## 2.3 电动汽车动力电池技术

动力电池技术是电动汽车技术中非常关键的一部分。自电动汽车诞生以来，提高动力电池的功率密度、能量密度、使用寿命以及降低成本一直是电动汽车动力电池技术研发的核心。

### 2.3.1 化学能电能转换基本原理

动力电池在化学元件充放电状态所存储能量的方式与自由能 $\Delta G$ 不同。为了理解电池是怎样把化学能转化为电能的，首先应该理解铜和锌的化学反应：

$$Cu^{2+} + Zn \longrightarrow Cu + Zn^{2+} \tag{2-1}$$

这是丹尼尔电池单体的基本反应，比罗伯特·戴维森（Robert Davidson）的首次电池实验时间还要早。在式（2-1）的化学反应中，发生了氧化还原反应，铜离子被还原进而沉淀出来。实际上，式（2-1）的化学反应是从含有锌的矿石中提取出铜的应用。在这个冶金应用中，包含的化学能是不可利用的，很容易像热能一样消散掉。类似地，金属腐蚀就是一个带有负的自由能并且自发反应的电化学反应。

反应式（2-1）由两个电化学反应步骤组成，即

$$Cu^{2+} + 2e^- \longrightarrow Cu \tag{2-2}$$

$$Zn \longrightarrow Zn^{2+} + 2e^- \tag{2-3}$$

在上面关于从电解液中提取铜的反应过程中，两个反应在新金属表面同时发生。然而，如果锌和铜是独立的两个元件，那么式（2-2）和式（2-3）的反应就必须在两个不同的位置（电极）发生，而且只有在有电流连接两个电极的情况下反应才能继续进行。并且，电子的流动在这个时候才是可以利用的。所以，在丹尼尔电池单体（见图 2-10）中，式（2-1）的反应是可以控制的，使化学能按照需要转化为有用的电能。

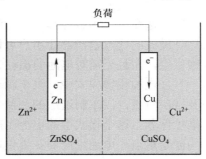

图 2-10 丹尼尔电池单体

### 2.3.2 动力电池的分类

用于电动汽车的动力电池根据正负极材料特性、电化学成分不同，可以有 3 种分类方法，如图 2-11 所示。

（1）按电解液种类分类

① 碱性电池。电解质主要以氢氧化钾水溶液为主的电池，如碱性锌锰电池（俗称碱锰电池或碱性电池）、镉镍电池和氢镍电池等。

② 酸性电池。主要以硫酸水溶液为介质的电池，如铅蓄电池。

③ 中性电池。以盐溶液为介质的电池，如锌锰干电池和海水激活电池等。

④ 有机电解液电池。主要以有机溶液为介质的电池，如锂离子电池等。

（2）按工作性质和储存方式分类

① 一次电池。又称原电池，即不能再充电使用的电池，如锌锰干电池和锂原电池等。

② 二次电池。即可充电电池，如铅酸电池、镍镉电池、镍氢电池和锂离子电池等。

③ 燃料电池。活性材料在电池工作时才连续不断地从外部加入电池，如氢氧燃料电池和金属燃料电池等。

④ 储备电池。储备电池储存时电极板不直接接触电解液，直到电池使用时才加入电解液，如镁－氯化银电池，又称海水激活电池。

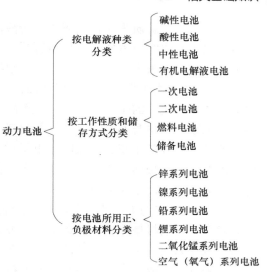

图 2-11 电动汽车动力电池的分类

（3）按电池所用正、负极材料分类

① 锌系列电池。如锌锰电池和锌银电池等。

② 镍系列电池。如镍镉电池和镍氢电池等。

③ 铅系列电池。如铅蓄电池。

④ 锂系列电池。如锂离子电池、锂聚合物电池和锂硫电池。

⑤ 二氧化锰系列电池。如锌锰电池和碱锰电池等。

⑥ 空气（氧气）系列电池。如锌空气电池和铝空气电池等。

### 2.3.3 动力电池的基本结构

电池是一种把化学反应所释放的能量直接转变成直流电能的装置。要实现化学能转变成电能的过程，必须满足如下条件：

① 必须使化学反应中失去电子的氧化过程（在负极进行）与得到电子的还原过程（在正极进行）分别在两个区域内进行，这与一般的氧化还原反应存在区别。

② 两电极间必须具有离子导电性的物质。

③ 化学变化过程中电子的传递必须经过外线路。

为了满足构成电池的条件，电池需包含以下基本组成部分：

① 正极活性物质。它具有较高的电极电位，电池工作（即放电）时进行还原反应或阴极过程。为了与电解槽的阳极和阴极区别开，在电池中称作正极。

② 负极活性物质。它具有较低的电极电位，电池工作时进行氧化反应或阳极过程。为了与电解槽的阳极和阴极区别开，在电池中称作负极。

③ 电解质。它拥有很高的、选择性的离子电导率，提供电池内部离子导电的

介质。大多数电解质为无机电解质水溶液,少部分电解质也有固体电解质、熔融盐电解质、非水溶电解质和有机电解质。有的电解质也参加电极反应而被消耗。电解质对于电子来说必须是非导体,否则将会产生电池单体的自放电现象。

④ 隔膜。为了保证正、负极活性物质绝对不直接接触而短路,又要保持正、负极之间尽可能小的距离(以使电池具有较小的内阻),在正、负极之间必须设置隔膜。隔膜材料本身都是绝缘良好的材料,如橡胶、玻璃丝、聚丙烯、聚乙烯和聚氯乙烯等,以防止正、负极间的电子传递和接触。同时,隔膜材料要求能耐电解质的腐蚀和正极活性物质的氧化作用,并且隔膜还要有足够的孔隙率和吸收电解质溶液的能力,以保证离子运动。

⑤ 外壳。作为电池的容器,电池的外壳材料必须能经受电解质的腐蚀,而且应该具有一定的机械强度。铅蓄电池一般采用硬橡胶、碱性蓄电池一般采用镀镍钢材。近年来,由于塑料工业的发展,各种工程塑料(如尼龙、ABS、聚丙烯和聚苯乙烯等)已成为电池壳体常用的材料。

除了上述主要组成部分外,电池还常常需要导电栅、汇流体、端子和安全阀等零件。

电池本身可以制成各种形状和结构,如圆柱形、扣式、扁平和方形。不同形状的电池如图2-12所示。

图2-12 不同形状的电池
a)方形电池 b)圆柱形电池 c)纽扣电池

### 2.3.4 动力电池的基本参数

1. 电压

端电压:动力电池正极和负极之间的电位差。动力电池在没有负载情况下的端电压叫作开路电压。动力电池接上负载后处于放电状态下的电压称为负载电压,又称为工作电压。电池充、放电结束时的电压称为终止电压,分为充电终止电压和放电终止电压。电池充、放电结束时都有一个电压极限值,充电时的电压极限值就是充电终止电压；放电时的电压极限值就是放电终止电压。

电动势（$E$）：组成电池的两个电极的平衡电极电位之差。电动势是电池在理论上输出能量的大小度量之一。如果其他条件相同，那么电动势越高，其理论输出的能量就越大，电池电动势是热力学的两极平衡电极电位之差，即

$$E=\varphi_+ - \varphi_- \quad (2-4)$$

式中，$E$ 为电动势；$\varphi_+$ 为正极的平衡电位；$\varphi_-$ 为负极的平衡电位。

实际上，电池中两个电极并非完全处于热力学的平衡状态。因此，电池在开路状态下的端电压在理论上并不完全等于电池电动势。但是由于正极活性物质（一般为氧）的过电位大，因此在稳定状态下的稳定电位接近正极活性物质的平衡电位，同理，负极材料（氢）的过电位大，因此稳定电位接近负极活性物质的平衡电位。结果在表征上电池的开路电压在数值上接近电池的电动势，所以在工程应用上，通常认为电池在开路状态下，正、负极间的平衡电位之差就是电池电动势。然而，对于某些气体电极，电池的开路电压数值受到催化剂的影响较大，例如燃料电池的开路电压与其电动势的差距较大，同时，其差距大小与催化剂的种类和数量有关。

额定电压：额定电压也叫作公称电压或标称电压，是指在规定条件下电池工作的标准电压。不同活性物质的电压表现不同，因此采用额定电压可以区分电池的化学体系，表 2-1 为常用不同化学体系电池的单体额定电压值。

表 2-1 常用不同化学体系电池的单体额定电压值

| 电池类型 | 单体额定电压/V |
| --- | --- |
| 铅蓄电池（VRLA） | 2 |
| 镍镉电池（Ni-Cd） | 1.2 |
| 镍锌电池（Ni-Zn） | 1.6 |
| 镍氢电池（Ni-MH） | 1.2 |
| 锌空气电池（Zn/Air） | 1.2 |
| 铝空气电池（Al/Air） | 1.4 |
| 钠氯化镍电池（Na/NiCl$_2$） | 2.5 |
| 钠硫电池（Na/S） | 2.0 |
| 锰酸锂电池（LiMn$_2$O$_4$） | 3.7 |
| 磷酸铁锂电池（LiFePO$_4$） | 3.2 |

2. 容量

容量是指电池在一定的放电条件下所能放出的电量，用符号 $C$ 表示，单位常

用 A·h 或 mA·h 表示。

理论容量：假定电池中的活性物质全部参加电池的成流反应所能提供的电量。理论容量可根据电池反应式中电极活性物质的用量，按法拉第定律计算的活性物质的电化学当量精确求出。

理论容量是电池容量的最大极限值，电池实际放出的容量只是理论容量的一部分。

额定容量：也叫作标称容量，是指按国家或有关部门规定的标准，保证电池在一定的放电条件（如温度、放电率和终止电压等）下应该放出的最低限度的容量。额定容量是制造厂标明的安时容量，是电池的一个重要参数。

实际容量（$C$）：在实际应用工作情况下放电，电池实际放出的电量。充满电的电池在一定条件下所能输出的电量，它等于放电电流与放电时间的积分。

### 3. 内阻

电流通过电池内部时受到阻力，使电池的工作电压降低，该阻力称为电池内阻。由于电池内阻的作用，电池在放电时的端电压低于电动势和开路电压，在充电时的端电压高于电动势和开路电压。电池内阻是化学电源一个极为重要的参数。它直接影响电池的工作电压、工作电流、输出能量与功率等，对于一个实用的化学电源，其内阻越小越好。

电池内阻不是常数，在放电过程中随着活性物质组成、电解液浓度和电池温度的变化以及放电时间而变化。电池内阻包括欧姆内阻和极化内阻两部分。

欧姆内阻主要由电极材料、电解液、隔膜的内阻及各部分零件的接触电阻组成。

极化内阻是指化学电源的正极与负极在电化学反应进行时由于极化所引起的内阻。它是电化学极化和浓差极化所引起的电阻之和。极化内阻与活性物质的本性、电极的结构、电池的制造工艺及电池的工作条件有关，电池的工作条件对电池内阻的影响尤为突出，放电电流和温度对其影响很大。

### 4. 能量与能量密度

能量是指电池在一定放电制度下所能释放出的电能，单位常用 W·h 表示。电池的能量分为理论能量和实际能量。

理论能量（$W_0$）：电池的理论容量与其电动势的乘积。

实际能量（$W$）：电池在放电时实际输出的能量，它在数值上等于电池实际放电电压、放电电流与放电时间的积分。一般用电池组额定容量与电池放电平均电压的乘积来估算。

能量密度是指单位质量或单位体积的电池所能输出的能量，相应地称为质量能量密度（W·h/kg）或体积能量密度（W·h/L），也称为质量比能量或体积比能量。在电动汽车应用方面，电池的质量比能量影响电动汽车的整车质量和续驶里程，而体积比能量影响到电池的布置空间。

5. 功率与功率密度

功率是指在一定的放电制度下，单位时间内电池输出的能量，单位为 W 或 kW。

功率密度又称作比功率，是单位质量或单位体积电池输出的功率，单位为 W/kg 或 W/L。比功率是评价电池及电池包是否满足电动汽车加速和爬坡能力的重要指标。

6. 荷电状态

荷电状态（SOC）描述了电池的剩余电量，其值为电池在一定放电倍率下，剩余电量与相同条件下额定容量的比值。荷电状态值是个相对量，一般用百分比的方式来表示，SOC 的取值为 $0 \leqslant SOC \leqslant 100\%$。

7. 放电深度

放电深度（DOD）是放电容量与额定容量之比的百分数，与 SOC 之间存在如下数学计算关系：DOD=100%−SOC

8. 循环使用寿命

循环使用寿命是指以电池充电和放电一次为一个循环，按一定测试标准，当电池容量降到某一规定值（一般规定为额定值的 80%）以前，电池经历的充、放电循环总次数。循环使用寿命是评价电池寿命性能的一项重要指标。

9. 自放电率

自放电率是指电池在存放时间内，在没有负荷的条件下自身放电，使得电池容量损失的速度，用单位时间（月或年）内电池容量下降的百分数来表示。

10. 输出效率

电池实际上是一个能量存储器，充电时把电能转变为化学能储存起来，放电时再把化学能转变为电能释放出来，供用电装置使用。电池的输出效率通常用容量效率和能量效率来表示。电池的容量效率指电池放电时输出的容量与充电时输入的容量之比，电池的能量效率指电池放电时输出的能量与充电时输入的能量之比。通常，电池的能量效率为 55%～85%，容量效率为 65%～95%。对电动汽车而言，能量效率是比容量效率更重要的一个评价指标。

11. 抗滥用能力

抗滥用能力是指电池对短路、过充电、过放电、机械振动、撞击、挤压以及遭受高温和着火等非正常使用情况的容忍程度。

12. 成本

电池的成本与电池的技术含量、材料、制作方法和生产规模有关，目前新开发的高比能量、高比功率电池（如锂离子电池），成本较高，使得电动汽车的造价也较高。开发和研制高效、低成本的电池是电动汽车发展的关键。

电池成本一般以电池单位容量或能量的成本来表示，单位为元/（A·h）

或元/（kW·h）。对于不同类型或同类型不同生产厂家、不同型号的电池，可以进行比较。

13. 放电制度

放电制度是电池在放电时所规定的各种条件，主要包括放电速率（电流）、终止电压和温度等。

（1）放电电流

放电电流是指电池在放电时电流的大小。放电电流的大小直接影响电池的各项性能指标，因此，介绍电池的容量或能量时，必须说明放电电流的大小，指出放电的条件。放电电流通常用放电率表示，放电率是指电池在放电时的速率，有时率和倍率两种表示形式。

时率是以放电时间（h）表示的放电速率，即以一定的放电电流放完额定容量所需的时间（h），常用 $C/n$ 来表示。其中，$C$ 为额定容量，$n$ 为一定的放电电流。放电率所表示的时间越短，所用的放电电流越大；放电率所表示的时间越长，所用的放电电流越小。

倍率实际上是指电池在规定的时间内放出其额定容量所输出的电流值。它在数值上等于额定容量的倍数，例如 3 倍率（3$C$）放电，其表示放电电流的数值是额定容量数值的 3 倍。若电池的容量为 15A·h，那么放电电流应为 3×15=45A。

（2）放电终止电压

电池在放电时，电压下降到不宜再继续放电的最低工作电压称为终止电压，其值与电池材料直接相关，并受到电池结构、放电率和环境温度等多种因素影响。

### 2.3.5 常用动力电池简介

**1. 锂离子动力电池**

自 20 世纪 90 年代面世以来，锂离子电池就以其能量密度高、循环寿命长、无记忆效应、环境友好等优点成为动力电池应用领域研究的热点。近年来，锂离子电池已经成为电动汽车用动力电池的主体。

锂离子电池根据正极材料的不同，分为钴酸锂锂离子电池、镍酸锂锂离子电池、锰酸锂锂离子电池、磷酸铁锂锂离子电池、钛酸锂锂离子电池和三元材料锂离子电池等；根据所用电解质材料不同，分为液态锂离子电池（LIB）和聚合物锂离子电池（LIP）两大类。三元材料锂离子电池以其能量密度高、安全性好等优点在电动汽车上得到了广泛的应用。

相对于其他类型电池，锂离子电池具有以下显著的优点：

① 工作电压高。钴酸锂锂离子电池的工作电压为 3.6V，锰酸锂锂离子电池的工作电压为 3.7V，磷酸铁锂锂离子电池的工作电压为 3.2V，而镍氢、镍镉电池的工作电压仅为 1.2V。

② 比能量高。锂离子电池正极材料的理论比能量可达 200W·h/kg 以上，在实际应用中由于不可逆容量损失，比能量通常低于这个数值，但也可达 140W·h/kg，该数值仍为镍氢电池的 2 倍左右。

③ 循环寿命长。目前，锂离子电池在深度放电的情况下，循环次数可达 1000 次以上；在低放电深度条件下，循环次数可达上万次，其性能远远优于其他同类电池。

④ 自放电小。锂离子电池月自放电率仅为总电容量的 5%～9%，大大缓解了传统的二次电池在放置时由自放电所引起的电能损失问题。

⑤ 无记忆效应。

⑥ 环保性高。传统铅蓄电池的镍镉电池甚至镍氢电池、废弃可能造成环境污染问题，而锂离子电池中不包含汞、铅和镉等有害元素，是一种"绿色"电池。

锂离子电池在原理上实际是一种锂离子浓差电池，正、负电极由两种不同的锂离子嵌入化合物组成，正极采用锂化合物 $Li_xCoO_2$、$Li_xNiO_2$ 或 $Li_xMn_2O_4$，负极采用锂碳层间化合物 $Li_xC_6$，电解质为 $LiPF_6$ 和 $LiAsF_6$ 等有机溶液。经过 $Li^+$ 在正、负电极间的往返嵌入和脱嵌形成电池的充电和放电过程。充电时，$Li^+$ 正极脱嵌经过电解质嵌入负极，负极处于富锂态，正极处于贫锂态，同时电子的补偿电荷从外电路供给到碳负极，保持负极的电平衡；放电时则相反，$Li^+$ 从负极脱嵌，经过电解质嵌入到正极，正极处于富锂态，负极处于贫锂态。从充、放电的可逆性看，锂离子电池反应是一种理想的可逆反应。锂离子电池的电极反应表达式分别为

正极反应式： $\qquad LiMO_2 \rightarrow Li_{1-x}MO_2 + xLi^+ + xe^-$ （2-5）

负极反应式： $\qquad nC + xLi^+ + xe^- \rightarrow Li_xC_n$ （2-6）

电池总反应式： $\qquad LiMO_2 + nC \rightarrow Li_{1-x}MO_2 + Li_xC_n$ （2-7）

式（2-5）和式（2-7）中，M 为 Co、Ni、W、Mn 等金属元素。

锂离子电池的基本工作原理及内部结构如图 2-13 和图 2-14 所示。

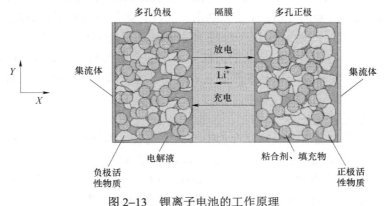

图 2-13　锂离子电池的工作原理

下面对钴酸锂锂离子电池、镍酸锂锂离子电池、锰酸锂锂离子电池、磷酸铁锂锂离子电池、钛酸锂锂离子电池和三元材料锂离子电池的特点进行简单介绍。

（1）钴酸锂锂离子电池

$LiCoO_2$ 是最早用于商品化二次锂离子电池的正极材料。$LiCoO_2$ 传统的固相制备方法是用 $LiCoO_3$ 或 $LiOH$ 与 $Co-CO_3$ 混合在 900℃ 的条件下烧制而成，尽管此制备方法比较简单，但是难以制备出纯度高、平均粒度小且粒度分布较窄的理想粉体。在充、放电过程中，$LiCoO_2$ 发生从三方晶系到单斜晶系的可

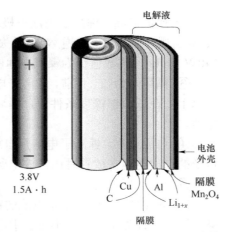

图 2-14  锰酸锂锂离子电池的内部结构

逆相变，但这种变化只伴随很少的晶胞参数变化，因此，$LiCoO_2$ 具有良好的可逆性和循环充放性能。尽管 $LiCoO_2$ 具有放电电压高、性能稳定、易于合成等优点，但钴资源稀少，价格较高，并且有毒，污染环境，目前主要应用在手机和笔记本等中、小容量消费类电子产品中。

（2）镍酸锂锂离子电池

镍酸锂锂离子电池是指以 $LiNiO_2$ 作为正极材料的锂离子电池。$LiNiO_2$ 镍与钴的性质非常相近，而价格却比钴低很多，并且对环境污染较小。$LiNiO_2$ 比较常用的制备方法也是高温固相法，即锂盐与镍盐混合在 700～850℃ 经固相反应而成。$LiNiO_2$ 目前的最大放电容量为 150mA·h/g，比 $LiCoO_2$ 的最大放电容量稍大，工作电压范围为 2.5～4.1V，因此 $LiNiO_2$ 被视为锂离子电池中最有前途的正极材料之一。尽管 $LiNiO_2$ 作为锂离子电池的正极材料有较多优点，但仍有不足之处，主要是由于在制备三方晶系 $LiNiO_2$ 时容易产生立方晶系的 $LiNiO_2$，特别是当反应温度大于 900℃时，$LiNiO_2$ 将由三方晶系全部转化为立方晶系，而在非水电解质溶液中，立方晶系的 $LiNiO_2$ 没有电化学活性。此缺点可以通过改进 $LiNiO_2$ 的制备方法来解决，如通过软化学合成方法来降低反应温度，以抑制立方晶系的 $LiNiO_2$ 生成。同时，可采用掺杂的方法（常用的掺杂元素有 Ti、Al、Co、Ca 等）进行改性，抑制其在充、放电过程中发生的相转变，以进一步提高 $LiNiO_2$ 的热稳定性和电化学性能。

（3）锰酸锂锂离子电池

$LiMn_2O_4$ 是尖晶石型嵌锂化合物中的典型代表，其结构如图 2-15 所示。Mn 元素含量丰富，价格便宜，毒性远小于过渡金属 Co、Ni 等，理论放电容量为 148mA·h/g，实际放电容量是 110～120mA·h/g。尖晶石型 $LiMn_2O_4$ 常用的制备方法是熔融浸渍法，此法是把锂盐与锰盐混合均匀，然后加热至锂盐的熔点，

利用 $MnO_2$ 的微孔毛细作用使熔融的锂盐充分渗透到 $MnO_2$ 的微孔中，这样反应物之间的接触面积大大增加，提高了产物的均匀性，并加快了固相反应的反应速率。

$LiMn_2O_4$ 的主要缺点是电极的循环容量容易迅速衰减，造成循环容量衰减的原因主要有以下几个方面：

① $LiMn_2O_4$ 的正八面体空隙发生变化产生四方畸变，在充、放电过程中，在电极表面易形成稳定性较差的四方相 $LiMn_2O_4$。

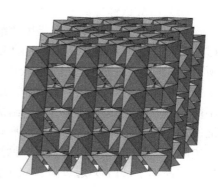

图 2-15　尖晶石型 $LiMn_2O_4$ 的结构

② $LiMn_2O_4$ 中的锰易溶解于电解液中而造成流失。

③ 电极极化引起内阻增大等。

如何克服 $LiMn_2O_4$ 电极循环容量下降是目前研究 $LiMn_2O_4$ 中的焦点。利用掺杂金属离子（如 Cr 离子、Fe 离子、Zn 离子、Mg 离子等）来稳定 $LiMn_2O_4$ 的尖晶石结构是目前解决其循环容量衰减的最有效方法之一。

目前，锰酸锂锂离子电池已经大量应用在示范运营的电动汽车上。2008 年北京奥运会期间运行的纯电动客车、2010 年上海世博会的部分电动客车就采用了单体 90A·h 的锰酸锂锂离子电池。日产公司推出的 LEAF 纯电动汽车（见图 2-16）、三菱公司推出的 iMiEV 纯电动汽车也均采用了该类型锂离子动力电池。自 2016 年以来，锰酸锂锂离子电池在国内新能源客车领域的表现很好。根据高工产研锂电研究所（GGII）数据显示，2016 年 PHEV 客车全年产量达到 19 576 辆，其中，在插电式混合动力客车上，锰酸锂锂离子电池的装机量达到 12 396 辆，占比为 63.32%。

图 2-16　LEAF 纯电动汽车

（4）磷酸铁锂锂离子电池

磷酸铁锂锂离子电池是指用磷酸铁锂（$LiFePO_4$）作为正极材料的锂离子电池。$LiFePO_4$ 在自然界中以磷铁锂矿的形式存在，$LiFePO_4$ 电池的内部结构如图 2-17 所示，左边是橄榄石结构的 $LiFePO_4$ 作为电池的正极，由铝箔与电池正极连接，中间是聚合物的隔膜，它把正极与负极隔开，但锂离子（$Li^+$）可以通过而电子（$e^-$）不能通过。右边是由炭（石墨）组成的电池负极，由铜箔与电池的负极连接。电池的上、下端之间是电池的电解质，电池由金属外壳密闭封装。$LiFePO_4$ 电池在充电时，正极中的锂离子（$Li^+$）通过聚合物隔膜向负极迁移；在放电过程中，负极中的锂离子（$Li^+$）通过隔膜向正极迁移。

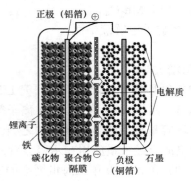

图 2-17  $LiFePO_4$ 电池的内部结构

$LiFePO_4$ 实际最大放电容量可高达 165mA·h/g，非常接近其理论容量，工作电压为 3.2V 左右，并且 $LiFePO_4$ 中的强共价键作用使其在充、放电过程中能保持晶体结构的高度稳定，因此具有比其他正极材料更高的安全性能和更长的循环寿命。另外，地球表面铁的储量很高，因此 $LiFePO_4$ 具有原材料来源广泛、价格低廉、无环境污染、比容量高等优点，成为现阶段各国竞相研究的热点之一。

$LiFePO_4$ 正极材料常用的合成方法是高温固相法，此方法工艺简单、易实现产业化，但产物粒径不易控制，形貌也不规则，并且在合成过程中需要惰性气体保护。水热法可以在水热条件下直接合成 $LiFePO_4$，因为氧气在水热体系中的溶解度很小，所以水热合成不再需要惰性气体保护，而且产物的粒径和形貌易于控制。目前 $LiFePO_4$ 正极材料的缺点主要是低电导率问题，有效的改进方法主要有表面包覆碳膜法和掺杂法。

目前，我国国内建设的大型锂离子动力电池生产厂（如杭州万向、深圳比亚迪、天津力神等），均以该类型电池的产业化为主要目标。在国内装车示范的电动汽车中，该类型电池也已经成为主流产品之一。

（5）钛酸锂锂离子电池

随着材料科学的发展，$TiO_2$、$LiTi_2O_4$、$Li_4Ti_5O_{12}$、$Li_2Ti_3O_7$等钛氧基类化合物也得到了深入的研究，其中，使用$Li_4Ti_5O_{12}$作为负极材料的电池已有了实际的应用。钛酸锂（$Li_4Ti_5O_{12}$）具有图2-18所示的尖晶石结构，充、放电曲线平坦，放电容量为150mA·h/g，具有非常好的耐过充、过放特征，在充、放电过程中，晶体结构几乎无变化（零应变材料），循环寿命长，充、放电效率近100%。2008年9月，美国阿贡国家实验室举行的第一届国际动力锂电池会议报道的纳米$Li_4Ti_5O_{12}$负极材料，可承受大约30$C$的充、放电电流，即可在2min内完成充、放电，因此$Li_4Ti_5O_{12}$已成为设计HEV动力电池的热门对象。尽管$Li_4Ti_5O_{12}$的理论比容量只有175mA·h/g，但由于其可逆锂离子脱嵌比例接近100%，故其实际容量一般保持为150~160mA·h/g。

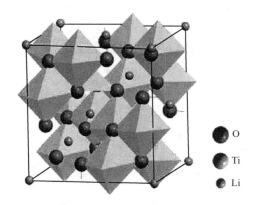

图2-18　$Li_4Ti_5O_{12}$的晶体结构

$Li_4Ti_5O_{12}$的合成方法主要有传统固相反应法、溶胶-凝胶法等。固相反应法适合规模化生产，但反应产物一般为微米级颗粒，粒度分布不均匀，通常需要进行深度粉碎和精细分级才能获得综合性能较好的目标产物。溶胶-凝胶法得到的反应物是原子水平混合，并且反应温度低、时间短，可以合成超细或纳米晶产物，所以用溶胶-凝胶法合成$Li_4Ti_5O_{12}$的各项性能明显优于用固相反应法合成的$Li_4Ti_5O_{12}$。

美国的Altair Nano Technologies公司专注于开放、生产和销售以纳米锂钛氧材料为负极的动力锂离子电池，在国际上处于领先地位，并与我国多家企业有合作。

由于钛酸锂锂离子电池可以承受较大的充、放电电流，目前主要应用在电动公交车快速充电领域。国内的微宏动力为北汽福田、中通客车、苏州金龙和厦门金龙等多家主流客车厂提供了钛酸锂快充电池组。

（6）三元材料锂离子电池

三元材料锂电池是指正极材料使用三元正极材料的锂电池，三元材料可以看成是 Li–Ni–O 正极材料的衍生体系。当采用其他元素（如 Mn、Co、Al）替代 Ni 后，材料的倍率性能和安全性能得到了极大的改善。随着 Ni、Co、Mn 组成比例的变化，材料的比容量和安全性等诸多性能能够在一定程度上实现可调控。三元材料综合了钴酸锂、镍酸锂和锰酸锂三类材料的优点，具有容量高、成本低和安全性好等优异特性。它在小型锂电中已经占据了一定的市场份额，并在动力电池领域具有良好的发展前景。

Ohzuku 等于 2001 年在空气中合成了 $LiNi_{0.5}Mn_{0.5}O_2$ 正极材料，在 2.75～4.3V 的充、放电电压范围内，可逆比容量达到 150mA·h/g，并具有较好的循环性能。随后的研究发现，少量的掺杂会提高材料的放电比容量，提高其循环性能。Co 的掺杂会降低电极材料的阻抗；Al 的掺杂会提高材料的阻抗，但能够提高材料的热稳定性，降低放热量。按照 1:1:1 比例掺杂的镍钴锰三元材料结构模型如图 2–19 所示，其他比例的镍钴锰三元材料与该结构相类似。

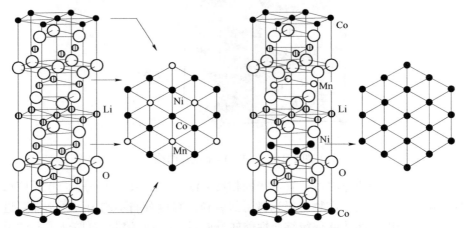

图 2–19　按照 1:1:1 比例掺杂的镍钴锰三元材料结构模型

目前，已经有多种合成方法来制备三元正极材料，主要包括高温固相法和水热法。水热法产的产物结构稳定性好、比容量高、循环性能好，但是对设备要求高，大大增加了生产成本，没有得到工业化应用。高温固相法有直接法、溶胶–凝胶法和共沉淀法。直接法产物的电化学性能较差，溶胶–凝胶法工艺复杂且需要大量有机溶剂，生产成本高，而共沉淀法产物稳定性好且性能优异，故成为目前主流的生产方法。

但是，三元锂电池与磷酸铁锂锂离子电池相比，在安全性上存在较大的风险，三元锂电池中的主要材料（镍钴铝）的高温结构不稳定，高温时安全性较差，容易造成危险。若应用在商用车（主要是商用客车）方面，则由于乘客较多，一旦发生事故，后果将非常严重。但是随着科技的不断进步，三元锂电池的安全性在不断提升。目前，国内三元锂电池成组后的安全性已经比磷酸铁锂电池成组的效果更好。

三元材料在国内起步较晚，此前我国新能源汽车的动力锂电池主要采用磷酸铁锂技术，但是磷酸铁锂电池能量密度低且低温性能较差，导致新能源汽车续驶能力差，因此磷酸铁锂电池的应用有一定的局限性。随着电动汽车对电池能量密度的要求越来越高，具有较高能量密度的三元材料锂离子电池开始走向主流，被认为是电池未来的发展趋势。事实上，特斯拉等外资车企则很早就开始使用三元锂电池。从目前的趋势来看，国内新能源车企更倾向于三元材料锂离子电池，因为三元材料锂离子电池具有更高的能量密度。目前，众泰 E200、荣威 e50、奇瑞 eQ、北汽 EV200 等国内汽车品牌都已使用三元材料锂离子电池作为动力源。图 2-20 所示为搭载镍钴锰三元锂电池的荣威 e50。

图 2-20 搭载镍钴锰三元锂电池的荣威 e50

2. 超级电容器

超级电容器是一种介于电解质电容器和电化学蓄电池之间的储能装置，其储能方式与传统电容器不同。传统电容器由电极和电解质构成，通过电极间的电解质在电场作用下产生极化效应而储存能量，而超级电容则不存在介质，依靠电解质与电极接触界面上形成的特有双层结构储存能量。超级电容器的工作原理如图 2-21 所示。

与传统的电容器和二次电池相比，超级电容器的比功率是电池的 10 倍以上，储存电荷的能力比普通电容器高，并具有充、放电速度快、循环寿命长、使用温度范围宽、无污染等特点，是一种非常有前途的绿色储能装置。

超级电容器主要应用在混合动力电动汽车上，超级电容-蓄电池复合电源系统被认为是解决未来电动汽车动力问题的有效途径之一。随着对电动汽车用超级电容的进一步研究和开发，超级电容–蓄电池复合电源系统在满足性能和成本要求上更具有实用性，市场前景广阔。

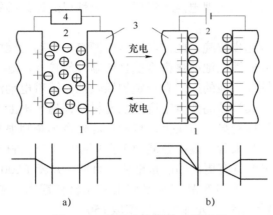

图 2-21 超级电容器的工作原理
a）无外加电源时的电位 b）有外加电源时的电位
1—双电层 2—电解液 3—极化电极 4—负载

### 2.3.6 动力电池管理系统

在保证电池系统安全的设计过程中，除了电池单体特性、电池模组设计、电池包的结构和排气设计以外，电池管理系统（Battery Management System，BMS）的设计最具主控性。动力电池管理系统（BMS）主要由主机（VMU）、子控制器（BSU）、高压绝缘检测、显示模块、标定软件、高压箱和线束等组成。主控与充电机，车辆控制器与外部 CAN 总线通信，以及子控制器，一同实现了电压、电流、温度的管理。主控兼顾电流测量、绝缘检测以及与其他设备通信等功能，主控与从控通过内部 CAN 总线联系。图 2-22 为 BMS 基础架构。图 2-23 为电动汽车动力电池管理系统的工作原理。

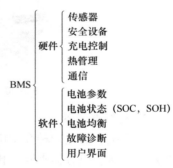

图 2-22 BMS 基础架构

从总体来看，BMS 的主要目的是测量电池状态、延长电池的使用寿命。电池管理系统的模块功能可以分为测量功能、状态估算功能、辅助系统功能、通信与故障诊断。

1. 测量功能

（1）基本信息测量：电池电压、电流信号的监测，电池包温度的检测

电池管理系统最基本的功能就是测量电池单体的电压、电流和温度，这是所

有电池管理系统顶层计算、控制逻辑的基础。电池管理系统目前从电池这里获取的直接物理参数只有电压、温度和电流。

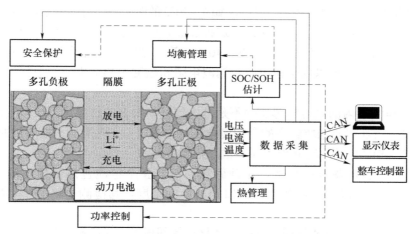

图 2-23 电动汽车动力电池管理系统的工作原理

① 单体电压测量和电压监控。单体的电压，对于电池管理系统来说有几种意义：一是可以用来累加获取整个系统电压；二是可以根据单体电压压差来判断单体之间的差异性；三是可以用来检测单体的运行状态。单体电压的采集和保护，目前都用 ASIC 来完成。采集电压的精度不仅仅需要考虑 ASIC 电路本身的精度，也需要考虑单体电压采样线束、线束保护用熔丝、均衡状态等多项内容。由于采集电压和电压采集精度的敏感性以及电池化学体系和 SOC 范围（SOC 两端的需求往往较高）都有关系，实际上 ASIC 采集得到的电压数据需要经过还原才能得到接近电池本身的电压。

② 电池包电压测量。在后续计算 SOC 的时候，通常会使用电池组的总电压来进行核算，这是计算电池包参数的重要参量之一。如果由单体电压累加计量而得，那么由于电池单体电压采样具有一定的时间差异性，则没办法与电池传感器的数据实现精确对齐。因此通常采集电池包电压作为主参数进行运算。在诊断继电器的时候，是需要电池包内、外电压进行比较的，所以这里一般需要测量电池包至少两路的电压 $U_0$ 和 $U_1$。

由于这里牵涉高压采集，需要进行隔离。通常的办法有两种：光隔如 AVGAO 的芯片方案或者是通过电阻分压，然后配置工作点，再加上汽车级运放所组成的仪表运放电路。

③ 电池温度检测。温度对电池的一些参数有着重大的影响。在设计电池和模组的时候，电池内、外的温度差异，电池极耳和母线焊接处，模组内电池温度差异和电池包内最大温度差，这些参数在设计整个电池包的时候都已经进行了先期

控制。BMS 只不过是通过设计温度传感器的放置点、放置点的数量和最后采集得到的温度点的数据来表征整个电池包的运行情况，因此并不属于 BMS 管理的范畴。温度检测的精度也是颇有讲究的：如在−40℃的时候，检测精度不需要特别高，因为在使用之前电池系统本身就需要进行加热，而对电池性能有重大影响的温度区域（−10～10℃）以及高温临近点（40℃）等，这些都是需要重点关心的区域。在设计的过程中，可以用上拉电阻、滤波电阻和温度传感器本身的数值进行蒙特卡罗分析。

一个电池包内的温度传感器并不是越多越好，太多的传感器不仅涉及后续诊断的问题，而且需要选取较多的高精度电阻与之配合，大大增加了电池包的成本。目前一些 ASIC 电路也会将温度采集的功能涵盖进去。

④ 电池包流体温度检测。电池管理系统在整个电池包热管理中的一个重要作用就是汇报温度，包括流体入口和出口的温度，其检测电路与单体检测电路类似。

⑤ 电流测量。电池包通常仅在单体这一层级做并联（最极端的是特斯拉的小电池的 75 个并联），电池包内的单体串联给整车提供电能，所以一般只需要测量一个电流。测量电流的部件主要分为两种：智能分流器和霍尔电流传感器。由于电池系统需要处理的电流数值，往往瞬时数值很大，比如车辆加速所需要的放电电流和能量回收时候的充电电流。因此评估测量电池包的输出电流（放电）和输入电流（充电）的量程和精度是一件需要仔细检查的工作。电流是引起单体电池温度变化的主要原因，其作用在内阻上并且和化学发热一起构成了电池发热。电流变化的同时也会引起电压的变化。电流、电压与时间是估计电池状态的必备元素。

霍尔传感器一开始在日系混合动力汽车上使用较为频繁，但现在可以通过智能分流器完成电压和电流的采样，并且通过串行总线进行传输，甚至可以在里面实现 SOC 的估算。

（2）绝缘电阻检测

电池管理系统内，一般需要对整个电池系统和高压系统进行绝缘检测，比较简单的是依靠电桥来测量总线正极和负极对地线的绝缘电阻。现在在电池包里面广泛应用的是主动信号注入，主要是可以用来检测电池单体对系统的绝缘电阻。

（3）高压互锁检测（HVIL）

高压互锁检测的目的是确认整个高压系统的完整性，当高压系统回路断开或者完整性受到破坏的时候，就需要启动安全措施了。HVIL 源有 3 种不同的方式：5V、12V 和 PWM 波。

HVIL 需要整个系统构成，主要通过连接器的低压连接回路完成，电池管理单元一般需要提供电路的检测回路。HVIL 的存在，可以使得在高压总线上电之前，就知道整个系统的完整性，也就是说在电池系统主、负继电器闭合给电之前就防患于未然。

2. 状态估计功能

（1）SOC 和 SOH 估计

电池系统中最核心也是最难的一部分就是 SOC 和 SOH 的精确估计。常见的 SOC 估计方法有安时积分法和开路电压法。安时积分法最大的缺点是随着时间的推移误差会越来越大。而开路电压法的问题是，只有静置很长时间以后的开路电压所对应的 SOC 才是准确的，采集汽车行驶过程中的电压数据所标定出的 SOC 值是不准确的。同时，在不同放电电流和环境温度下，各放电曲线差异较大，因此开路电压法容易存在较大误差。在实际使用中还可以采用电池内阻法、卡尔曼滤波法、模糊逻辑推理法和神经网络法（见图 2-24）等来提高 SOC 的估计精度。但是由于 MCU 的运算速度和能力有限，通常对于整个算法的复杂度也是有一定限制的。

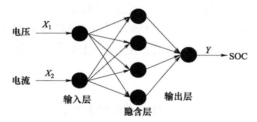

图 2-24 基于 BP 神经网络的 SOC 预测模型

（2）均衡

一个电池包由于电池本身和电池管理等原因，内部总是会出现各种参数不均衡的现象。在实际使用过程中，每个串联单体的可用容量是不一致的。而电池不仅对自身过放电和过充电进行限制，而且在不同温度和不同 SOC 下，输入和输出的功率也存在限制。也就是说，如果单个电池受到限制，那么就会影响到整个电池包。

通过在电池包内各个电池单体之间设置均衡电路实施均衡控制，能够使各个单体电池充、放电的情况尽量一致，从而提高整体电池组的工作性能。

3. 辅助系统功能

辅助系统功能往往与整车控制系统或者其他相关的系统进行联合使用。

（1）继电器控制

电池包内通常包含多个继电器，电池管理系统需要完成对继电器的驱动供给和状态检测。继电器控制通常需要和整车控制器协调后才能确认其控制器。电池包内继电器一般有主正、主负、预充继电器和充电继电器，在电池包外还有设有独立的配电盒来对整个电流分配做更细致的保护。电池包继电器的控制，闭合、断开状态以及开关的顺序对整个系统功能来说都很重要。

（2）热控制

电池的化学性能受环境温度的影响非常大，为了延长电池的使用寿命，则必须让电池工作在合理的温度范围之内，同时根据不同的温度为整车控制器计算出其所能输出和输入的最大功率。电池系统的温度控制主要用到 CFD 仿真分析，包括如何使用最少的传感器来有效地监测整个电池包的温度分布，并将监测信息反馈给电池管理系统和整个电池温度管理系统。

（3）充电控制

电池管理系统的一个主要作用是监控电池系统在充电过程中的需求。在交流系统中，BMS 需要实现 PWM 控制导引电路的交互；在直流充电过程中，则需要特别注意在较高 SOC 下允许充电的电流大小。在国标系统中，电池管理系统被要求直接与外部建立通信，交互充电过程中的信息。

（4）安全管理

安全管理主要是监视电池的电压、电流和温度是否超过正常的使用范围，保证电池的正常运行。在对电池组进行整体监控的同时，多数电池管理系统已经发展到对极端单体电池进行过充电、过放电、过温等安全状态的管理。

4. 通信与故障诊断

（1）通信功能

电池管理系统需要给整车控制器发送电池系统的相关信息，在有直流充电的系统之中，特别是在国标系统中需要直接与外部直流充电桩进行通信。在特定情况下，还需要一条用作备份的诊断和刷新的通信线，用来在主通信失效的情况下做数据传输。

（2）故障诊断和容错控制

故障诊断及容错控制对于任何控制器来说都是非常重要的，电池管理系统的故障也需要用故障码（DTC）来进行报警。通过 DTC 触发仪表板当中的指示灯来提醒驾驶员。由于电池具有一定的危险性，往往需要通过车联网系统直接进行信息的传送，对突然出现的事故进行处理。故障诊断包括对电池单体及电池包电压、电流、温度测量电路的故障进行诊断，确定故障位置和故障级别，并做出相应的容错控制。

### 2.3.7 动力电池的使用寿命

1. 影响动力电池使用寿命的因素

无论哪种类型的电池，其单体电池的电压和容量都无法满足电动汽车的需求，必须通过串、并联的方式组成电池组为电动汽车提供能量。由于电池组内单体间不一致性的存在，在动力电池组使用过程中，电池组的最大可用容量与单体的可用容量下降速度不同步，也将导致各单体电池的 SOC 状态各不相同。电池组的性能并不等于各单体电池性能的简单相加，而是存在类似于木桶短板效应的问题，因此电池组寿命和电池单体相比有明显降低。

动力电池单体在充、放电循环使用过程中，由于一些不可避免的副反应的存在，可用活性物质逐步减少，性能逐步退化。电池老化和故障的原因如图 2-25 所示，其退化程度随着充、放电循环次数的增加而加剧，其退化速度与动力电池单体充、放电的工作状态和环境有着直接的联系。

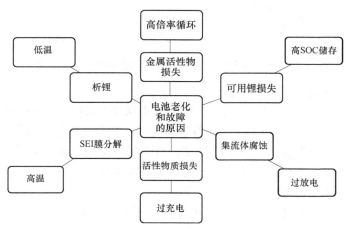

图 2-25　电池老化和故障的原因

影响动力电池单体寿命的因素主要包括充电截止电压，放电深度，充、放电倍率，环境温度，存储条件，电池维护过程，电流波纹以及过充电量和过充频度等。

① 充电截止电压。动力电池在充电过程中一般都伴随有副反应，提高充电截止电压，甚至超过电池电化学电位后进行充电一般会加剧副反应的发生，并导致电池使用寿命缩短，并可能导致电池内部短路损坏，甚至着火爆炸等危险工况的出现。

② 放电深度。深度放电会加速动力电池的衰退。

③ 充、放电倍率。动力电池单体的充、放电倍率是其在使用工况下最直接的特征参数，其大小直接影响着动力电池单体的衰退速度。充、放电倍率越高，动力电池单体的容量衰退越快。

④ 环境温度。不同的动力电池均有最佳的工作温度范围，过高或过低的温度都将对电池的使用寿命产生影响。

⑤ 存储条件。在存储过程中，电池的自放电，正、负极材料钝化，电解液分解蒸发，电化学副反应等因素，将导致电池产生不可逆的容量损失。

充、放电倍率和温度对于电池寿命和 SOF 的影响如图 2-26 所示。

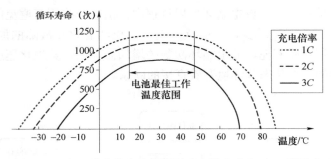

图 2-26　充、放电倍率和温度对于电池寿命和 SOF 的影响

**2. 动力电池寿命的预测方法**

随着清洁能源的大力发展，已经有越来越多的研究人员开始关注电池的 SOH。目前已经有应用的 SOH 估计方法有无迹卡尔曼、扩展卡尔曼、双卡尔曼滤波、电池健康诊断方法、粒子滤波算法、双滑模观测器方法、阻抗谱分析法和统计学建模法等。这里介绍几种国际上比较认可的主流方法。

（1）基于经验的方法

基于经验的电池寿命预测方法也称为基于统计规律的方法，主要包括以下 3 种：

① 循环周期数法。这种方法是通过对电池的循环周期进行计数，当电池的循环次数到达一定的范围时，就认为电池到达使用寿命。这种方法需要考虑不同循环条件、循环状态等因素对循环寿命的影响，根据经验和标准参数二者共同确定电池寿命。

② 安时法与加权安时法。一个电池从初始状态到频繁充电、放电整个过程中能够处理电量的总安时数应该是一个定值，累积安时电量达到一定的程度则认为电池到达寿命，这种方法就是安时法。加权安时法考虑电池在不同状况下放出相同的电量时，对寿命的损伤程度有轻有重，所以当放出的电量乘以一个加权系数之后的累积安时数达到某个值后认为电池到达最终寿命。

③ 面向事件的老化累积方法。这种方法首先要制定引起电池寿命损失的特定事件的描述，一般每个事件都有一个损伤程度的尺度描述，监测电池在使用过程中事件发生的情况，累计每个事件引起电池寿命衰减情况，给出当前电池的剩余寿命。

以上 3 种方法都是利用电池使用过程中的一些经验知识，依据某些统计学规律给出电池寿命的一个粗略估计,只能在电池使用的经验知识比较充分的情况下,用于特定场合的寿命预测。

(2)基于性能的方法

基于各种不同形式的性能模型,并且考虑老化过程和应力因素,目前很多研究依据这一思路开展了基于电池性能的寿命预测。根据寿命预测所使用信息来源的不同,将基于电池性能的寿命预测分为基于机理、基于数据驱动和基于特征三类。基于机理的预测是从电池本质机理的角度分析并建立电池的运行机理模型及老化模型,从电化学原理的角度描述电池的老化行为,通过对电池模型的分析预测电池寿命;基于数据驱动的预测是利用电池性能的测试数据,从数据中挖掘出电池性能演变的规律用于寿命预测,例如由数据拟合得到的解析模型和人工神经网络模型都是基于数据驱动的预测;基于特征的预测是利用电池老化过程中所表现出来的特征参量的演变,建立特征量与电池寿命之间的对应关系用于寿命预测。三种方法各有其优缺点,实际应用中常采用几种方法结合的思想。

① 基于机理的方法。基于机理的预测需要研究每一个老化因素对状态变量的影响,这种方法首先要对电池物理化学过程进行模型描述,基于欧姆定律、基尔霍夫电压电流定律、电化学反应过程(Butler–Volmer 定律)、扩散过程(Fick 定律)等,然后研究老化过程对状态变量影响的规律。一方面要研究电池的机理模型,另一方面要研究老化过程、应力因素对状态变量影响的老化机理模型。

基于机理寿命预测的主要优点:适用于几乎所有的状态条件及运行模式的电池;给出了电池老化过程的详细解释,可用于电池生产及设计厂商对电池设计的改进;与其他方法相比,基于该模型对电池控制策略的分析能够更加细致、准确。其缺点在于模型需要精细的参数,且复杂程度较高;针对老化因素的测试比较复杂,建立完善的老化机理模型存在困难。

② 基于数据驱动的预测。电池本身物理化学过程复杂,很多规律很难直接通过机理研究描述。从测试数据的角度出发描述电池性能的思想称为数据驱动的方法。常见的数据驱动算法有很多种,如支持向量机(Support Vector Machine,SVM)、自回归滑动平均(Autoregressive Moving Average,ARMA)和粒子滤波(Particle Filtering,PF)等。

基于数据驱动的预测不需要对象系统的机理知识,以采集的数据为基础,通过各种数据分析学习方法挖掘其中的隐含信息进行预测,从而避免了模型获取的复杂性,是一种较为实用的预测方法。但是,所获取的数据往往具有很强的不确定性和不完整性,将实际应用中所有可能的寿命影响因素全部进行实验测试也是不现实的。所以,基于数据驱动的预测容易实施,但也有一定的局限性。

③ 基于特征的预测方法。基于特征寿命预测的思路是利用电池老化过程中所表现出的特征参量的演变，建立特征量取值与电池健康状态之间的对应关系用于寿命预测。目前，基于特征的电池寿命预测主要集中在电化学阻抗与电池循环寿命之间的关系。使用电化学阻抗谱作为电池寿命特征的研究思路一般是在电池循环寿命的不同阶段测量阻抗谱曲线，根据阻抗谱曲线获得电池等效电路模型形式，再分析循环次数和等效电路模型中溶液电阻、传荷电阻及 Warburg 阻抗等参数的影响规律，最后给出等效电路模型中各参数随电池循环次数变化的拟合公式。除 EIS 阻抗谱外，还有对电池施加脉冲或阶跃激励信号估计内阻的脉冲阻抗测量方法。EIS 方法可以无损地对电池在不同循环次数下连续测试，因此可以作为对电池健康状态检测的一个有力工具。

阻抗谱和电池健康状态之间关系的结论主要有以下几点：

① 电池的欧姆内阻基本不随循环次数变化，反映了电解液溶液的稳定性。

② 电池阻抗增大的主要原因是其界面过程，通过研究者使用三电极对电池的 EIS 测试，正极是导致电池阻抗变大的主要部分，而负极则始终保持其原有的容量，因此正极材料的稳定性在很大程度上决定着电池的健康状态。

③ 正极阻抗增大主要体现在其表征电荷转移过程的半圆弧半径的增大，这说明随着循环次数的增加，电池的电荷转移内阻不断变大。

### 2.3.8 动力电池的梯次利用与回收

随着电动汽车产业的迅猛发展，预计到 2020 年总体销量将达到 200 万辆。快速发展的电动汽车产业面临的一大严峻问题就是对废旧动力电池的处理，如果处理不当，将引发环境污染以及废旧电池搁置带来的安全问题。

目前实现动力电池的梯次利用与回收仍然存在难度，主要表现为市场机制不健全、政策法规不完善；历史数据缺乏；梯次利用场景存在不确定性；电池拆解和再重组的高成本和高风险；梯次利用以后安全隐患加大等。

电池梯次利用与回收过程中遇到的问题主要表现在：

① 由于目前缺失电池的系统评估检验标准，对于电池衰竭到什么程度应该退役并没有一个评判标准，而二次利用电池的性能、安全性也没有具体标准可循。

② 电池健康评估难度大，由于缺少一套完备的评估参数，很难判断电池内部的安全隐患是否存在。

但是，从节约资源、保护环境、消除隐患的角度出发，动力电池梯次利用和回收势在必行。目前我国已经建立了一个比较完善的动力电池回收体系，2016 年以来，工信部相继出台了《电动汽车动力蓄电池回收利用技术政策（2015 年版）》《新能源汽车废旧动力蓄电池综合利用行业规范条件》和《新能源汽车废旧动力蓄电池综合利用行业规范公告管理暂行办法》3 项文件，明确了废旧电池回收的责任主体，加强了行业管理与回收监管。

1. 动力电池溯源

2016 年 10 月 18 日，工信部装备工业司对国家推荐性标准《汽车用动力电池编码》开始征求意见，该标准对汽车用动力电池的生产、销售、使用、维护、回收、梯次利用、再生利用实施全生命周期的溯源与管理。推荐性标准要求，动力电池生产企业应对所生产（或进口）的所有动力电池产品进行编码，并确保编码与电池产品具有唯一对应性，电动汽车生产企业应将装配在整车上的蓄电池产品编码与整车建立对应关系，确保动力电池的流向可追溯。从事动力电池更换业务的售后服务企业、电池租赁企业等应建立信息登记制度，确保新更换到车上的电池流向可追溯。

动力电池回收利用管理的核心是立足产品全生命周期，通过溯源实现对动力电池从"出生"到"再生"的全面管控。让动力电池能够做到来源可靠、去向可追踪、整个节点可控。

为贯彻落实国家相关政策，确保新能源汽车产业健康可持续发展，保障新能源汽车的安全运行，对车辆安全问题做到及时预警并督促企业采取有效措施消除隐患。"新能源汽车国家监测与管理中心网站"于 2016 年 12 月 7 日正式上线试运行。国家平台对全国新能源汽车推广应用和安全工作负监管责任，通过国家平台监督检查企业平台、地方平台运行情况；地方政府对公共服务领域的新能源汽车安全负监管责任，通过地方平台接收企业平台转发的实时数据，掌握公共服务领域新能源汽车运行状况；生产企业对其生产的全部新能源汽车安全问题负总责，通过企业平台，对其产品实现 100%的实时监测，并对发现的风险及时采取措施予以控制。

由新能源汽车国家检测与管理中心平台升级建成的"新能源汽车国家监测与动力蓄电池回收利用溯源管理平台"即将正式投入使用。届时，动力电池编码溯源信息应按要求进行采集和上传，实现对动力电池的实时全面管控。图 2-27 所示为电池溯源信息系统基础及其扩展升级。

2. 动力电池的梯次利用

动力电池的梯次利用是指对电动汽车上的废旧动力电池进行拆解、检测、分类、重组，根据电池的使用状况将其分档利用，应用于其他领域，充分发挥其剩余价值。电动汽车的总成本中大约有一半来自于动力电池，其充电以及安全稳定等问题同样来自于其动力电池的相关性能。动力电池由于在可用容量降到其标称容量的 80%或是实际内阻增加 1 倍时，将影响其续驶能力和用户体验，在这种情况下就需要更换新的动力电池，以保证车辆的正常使用。此时从电动汽车上换下来的动力电池由于仍然拥有较多的可用容量，如果直接舍弃将造成大量的能源浪费。因此，电动汽车的动力电池梯次利用技术受到行业内的高度重视。电动汽车动力电池梯次利用商业模式如图 2-28 所示。

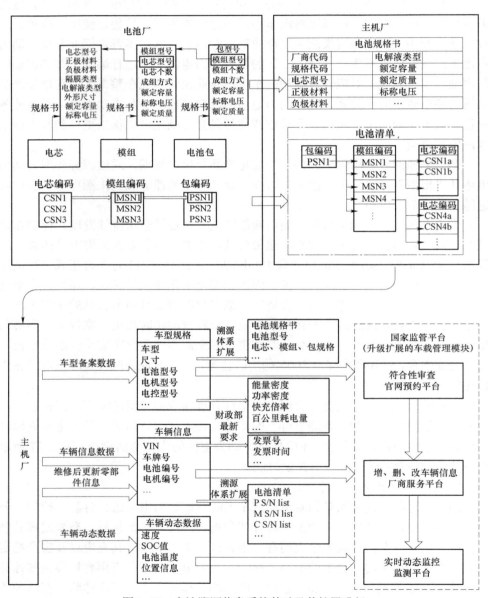

图 2-27　电池溯源信息系统基础及其扩展升级

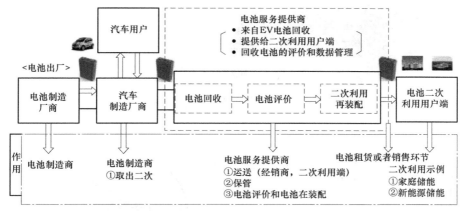

图 2-28　电动汽车动力电池梯次利用商业模式

当前，在日本、美国、德国等国家都有相应的公司致力于动力电池梯次利用的研究。例如，日本的 4R Energy、夏普公司等，其主要将替换下来的动力电池用于家庭或是商业储能，同时致力于开发智能功率调节器，或是销售租赁日产 LEAF 汽车的二手动力电池；美国的 Tesla Energy 和通用公司开发了 Power wall 和 Power pack 分别用于家庭储能系统（见图 2-29）和商业储能系统；德国的 BOSCH、BMW 和瓦腾福公司则利用宝马纯电动汽车退役的动力电池建立大型光伏电站用于电网储能系统等。这些国家起步较早，并主要以储能应用为主，目前已经有了很多成功的示范工程和相应的商业项目。

我国的相关研究和应用发展起步相对较晚，而且技术水平仍然与一些国家存在差距，因此目前我国的动力电池梯次利用项目还停留在示范工程阶段，还没有较为成熟的商业化运作工程。但是，国家近年颁布的《节能与新能源汽车产业发展规划》中明确提出了相关的车用动力电池回收利用管理办法，并建立了相应的能量回收和梯次利用管理体系。数据显示，2015 年我国的动力电池累计报废量约为 4 万吨，2018 年将突增到 17 万吨。按照回收报废趋势，预计到 2020 年，我国仅纯电动（含插电式）乘用车和混合动力乘用车动力电池累计报废量将达到 20 万吨之多。因此，我们需要对动力电池的梯次利用技术进行进一步的研究改善和优化利用。

电动汽车的动力电池由于使用过程中的不确定性可能出现许多大倍率放电的场景，这将使得动力电池产生不可逆以及不可预知的损害。另外，由于近几年兴起的快充技术会对一部分电池产生一定程度的损害，使得这些动力电池在经过检测以及筛选等程序后还需要进行二次成组，即对回收的电芯进行再次设计并组成 pack，用以满足动力电池的二次利用或是储能要求。其梯次利用过程一般分为三个阶段：一是对退役的动力电池进行性能测试和二次利用领域的调研；二是对相应的动力电池进行二次利用领域的产品设计；三是在评估调研和产品开发推广的基础上，逐步形成锂离子电池以及动力电池梯次利用的标准流程和方法体系。

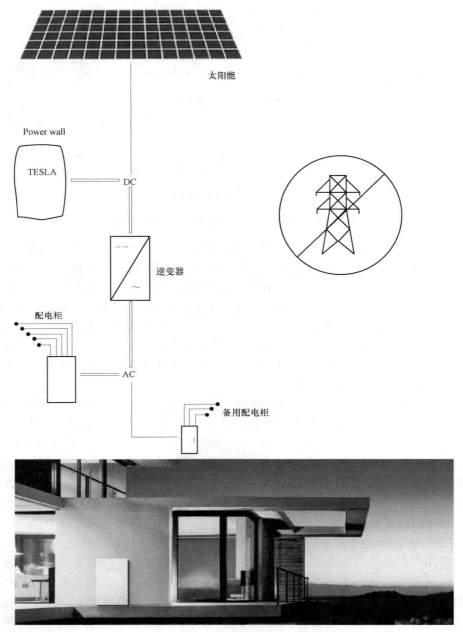

图 2–29　Tesla Energy 和通用公司开发的 Power wall 可用于家庭储能系统

　　梯次利用的关键技术包括电池测试的评估与筛选方法、梯次利用电池的安全性评估、梯次利用电池的柔性成组技术、电池状态诊断与预测技术、商业运营模式研究和电池梯次利用的经济性研究。

其中，动力电池退役后的分选是根据电池外部形态进行初次筛选，其标准包括电池极耳是否完好、电池外形是否发软膨胀或是表面起皱等。初次筛选之后，再将剩余动力电池进行特性测试，其中包括电池的容量、内阻、安全性和温度测试等。

对于动力电池的容量测试，即将动力电池在 25℃ 恒温环境下静置 1h，以 $C/3$ 电流恒流充电至单体电池充电截止电压后，转恒压充电至电流降至 $0.05C$，然后静置 30min，再以 $C/3$ 电流恒流放电至单体放电截止电压，然后再静置 30min，重复上述步骤 5 次即可。以第 5 次放出的容量作为当前循环次数下电池的实际容量。

对于动力电池的内阻测试，则分为直流放电法和交流法。直流放电法即通过对动力电池进行瞬间大电流放电，测试动力电池的瞬间电压降，最后通过欧姆定律计算出电池的内阻。而交流法则是通过注入低频交流电流信号，测出动力电池两端的电压和流过的电流以及两者的相位差，从而计算出电池的内阻。另外，动力电池的内阻测试方法还包括短路电流法、脉冲电流法等。

对于动力电池梯次利用的安全性测试，则是观测动力电池在过充、过放、短路或是针刺等极限条件下是否发生起火爆炸甚至是燃烧等现象。如无上述现象，则满足安全性的要求。

对于动力电池的温度检测，可以使用热成像仪或非接触式测温仪等电池温度场分析的专业测量设备。这些设备可以提取典型测量点之间的联系以及温度变化的数据。另外，还有充、放电性能检测，环境模拟测验系统以及电池滥用测试技术等。

3. 动力电池的回收利用

动力电池回收技术的一般过程为动力电池回收的预处理、电池内部电解液的回收和相应处理、电池内部活性物质与集流体的分离、动力电池金属成分的回收以及动力电池材料的再制备等。钴酸锂锂离子电池的回收利用流程如图 2-30 所示。

动力电池的回收技术方法一般分为干法回收和湿法回收。干法回收又可以细分为火法、机械研磨法、浮选法以及机械分解法。火法是通过高温焚烧分解去除起黏结作用的有机物，以实现电池组成材料的分离，同时使金属及其氧化物氧化、还原并分解，以蒸气方式挥发后，用冷凝等方法收集。火法对检测设备以及能量损耗的要求相对较高。湿法回收可以由预处理、金属浸出和金属元素分离回收三步来完成。湿法回收的形式是先将锂离子电池分类，然后用适当的溶剂进行溶解分离和萃取，以获得金属及金属化合物材料。由于此法只能对某一种金属元素进行分离提纯，相对而言其局限性较大。对于金属元素的分离回收通常有选择性沉淀法、溶剂萃取法、电化学方法和盐析法等方式。而生物法则是利用具有特殊选择性的微生物菌类通过其代谢过程来实现对金属钴和金属锂等元素的析出。这种方法成本低且污染小，但目前在国内，技术还未完全成熟，需要进一步的研究和探索。

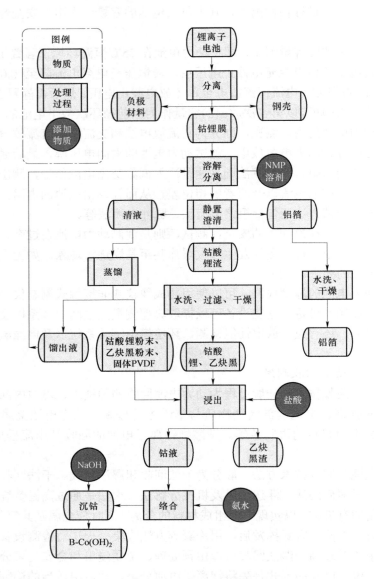

图 2-30　钴酸锂锂离子电池的回收利用流程

# 第 3 章 动力电池的充电方法

电动汽车在行驶过程中,电能被不断消耗,当动力电池的 SOC 低于某一值时,就需要对动力电池进行电能的补充,因此,对动力电池进行充电就成为电动汽车使用过程中一个必不可少的环节。电池充电通常应完成 3 个功能:

① 尽快使电池恢复到额定容量,即在恢复电池容量的前提下,充电时间越短越好。

② 消除电池在放电使用过程中引起的不良后果,即修复由于深度放电、极化等导致的电池性能破坏。

③ 对电池补充充电,克服电池自放电引起的不良影响。

对于动力电池来说,不同的充电方法对其性能影响很大,合理的充电方法可延长锂电池的寿命、提高充电效率。

## 3.1 充电方法的评价指标

### 3.1.1 充电效率

充电效率是指在规定条件下,蓄电池放电期间放出的容量(能量)与恢复到放电前的状态所需充电容量(能量)之比,包括容量效率和能量效率。其计算公式为

$$\eta_c = \frac{C_{放}}{C_{充}} \times 100\% = \frac{\int I_{放} \mathrm{d}t}{\int I_{充} \mathrm{d}t} \times 100\% \tag{3-1}$$

$$\eta_e = \frac{C_{放}}{C_{充}} \times 100\% = \frac{\int I_{放} U_{放} \mathrm{d}t}{\int I_{充} U_{充} \mathrm{d}t} \times 100\% \tag{3-2}$$

式中,$\eta_c$ 为容量效率;$\eta_e$ 为能量效率;$C$ 为容量;$I$ 为电流;$U$ 为电池电压。

充电效率能有效地表示动力电池对充电电流的接受能力，充电时的电能主要用于转化为电池的化学能以及充电过程中释放的热能等其他不可逆的损失。充电效率越高，表示充电的电能转化为电池化学能的部分越多，这部分能量才是放电过程中被利用的能量。充电效率不仅和充电电流有关，而且和电池所处的 SOC 状态有很大关系。随着电池 SOC 的升高，同一充电电流的充电效率逐渐降低。

### 3.1.2 充电时间

充电时间是制约新能源电动汽车推广的重要因素之一，受到动力电池的电流接受能力、电网输电能力等的影响。在不影响动力电池寿命和安全性的前提下，充电时间越短，越容易被人们接受。

### 3.1.3 电池内阻

电流通过电池内部时受到阻力，使电池的工作电压降低，该阻力称为电池内阻。由于电池内阻的作用，电池放电时端电压低于电动势和开路电压，充电时端电压高于电动势和开路电压。电池内阻是化学电源的一个重要参数，能够直接影响电池的工作电压、工作电流、输出能量以及功率等，对于一个实用的化学电源，其内阻越小越好。电池内阻包括欧姆内阻和电极在进行化学反应时所表现出的极化内阻，两者之和称为电池的全内阻。

欧姆内阻主要是由电极材料、电解液、隔膜的内阻以及个部分零件的接触电阻组成的。它与电池的结构、尺寸、电极的成形方式以及装配的松紧度有关。欧姆内阻遵循欧姆定律。

极化内阻是指化学电源的正极和负极在进行电化学反应时由于极化所引起的内阻。它是电化学极化和浓度极化所引起的电阻之和。极化内阻与活性物质的本质、电极的结构、电池的制造工艺有关，尤其与电池的工作条件密切相关，放电电流和温度对其影响很大。在大电流密度下放电时，极化现象加剧，甚至可能引起负极的钝化，极化内阻增加。低温对于电化学极化、离子扩散均有不利影响，故在低温条件下电池的内阻也会增加。因此，极化内阻并不是一个常数，而是随着放电率、温度等条件的改变而改变。

内阻对充电方法的评价，主要是由于不同的充电方法对动力电池使用过程中内阻升高的影响不同，不科学的充电方法使电池内阻升高速率快，内阻升高造成电池容量衰减和功率性能下降，从而缩短电池的寿命。

### 3.1.4 电池寿命

动力电池寿命包括循环寿命（cycle life）和贮存寿命（calendar life）。循环寿命以动力电池在相应充、放电条件下可以进行的充、放电循环的次数来表征。贮存寿命反映在贮存条件下（如温度、SOC 等），电池的衰减情况。电池寿命对充电方法的评价，主要是考虑不同的充电方法对电池寿命衰减的影响不同。不同的充电方法对电池寿命的影响也不同，科学的充电方法可以延长电池的使用寿命，不合理的充电方法会加速电池失效，体现在不同的充电方法对电池容量衰减、内阻升高、内部结构材料的影响。

循环寿命受动力电池放电深度（DOD）的影响，因此循环寿命的表示还要同时指出放电深度，例如动力电池循环寿命 400 次/100%DOD 或 1000 次/50%DOD。各类二次电池的循环寿命都有差异，即使同一系列、同一规格的产品，循环寿命也可能存在较大差异。目前，在常用的动力电池中，锌银蓄电池的循环寿命最短，一般只有 30～100 次；铅蓄电池的循环寿命为 300～500 次；锂离子电池的使用周期较长，其循环寿命可达 1000 次以上。

随着充、放电次数的增加，二次电池容量衰减是个必然的过程。这是因为在充、放电循环过程中，电池内部会发生一些不可逆的过程，引起电池容量的衰减。这些不可逆的因素主要有以下几方面：

① 电极活性表面积在充电循环过程中不断减小，使工作电流密度上升，极化增大。
② 电极上活性物质脱落或转移。
③ 在电池工作过程中，某些电极材料发生腐蚀。
④ 在循环过程中，电极上生成晶枝，造成电池内部微短路。
⑤ 隔膜的老化和损耗。
⑥ 活性物质在充电、放电过程中发生不可逆晶形改变，因而使活性降低。

## 3.2 锂离子动力电池的充、放电特性

自 20 世纪 90 年代锂离子电池面世以来，因其能量密度高、循环寿命长、无记忆效应、环境友好等优点就被称为动力电池应用领域的热点。近年来，锂离子电池成为电动车辆动力电池的主体。

锂离子电池的充电从安全、可靠及兼顾充电效率等方面考虑，通常采用两段式充电方法。第一阶段为恒流限压，第二阶段为恒压限流。锂离子电池充电的最高限压值根据正极材料不同而有一定的差别。锂离子电池基本充、放电电压曲线如图 3-1 所示，图中曲线采用的充、放电电流均为 $0.3C$。对于不同的锂离子电池，区别主要有两点：

① 第一阶段恒流值，根据电池正极材料和制造工艺不同，最佳值存在一定的差别，一般采用电流范围为 $0.2～0.3C$。

② 不同锂离子电池在恒流时间上存在很大的差别,恒流可充入容量占总体容量的比例也存在很大差别。从电动汽车实际应用的角度来看,恒流时间越长、充电时间越短,更有利于应用。

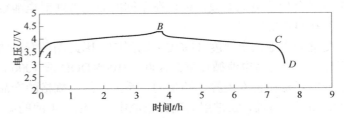

图 3-1 锂离子电池基本充电、放电电压曲线

锂离子电池放电在中、前期电压稳定,下降缓慢,但在放电后期电压下降迅速,如图 3-1 中的 $CD$ 段所示。此阶段必须进行有效控制,防止电池过放电,避免对电池造成不可逆性损害。

（1）充电特性的影响因素

① 充电电流对充电特性的影响。以额定容量 11.3A·h 某锂离子电池为例,在 $SOC=40\%$,恒温 25℃情况下,采用不同充电倍率充电,参数结果见表 3-1。充入能量和容量变化如图 3-2 所示。充电曲线如图 3-3 所示。

表 3-1 不同充电倍率充电参数

| 电流/A | 恒流时间/s | 充入容量/A·h | 充入能量/W·h | 充入 30A·h 时间/s | 充入 30A·h 电流/A |
|---|---|---|---|---|---|
| 20/（0.2C） | 3900 | 21.67 | 90.85 | 5763 | 14.24 |
| 30/（0.3C） | 2420 | 20.17 | 84.93 | 4754 | 15.53 |
| 40/（0.4C） | 729 | 8.11 | 34.482 | 4528 | 13.87 |
| 50/（0.5C） | 700 | 9.8 | 41.68 | 3840 | 14.94 |
| 60/（0.6C） | 237 | 3.97 | 16.96 | 3212 | 16.16 |
| 80/（0.8C） | 32 | 0.74 | 3.133 | 3129 | 14.15 |

随着充电电流的增加,恒流时间逐渐减小,恒流可充入容量和能量也逐渐减少。以充入放出容量 1/2（即 $SOC=70\%$）时为标准,所需充电时间随充电电流的增加而减少,20A（0.2C）所用时间约是 80A（0.8C）的 1 倍。在这种状态下,继续充电的电流差在 2A 以内,所以后 30A·h 充电时间相差不大。因此,在电池允许的充电电流之内,增大充电电流,虽然可恒流充入的容量和能量将减少,但有助于总体充电时间的减少。在实际电池组应用中,可以以锂离子电池允许的最大

第 3 章
动力电池的充电方法

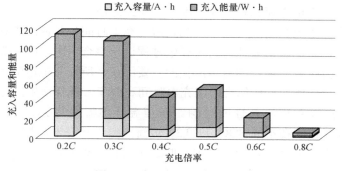

图 3-2 充入能量和容量变化

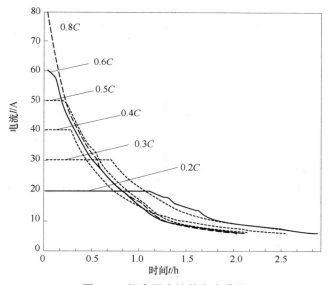

图 3-3 锂离子电池的充电曲线

充电电流充电，达到限压后，进行恒压充电，这样在减少充电时间的基础上，也保证了充电的安全性。但充电电流的增加，也将带来电池内阻能量损耗的增加，消耗在内阻上的能量为

$$E = \int_{t_1}^{t_2} I^2(t) r \mathrm{d}t \tag{3-3}$$

式中，$E$ 为内阻消耗的能量；$r$ 为电池内阻；$t$ 为充电时间变量；$I$ 为充电电流；$t_1$ 和 $t_2$ 为充电起止时间。

通过大量试验证明，在充电过程中锂离子电池的内阻变化在 $0.4\mathrm{m}\Omega$ 之内。因此从式（3-3）可以得出，电池内阻能耗与充电时间基本呈线性关系，而同充电电流成二次方关系。从充电曲线（见图 3-3）可以看出，在充电 1.5h 后，各条充电

57

曲线趋于相似，充电电流相差不大。因此，在此之前，充电电流将是内阻能耗的主要影响因素，电流大的能耗大；在此之后，充电时间将是内阻能耗大小的主要影响因素，充电时间长的能耗大。对充电过程进行综合考虑，因为充电电流与内阻能耗成二次方关系，是影响内阻能耗的主要因素，所以充电电流大的内阻能耗大。在实际电池应用中，应综合考虑充电时间和效率，选择适中的充电电流。

② 放电深度对充电特性的影响。在恒温环境温度 20℃下，对额定容量 100A·h 锂离子电池在不同 SOC、以 0.3$C$ 恒流限压进行充电，试验参数见表 3-2，充电曲线如图 3-4 所示。在图 3-4 中，曲线从左到右放电容量依次增加。

表 3-2　不同放电深度的充电试验参数

| 放电 | | 充电 | | 等容量充入能量/W·h | 充电时间/min | 恒流时间/min | 恒流充电容量/A·h | 单位容量平均充电时间/min | 等容量充、放电效率 |
|---|---|---|---|---|---|---|---|---|---|
| 容量/A·h | 能量/W·h | 容量/A·h | 能量/W·h | | | | | | |
| 10 | 32.85 | 13.32 | 57.40 | 43.10 | 58 | 3 | 1.5 | 5.80 | 0.762 |
| 20 | 65.12 | 22.78 | 98.32 | 86.32 | 119 | 6 | 3.0 | 5.95 | 0.754 |
| 30 | 95.86 | 30.91 | 133.10 | 129.20 | 151 | 12 | 6.0 | 5.03 | 0.742 |
| 40 | 122.03 | 40.12 | 169.60 | 164.98 | 171 | 18 | 9.0 | 4.28 | 0.740 |
| 50 | 159.07 | 50.32 | 220.52 | 214.47 | 218 | 34 | 17.0 | 4.36 | 0.742 |
| 60 | 188.33 | 60.08 | 263.39 | 260.99 | 252 | 45 | 22.5 | 4.20 | 0.722 |
| 80 | 249.76 | 80.35 | 344.4 | 342.90 | 318 | 72 | 35.76 | 3.98 | 0.728 |

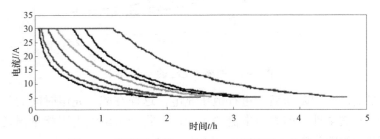

图 3-4　锂离子电池 20℃、0.3$C$ 恒流充电曲线

从表 3-2 和图 3-4 中可以得到如下结论：

a）随放电深度增加，充电所需时间增加，但平均每单位容量所需的充电时间减少，即充电时间的增加同放电深度不成正比增加。

b）随放电深度增加，恒流充电时间所占总充电时间比例增加，恒流充电容量占所需充入容量的比重增加。

c）随放电深度增加，等安时充、放电效率有所降低，但降低幅度不大。

③ 充电温度对充电特性的影响。在不同环境温度下对锂离子电池进行充电，

以某额定容量 200A·h 锂离子电池为例，采用恒流限压方式，记录充电截止条件为充电电流下限为 1A 的充电参数，见表 3-3。

表 3-3 不同温度电池充电参数

| 环境温度/℃ | 充电电流降至 5A | | | 充电电流降至 1A | | |
|---|---|---|---|---|---|---|
| | 充入容量/A·h | 充入能量/W·h | 充电时间/h | 充入容量/A·h | 充入能量/W·h | 充电时间/h |
| -25 | 118.09 | 516.81 | 9.0 | 147.08 | 640.79 | 21.0 |
| -5 | 127.29 | 566.63 | 7.1 | 160.75 | 717.27 | 19.0 |
| 10 | 164.59 | 707.65 | 6.4 | 203.12 | 867.32 | 15.2 |
| 25 | 168.94 | 726.91 | 5.5 | 205.98 | 878.71 | 12.3 |

从表 3-3 可以看出，随环境温度降低，电池的可充入容量明显降低，而充电时间明显增加。低温（-25℃）同室温（25℃）相比，相同的充电结束电流，可充入容量和能量降低 25%~30%。若以 5A 为充电结束标准，则电池仅充入在此温度下可充入容量或能量的 75%~85%。但降低充电结束电流，就意味着充电时间的大幅增加。在冬季低温情况下，电池可充入容量低，因此，为了防止电池过放电，必须降低单次充电电池的可用容量。

（2）放电特性的影响因素

在放电特性方面，主要讨论不同环境温度和不同放电倍率对锂离子电池放电特性的影响。仍以某额定容量为 200A·h 的锂离子电池为例，在环境温度 20℃ 情况下，将电池充满电，分别在 20℃、0℃、-20℃ 时进行不同放电电流下的放电试验，放电参数见表 3-4。100A（0.5$C$）放电过程的曲线如图 3-5 所示。

表 3-4 不同温度放电参数

| 放电电流/A | 20℃ | | 0℃ | | -20℃ | |
|---|---|---|---|---|---|---|
| | 容量/A·h | 能量/W·h | 容量/A·h | 能量/W·h | 容量/A·h | 能量/W·h |
| 100 | 191.647 | 586.517 | 188.369 | 566.081 | 173.872 | 509.460 |
| 80 | 194.812 | 595.451 | 191.752 | 575.515 | 179.201 | 524.207 |
| 60 | 197.103 | 601.895 | 193.869 | 581.398 | 182.929 | 534.452 |
| 40 | 198.902 | 606.954 | 195.731 | 586.578 | 185.456 | 541.404 |
| 20 | 200.727 | 612.126 | 197.688 | 592.073 | 187.845 | 548.060 |
| 10 | 201.82 | 615.207 | 198.867 | 595.364 | 189.250 | 551.952 |

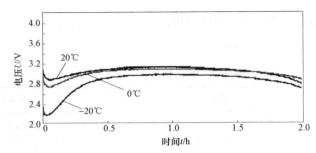

图 3-5 锂离子电池 100A（0.5$C$）放电过程的曲线

从表 3-4 和图 3-5 可以看出，在室温情况下对电池充电，在不同温度下放电，对电池可放出能量的影响大于对电池放电容量的影响。在不同温度下，每放电 20A·h 所放出的能量对比如图 3-6 所示。在放出容量占可放出容量 40%~50% 时，单位安时放出的能量最多。在低温情况下，电池的放电电压较低，尤其在放电初期同样的放电电流下，电池电压将出现一个急剧的下降，如图 3-6 所示，所以放电能量偏低；在放电中期，放电消耗在电池内阻上的能量使得电池自身的温度升高，锂离子电池活性物质的活性增加，电池电压有所升高，因此可放出的能量增加；在放电后期，电池电压降低，单位时间放出的能量随之降低。

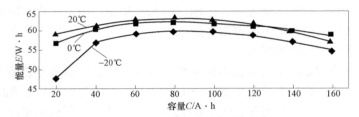

图 3-6 不同温度下的放电能量

在同一温度、同样的放电终止电压下，不同的放电结束电流，可放出的容量和能量有一定的差别；电流越小，可放出容量和能量越多。如表 3-5 和图 3-7 所示，以某额定容量为 11.3A·h 的锂离子电池为例，在不同放电倍率下放电，电池的容量和能量随放电倍率的增加而降低。

表 3-5 某型锂离子电池在不同倍率下的容量和能量变化情况

| 倍率 | 容量/A·h | 放电容量百分比（%） | 放电平台/V | 能量/W·h | 放电时间/s |
|---|---|---|---|---|---|
| $\frac{1}{5}C$ | 11.3203 | 100.00 | 3.6222 | 41.1969 | 19 390 |
| $\frac{1}{3}C$ | 11.1969 | 98.91 | 3.594 | 40.4033 | 11 511 |

（续）

| 倍　率 | 容量/A·h | 放电容量百分比（%） | 放电平台/V | 能量/W·h | 放电时间/s |
| --- | --- | --- | --- | --- | --- |
| $\frac{1}{2}C$ | 11.0809 | 97.89 | 3.5621 | 39.5442 | 7588 |
| $1C$ | 10.9789 | 96.98 | 3.4671 | 38.1333 | 3761 |
| $2C$ | 10.8694 | 96.02 | 3.2811 | 35.8248 | 1861 |

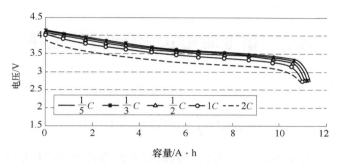

图 3-7　某型锂离子电池在不同倍率下的恒流放电曲线

## 3.3　最佳充电电流曲线

20 世纪 60 年代中期，在对开口蓄电池的充电过程做了大量的试验研究后，美国科学家马斯提出了以最低出气率为前提的、蓄电池可接受的充电曲线（最佳充电曲线），如图 3-8 所示。

按照该曲线，使蓄电池以一定的电流值进行充电，该电流值仅供电池接受而不会有气体（氢气和氧气）析出。假设蓄电池的充电电流为 $i$，蓄电池可接受的电流值为 $I_a$，如果在蓄电池整个充电过程中 $i=I_a$，那么 $I_a$ 在充电过程中，不仅没有使蓄电池产生气体，而且充电持续的时间也可以减小到最小。上述的蓄电池可接受充电电流形成了一条轨迹，这条轨迹是一条指数函数曲线，在充电过程中任何时间 $t$ 上的电流可表示为

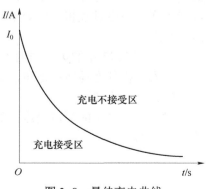

图 3-8　最佳充电曲线

$$i = I_0 e^{-at} \quad (3\text{-}4)$$

式中，$I_0$ 为 $t=0$ 时的最大初始电流值；$a$ 为衰减常数，通常被定义为蓄电池充电电流接受比。

大量试验表明，如果充电电流按这条曲线变化，不仅可以缩短充电时间，并且可以延长电池的使用寿命。通常将这条曲线称为最佳充电曲线。此后，以此为基础，众多研究人员开展了各种电池的最佳充电曲线和方法方面的研究。

由图 3-8 可以看出：在马斯提出的最佳充电曲线中，在充电初期电流很大。随着充电的进行，电流衰减较快，主要原因是极化现象的产生。

## 3.4 蓄电池充电电流接受比定律

由式（3-4）可知，经过时间 $t$，存储在蓄电池内的总电荷量为

$$Q = \int_0^t i\,dt = \int_0^t I_0 e^{-at} dt = \frac{I_0}{a}(1 - e^{-at}) \quad (3\text{-}5)$$

式（3-5）表明，充电结束时的充入量也是原来蓄电池放出的电荷量，即

$$Q = \frac{I_0}{a} \quad (3\text{-}6)$$

所以有

$$a = \frac{I_0}{Q} \quad (3\text{-}7)$$

因此，电流接受比 $a$ 是充电初始电流 $I_0$ 与待充入电荷量 $Q$ 之比。对于任一给定的已放出容量，电流接受比越高，则初始电流就越大，充电速度也越快。显然，如果充电电流始终沿着图 3-8 所示的曲线变化，那么电流接受比 $a$ 的值将维持不变，充电过程将始终处于其实际接受的充电电流与本身固有特征相匹配的最佳状态。

马斯在 1972 年的第二届世界电动汽车年会上，提出了关于蓄电池充电的三个定律，人们称其为马斯三定律，这成为快速充电技术的基础。

(1) 第一定律

对于任何给定的放电电流，蓄电池的电流接受比 $a$ 与放电容量 $C$ 的二次方根成反比，即

$$a = \frac{k}{\sqrt{C}} \quad (3\text{-}8)$$

式中，$k$ 为常数。

由于蓄电池放出的电荷量就是待充入的电荷量，即 $C=Q$，根据式（3-8），第一定律也可写成

$$I_0 = Q\frac{k}{\sqrt{C}} = k\sqrt{C} \tag{3-9}$$

式（3-9）表明，蓄电池可接受的初始充电电流 $I_0$ 与蓄电池的容量有关，容量越大，蓄电池可接受的初始充电电流越大。

对于比例常数 $k$，可以通过实验求出，其意义通过下面的运算可以给出。
由于

$$I_0 = aC \tag{3-10}$$

则

$$aI_0 = a^2C = k^2 \tag{3-11}$$

由式（3-4）可知

$$\left[\frac{\mathrm{d}i}{\mathrm{d}t}\right]_{t=0} = [I_0 \mathrm{e}^{-at}]'_{t=0} = [I_0(-a)\mathrm{e}^{-at}]_{t=0} = -aI_0 \tag{3-12}$$

即

$$k^2 = -\left[\frac{\mathrm{d}i}{\mathrm{d}t}\right]_{t=0} \tag{3-13}$$

或

$$k = \sqrt{-\left[\frac{\mathrm{d}i}{\mathrm{d}t}\right]_{t=0}} \tag{3-14}$$

通过上述计算可知，$-k^2$ 是蓄电池以一定电流放电后，充电接受特性曲线在充电初始点处的斜率。由马斯第一定律可知，蓄电池充电接受能力受到放电深度的影响。依据此曲线，若以相同大小的电流放电，则放出电量越多，$a$ 作为充电接受率，其值越高，充电接受电流越大。

（2）第二定律

对于给定的放电深度，电池的充电电流接受比 $a$ 与放电电流 $I_\mathrm{d}$ 的对数成正比，即

$$a = \frac{k}{\sqrt{C}}\lg(kI_\mathrm{d}) \tag{3-15}$$

式中，$k$ 为常数。
由式（3-15），可将式（3-9）改写成

$$I_0 = k\sqrt{C}\lg(kI_\text{d}) = k\sqrt{C}(\lg k + \lg I_\text{d}) \qquad (3\text{–}16)$$

由式（3–16）可知，在放电容量给定时，电池的最大充电接受电流 $I_0$ 和放电电流 $I_\text{d}$ 的对数呈线性关系。蓄电池的充电接受率与电池的放电历史关系密切，尤其是电池的放电率和放电深度，对电池的影响很大。由马斯第二定律可知，如果电池以小电流长时间放电，则它的充电接受率较低；相反，如果电池以大电流短时间放电，它的充电接受率高。

（3）第三定律

蓄电池以不同的放电率放电后，可接受的充电电流是各个放电率的可接受充电电流之和，即

$$I_\text{s} = I_1 + I_2 + I_3 + \cdots \qquad (3\text{–}17)$$

同时符合

$$a_\text{s} = \frac{I_\text{s}}{C_\text{s}} \qquad (3\text{–}18)$$

式中，$I_\text{s}$ 为总的可接受充电电流；$C_\text{s}$ 为蓄电池放出的全部电量；$a_\text{s}$ 为总的充电电流接受比。由式（3–18）可知，电池在充电之前或在充电过程中适当地放电，将增加充电电流接受比。

马斯三定律奠定了快速充电的重要理论基础，揭示了蓄电池可接受充电电流与放电量之间的内在联系，指出了在充电过程中对蓄电池实施一定深度的放电是提高充电电流接受比从而加快充电进程的有效途径。

## 3.5 电池极化现象及其影响

### 3.5.1 电池极化现象

蓄电池外部电路开路（即无电流通过）时电极处于平衡状态，电池的端电压即为电池的电动势，该电动势称为平衡电动势。当电池充、放电时，由于电池中有电流通过，导致电池的电动势偏离平衡值的现象称为电池的极化现象（Polarization），有时也被称为过电势或过电压。

极化现象引起的电池过电压会限制充电电流的增加，影响充电速度，同时电池极化还会增加析气量、使电池温度升高。对应电池内阻的构成，按照产生原因的不同，电池极化可以分为欧姆极化、浓度极化和电化学极化。

(1) 欧姆极化

在电池充、放电过程中，正、负离子不停地朝极板移动，在移动时难免受到电解质溶液和极板的阻碍，这种阻碍称为欧姆内阻。欧姆内阻主要是由电极材料、电解液、隔膜的内阻以及个部分零件的接触电阻组成。它与电池的结构、尺寸、电极的成形方式以及装配的松紧度有关。由于欧姆内阻的存在，为了克服欧姆阻力以推动离子的移动，施加在电池上的外电压就需要额外施加一定的电压。这样就会出现欧姆极化现象，其表现是该电压以热能的方式传递给环境。如果电流继续增大，欧姆内阻造成的电池产热量就会增加，进而导致电池温度升高。

(2) 浓度极化

在理想状态下，为了维持正常的化学反应，化学反应的生成物需要及时离去，反应物得以及时补充。实际上，离子反应物的扩散速度远远赶不上化学反应的速度，同时生成物也不能很快离去，这样就会使反应物堆积到极板周围，从而造成极板周围离子浓度过高，而且会阻碍化学反应的正常进行。换句话说，在电池内部的不同位置（如极板处和电池中心位置）电解质浓度分布存在差异，这种现象就称为浓度极化。

(3) 电化学极化

电能的产生与消耗是由电子的移动引起的，在充电过程中电子的移动速度比电池正、负极上发生的化学反应速度快，这样引起电极上的电荷量逐渐变大，阻碍化学反应的顺利进行，这种现象称为电化学极化。例如：电池负极在放电前，电极表面带有负电荷，其附近溶液带有正电荷，两者处于平衡状态；放电时，立即有电子释放给外电路，电极表面负电荷减少，而金属溶液的氧化反应进行缓慢 $Me-e^-\rightarrow Me^+$，不能及时补充电极表面电子的减少，电极表面带电状态发生变化。这种表面负电荷减少的状态促进金属中电子离开电极，金属离子 $Me^+$ 转入溶液，加速 $Me-e^-\rightarrow Me^+$ 反应进行，总有一个时刻，达到新的动态平衡。但是在放电前期，电极表面所带负电荷数目减小了，与此对应的电极电动势变正。也就是电化学极化电压高，从而严重阻碍了正常的充电电流。同理，电池正极在放电时，电极表面所带正电荷数目减少，电极电动势变负。

随着充电电流的逐渐增大，这 3 种电池极化现象将越发严重。图 3-9 为电池极化现象示意图，在充电的不同时期，每种极化的表现各有差异：在充电前期，电池极化现象总体来说比较小，以欧姆极化为主；到了充电中期，3 种极化现象都存在，主要表现是电化学极化；到了在充电后期，电池极化现象比较严重，而且主要是浓度极化。在整个充电过程中，电池极化现象逐渐加大，在后期浓度极化变化明显，欧姆极化变化很小，但一直存在，而电化学极化无论是在变化幅度和严重程度上都介于另外两种极化现象之间。

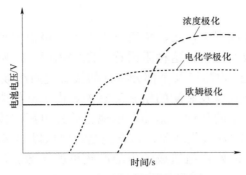

图 3-9 电池极化现象示意图

电池极化贯穿在整个充电过程中,而且不可避免。但是在不同的充电时期,可以针对不同极化表现形式采取对应的措施来削弱极化现象,以提高充电效率、延长电池寿命。

### 3.5.2 极化现象对电池的影响

使蓄电池的充电过程做到高效、迅速且无损伤是研究蓄电池快速充电技术的主要任务之一。为实现这一目标,一方面可以通过改进电池设计来降低欧姆内阻和提高反应离子的扩散速度来实现,另一方面就是改进充电方法,解决蓄电池在充电过程中存在的极化问题。

极化现象对蓄电池充电的负面影响主要表现在以下几个方面:

① 极化产生的过电压会阻碍充电电流增加,减缓电池的化学反应速度。

② 极化现象加剧了化学反应过程中的水解,产生大量气体,产生的气体不仅延缓了电池的充电过程,而且对极板有严重的腐蚀作用。

③ 水解反应能够产生大量热量,使电池内部温度升高。当电池内部温度升高到一定的程度时,会引起极板受热变形,损坏极板。

④ 水解反应消耗了能量,并且产生的热量无法得到利用,不仅浪费了能量,而且降低了充电效率。

由此可见,极化现象所引起的过电压、析气、温升和能耗等对蓄电池都是极为不利的。同时,充电电流越大,极化现象越严重。因此设法消除或缓和极化现象,是实现高效、快速无损充电的重要手段。

### 3.5.3 去极化遵循的原则及方法

蓄电池去极化措施须遵循以下原则:

① 应当在整个充电时间内,始终适时地采取去极化措施。在开始充电的同时,蓄电池可接受电流随时间呈指数规律下降,充电电流终究会超过可接受电流;若

采用大电流充电，几秒钟，最多几分钟，就会因可接受电流下降而产生气体，故充电前期也应有去极化措施，始终不使极化过分严重。

② 去极化措施应能自动地适应整个充电时间内的不同要求。在充电初期、中期和后期，蓄电池的极化情况是不同的。如果只选择适合某一阶段的去极化措施，那么必然不能起到其他阶段的去极化作用。

③ 在充电过程中，蓄电池电压升高到一定程度时，也就是极化现象达到一定程度时，就应当停止充电。去极化电压上限应选在低于出气点电压，即去极化措施应能抑制过电势，使其达不到气体析出的电势。

④ 去极化是有限度的，收到一定的效果（电动势降至一定值）时，就应该适时地停止去极化，转到再次充电。

遵循上述原则，即可使充电全过程去极化效果适当，并能以较高的充电平均电流进行充电，还可有效地抑制气体析出。尽管充电电流较大，蓄电池电压仍可比常规充电终期电压低，而且能充足其容量。

目前，消除极化现象主要采取以下方法：

① 强制消除法。当电解液中的电流反向时，可逆电池中的化学反应亦随之反向，强制消除就是利用该原理来消除或缓解极化现象的。在大电流充电过程中，强制将电流反向，对蓄电池实施瞬时的、一定深度的放电，使电池内部的化学反应反向进行一段时间。

② 自然消除法。自然消除法是在大电流充电过程中，对蓄电池瞬时停止充电，此时欧姆极化将迅速消失，同时缓解由于电荷运动、离子迁移和化学反应速度差异所产生的电化学极化和浓度极化。

③ 反馈控制法。抑制温升和出气，是快速充电所要解决的两大主要问题。而实践表明，两者与蓄电池在充电过程中所产生的端电压有很大关系。因此，通过检测蓄电池在充电过程中所产生的端电压，并以此为反馈指令来控制充电电流，进而抑制温升和出气。

## 3.6 常规充电方法

### 3.6.1 恒流充电法

恒流充电方法是通过调整充电装置输出电压或改变与蓄电池串联电阻的方式使充电电流强度保持不变的充电方法。该方法控制简单，但由于电池的可接受电流能力是随着充电过程的进行而逐渐下降的，到充电后期，充电电流多用于电解水，产生气体，此时电能不能有效转化为化学能，多变为热能消耗掉了。因此，恒流充电法常常是作为阶段充电中的一个环节。图 3-10 所示为恒流充电曲线。

按照其充电电流的大小，恒流充电法可以分为涓流充电、标准恒流充电和分段恒流充电。

涓流充电主要是指采用一定充电倍率（$I<0.1C$）的恒流充电模式，该方法对电池的损伤比较小，对电池内部材料具有一定修复和激活的功能，可以使活性物质分布逐渐均匀，常作为均衡器中主要的均衡电流模式，但是充电时间比较长（$t>10h$）。

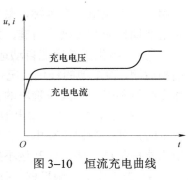

图 3-10 恒流充电曲线

标准恒流充电模式与涓流充电模式相同，只是充电倍率比较大，一般都在 $0.2\sim 1C$ 之间，功率型的电池会更高一些，该充电方式耗时比较少、操作简单、容易实现，但是随着电池 SOC 的增加，电池可接受的充电能力逐渐降低，如图 3-11 所示。在充电末期，可接受的充电倍率很小，如果此时仍采用恒流高倍率充电，就会造成电池负极出现锂的结晶和极板上活性物质的脱落，造成不可恢复的损伤。

有学者提出了分段恒流充电模式，将电流设定为两个或者多个数值，当电压达到截止条件后，电流就跳转到下一个设定值处。此处分别分析了两阶段、三阶段、四阶段和六阶段的充、放电模式下的充电时间、效率和寿命变化特性，见表 3-6。

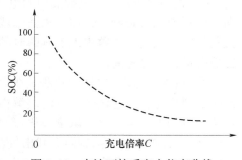

图 3-11 电池可接受充电倍率曲线

表 3-6 不同分段下的电池充电时间、充电效率和电池寿命变化特性

| 阶 段 | 电 流 | 时间/min | 效率（%） | 寿命（次） |
|---|---|---|---|---|
| 两 | 30A+3A | 428 | 75.3 | 299 |
| 两 | 42A+3A | 454 | 77.3 | 260 |
| 三 | 30A+12A+3A | 304 | 76 | 363 |
| 三 | 60A+12A+3A | 279 | 76.9 | 360 |
| 四 | 30A+12A+6A+3A | 295 | 75 | 407 |
| 六 | 30A+18A+12A+9A+6A+3A | 281 | 75 | 432 |

从表 3-6 可以看出，对于两阶段充电模式，电池在第一阶段充电倍率的大小对电池性能的影响比较大，电流过大，电池内部的损伤就比较明显，容量下降快；

在第二阶段电流过小，充电时间没有得到明显的改善。所以通过实验对比，确定出第一阶段最佳的工况电流倍率为 0.5C。对于三阶段充电模式，第一阶段的工作电流只要不超出电池可接受的范围值，不使电池内部产生气体，该模式对电池的损伤差别就不太明显（表 3-6 中设定为 30A 和 60A，电池寿命分别是 363 次和 360 次）。而对于高阶段充电模式，主要针对表 3-6 中四阶段充电模式和六阶段充电模式，两模式下电池寿命分别是 407 次和 432 次，寿命相差不大。

恒流充电简单易操作，小电流可以对电池容量进行修补和对活性材料进行激活，但是该方法需要建立在精确的 SOC 预测基础上。目前各种预测方法都存在一定的误差累计现象，容易导致电池发生过充或者未充满现象。针对多阶段恒流充电模式，起初对电池充电速率的提升起到很好的作用，但是随着电池技术的研究，动力电池的性能都在不断地改善，很多种类的电池（如磷酸铁锂电池）在自身可接受的充电倍率下，恒流充电量能达到 95% 以上，因此分段恒流充电的意义就不太大了。

### 3.6.2 恒压充电法

因为恒流充电在充电末期对电池的损伤比较大，极易造成电池容量不可逆的损伤，所以研究人员提出了一种基于电压恒定的充电模式，即恒压充电方法。该方法主要是指在整个充电过程中，将恒定的电压值保持不变施加到电池两端，在充电过程中，端电压保持不变，电流逐渐减小，最终减小到设定的电流值，标志着充电过程的结束，这样可以避免电池在充电末期出现电流过大现象。小的充电电流可以对电池内部的离子浓度进行均衡，减缓对电极材料的损伤，达到提高电池使用寿命的目的。但是在充电初期，电池的容量比较少，采用恒定的电压充电会造成电流值过大，容易使得电池极柱里面的晶格坍塌和极柱材料的破裂与分化。

充电电流计算公式为

$$I = \frac{U - E}{R} \quad (3-19)$$

式中，$U$ 为电池的端电压；$E$ 为电池电动势；$I$ 为充电电流；$R$ 为充电电路中内阻。

由式（3-19）可知，充电开始时，电动势小，所以充电电流很大，对蓄电池寿命造成很大影响，且容易使蓄电池极板弯曲，造成电池报废；充电中期和后期由于电池极化作用的影响，正极电位变得更高，负极电位变得更低，所以电动势增大，充电电流过小，形成长期充电不足，影响电池的使用寿命。

以上分别总结了电池恒流充电和恒压充电模式下的不同表现形式，主要从电池容量变化和所需的充电时间两方面对恒流充电和恒压充电模式下电池的不同表现形式进行比对。比对结果表明，电池采用恒压充电可以有效地减小充电时间，提高电池的充电速率，尤其对于新电池更加明显，但是容量衰退比较快。电池在

SOC=0 时，充电电流过大，超出了电池可接受的电流范围，大量离子从正极活性材料中瞬间迁移出来，运动到电池的负极，并与负极材料发生化学反应，将离子嵌入晶格当中。由于离子流过大，容易造成电极晶格框架的塌陷，活性物质的脱落和分化，使得离子通过的途径和可用的活性物质减小，对外表现为内阻的增加，温度的陡升和可用容量的衰退；SOC=0.1 时，充电电流呈现出线性变化，随着充电时间的增加而减小；SOC=0.9 时，充电电流的曲线变化很缓慢，而且充入的容量很少。

恒压充电速率比较高，主要是因为在 $SOC$ 从 15%～80%的区间内，施加的平均电流比较大。而且随着电池容量的增长，工作的电流不断减小，变化趋势与图 3-11 所示的可接受充电倍率相一致。但由于恒压充电初始的电流过大，电池内部材料很难达到所需的要求，所以一般都是对初期的电流进行限制，然后转为恒压充电。鉴于这种缺点，恒压充电法很少使用，只有在充电电源电压低、电流大时才采用。例如：在汽车运行过程中，蓄电池就是以恒压充电法充电的。图 3-12 为恒压充电法曲线图。

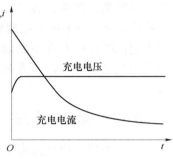

图 3-12　恒压充电法曲线图

### 3.6.3　阶段充电法

该充电方法包含多种充电方法的组合，如先恒流后恒压法、多段恒流充电法、先恒流再恒压最后恒流充电法等。常用的为先恒流再恒压的充电方式，例如铅蓄电池、锂离子电池常采用该种充电方法。下面举例对该种充电方法进行介绍。

某额定容量为 150A·h 的铅蓄电池，其参数见表 3-7。

表 3-7　铅蓄电池参数表

| 额定电压/V | 12 | 额定容量/A·h | 150 |
|---|---|---|---|
| 最大放电电流/A | 4C | 最佳充电电流/A | 0.4C |
| 外形尺寸/mm×mm×mm | 503×180×257 | 质量/kg | 49.0±1.0 |

此电池组充电采用两阶段恒流：第一阶段恒流 60A，第二阶段恒流 14A。图 3-13 所示曲线为该铅蓄电池充电参数变化情况。第一阶段充电结束，充电至终止电压随温度调整按式（3-20）进行。此公式为电池厂家推荐使用，即

$$U = 14.7 - 0.03(T - T_r) \qquad (3\text{-}20)$$

式中，$U$ 为单电池电压；$T$ 为环境温度；$T_r$ 为室温，一般为 20℃。

第二阶段终止采用时间和电池电压两方面独立控制：单电池电压超过 17.0V；

阶段充电时间超过 6h。从图 3-13 电池组中单体电池充电曲线可以看出，在第一阶段，电池电压逐步升高，在充电转入第二阶段时，电池电压有所下降，但之后随着充电过程的进行，电池电压再次开始上升，并在充电后期升高到 15.5V 以上。

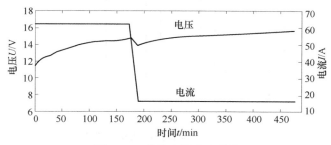

图 3-13　单体电池充电曲线

阶段充电法吸取了恒流充电法和恒压充电法的优点，安全而且容易操作，是当今社会电动汽车的主要充电模式。然而，随着电池循环次数的增加，电池容量不断衰退，电极材料的内部形状也会发生变化，使得极化现象比较明显。随着老化程度加大，该方法中恒流阶段的充电比例逐渐缩小，表现出以恒压模式充电为主的趋势，耗费时间逐渐延长，不能满足目前紧凑的生活方式。

## 3.7　快速充电方法

为了能够最大限度地加快蓄电池的化学反应速度，缩短蓄电池达到充满电状态的时间，同时尽量减少或减轻蓄电池正、负极板的极化现象，提高蓄电池使用效率，快速充电技术近年来得到了迅速发展。下面介绍几种常用的快速充电方法。这些方法都是围绕着最佳充电曲线进行设计的，目的就是使实际充电曲线尽可能地逼近最佳充电曲线。

### 3.7.1　脉冲式充电法

脉冲式充电法首先是用脉冲电流对电池充电，然后让电池停充一段时间，再用脉冲电流对电池充电，如此循环，如图 3-14 所示。充电脉冲使蓄电池充满电量，而间歇期使蓄电池经化学反应产生的氧气和氢气有时间重新化合而被吸收掉，使浓差极化和欧姆极化自然而然地得到消除，从而减轻了蓄电池的内压，使下一轮的恒流充电能够更加顺利地进行，使蓄电池可以吸收更多的电量。间歇脉冲使蓄电池有较充分的反应时间，减少了析气量，提高了蓄电池的充电电流接受率。

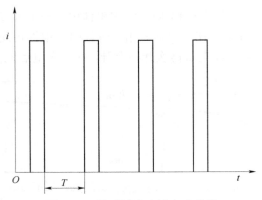

图 3-14 脉冲式充电法充电曲线

脉冲充电可以提高电池的充、放电效率，节省充电时间，同时延长电池的使用寿命，但是需要满足一定的条件。由于锂离子电池在充、放电工作过程中，主要是依靠锂离子在阴极、阳极和电解液中的往复运动。要想达到节省充电时间提高充电效率的目的，就必须提高离子的运动速率和扩散系数。充电倍率的大小或者分布如果不合适，不但不会达到预想的目标，反而会加速电池的老化（如图 3-11 所示，电池的充电倍率越高，可充入的容量就越小）。通过电化学特性分析，锂离子电池充电倍率的大小主要受限于锂离子的扩散速率和正、负极材料的特性，利用公式（3-21），可以建立锂离子的扩散方程。

$$\frac{\partial C_{Li}(x,t)}{\partial t} = D_{Li}\frac{\partial^2 C_{Li}(x,t)}{\partial^2 x} \tag{3-21}$$

研究表明，锂离子电池在循环测试中出现两个快速老化的时期：

① SEI 膜（Solid Electrolyte Interphase，固体电解质界面膜）的形成期，这个过程消耗掉一部分可用的锂离子用来形成电极表面的 SEI 膜。

② 电池每次循环的充电末期，电池内部锂离子在液相中迁移阻力比较小，而在固相中的扩散系数较小。因此在充电末期，如果充电电流过大，锂离子就会大量集中在电极表面，易形成锂金属，使得锂离子的含量减小。

SEI 膜的形成对电池的寿命影响很大，如果不能产生良好的 SEI 膜，虽然电池在起初的充、放电中会具有较高的充、放电效率和可用的充、放电容量，但是随着循环次数的增加，容量会急剧下降，特别是对于电流较小的脉冲充电模式来说，显得尤为重要，所以第一阶段的锂离子损失是不可避免的。但是，脉冲充电过程中的电流也不宜过大。如果电流过大，就会造成 SEI 膜形成不均匀，而且 SEI 膜增厚很快，阻值也会大幅度增大，使可用的离子数量减小，从而导致容量损失。

脉冲式充电法主要是利用充电搁置或者反向放电来消除充电过程中的极化现

象，而极化现象与电池的种类、制造工艺、材料属性等密切相关，变化比较复杂。随着电池技术的不断改进，极化现象也得到了很好的控制。因此常规脉冲充电模式的优势就表现的不够明显，需要结合电池相关的特征参数，实时进行监控，然后来调节脉冲充电的幅值和作用周期，使电池始终处于最佳的工作状态，即后面所说的智能充电模式。

### 3.7.2 Reflex™ 快速充电法

Reflex™ 快速充电法是美国的一项专利技术，最早主要面对的充电对象是镍镉电池。这种充电方法缓解了镍镉电池的记忆效应问题，因此，大大降低了蓄电池快速充电的时间。与脉冲式充电法相比，Reflex™ 快速充电法最大的特点是加入了负脉冲的思想。其机理是利用负脉冲所提供的电池的"打嗝"作用，消除反应过程中电极表面产生的气泡，使电池充电过程的温升和内部阻抗的增加量减少，使电能尽可能充分地转化为蓄电池内部的化学能，有利于消除由于扩散速度较慢引起的浓度极化，提高电池内部活性材料的利用率，从而达到增加电池充、放电次数的目的。

如图 3-15 所示，Reflex™ 快速充电法的一个工作周期包括正向充电脉冲、反向瞬间放电脉冲和停充维持三个阶段。正向充电脉冲的作用还是提供幅值为正的脉冲电流给电池充电；反向瞬间放电脉冲的作用是使电解质离子扩散得更加均匀以延缓电池内部的极化反应，从而提高电池的充电效率和增加电池的使用寿命；停充阶段的作用是使电解质离子扩散得更加均匀，缓和极化现象，从而提高电池的充电效率，延长电池的使用寿命。

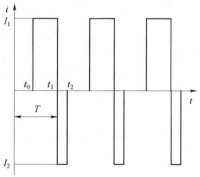

图 3-15 Reflex™ 快速充电法充电曲线

### 3.7.3 变电流间歇充电法

变电流间歇充电法建立在恒流充电和脉冲充电的基础上，如图 3-16 所示。其特点是将恒流充电段改为限压变电流间歇充电段。充电前期的各段采用变电流间歇充电的方法，保证加大充电电流，获得绝大部分充电量。充电后期采用定电压充电段，获得过充电量，将电池恢复至完全充电状态。通过间歇停充，使蓄电池经化学反应产生的氧气和氢气有时间重

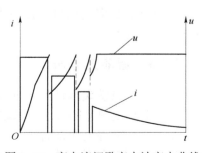

图 3-16 变电流间歇充电法充电曲线

新化合而被吸收掉，使浓差极化和欧姆极化自然而然地得到消除，从而减轻了蓄电池的内压，使下一轮的恒流充电能够更加顺利地进行，使蓄电池可以吸收更多的电量。

### 3.7.4 变电压间歇充电法

在变电流间歇充电法的基础上又有人提出了变电压间歇充电法，如图3-17所示。变电压间歇充电法与变电流间歇充电法不同之处在于第一阶段不是间歇恒流，而是间歇恒压。

比较图3-16和图3-17可以看出，图3-17更加符合最佳充电的充电曲线。在每个恒电压充电阶段，由于是恒压充电，充电电流自然按照指数规律下降，符合电池电流可接受率随着充电过程逐渐下降的特点。

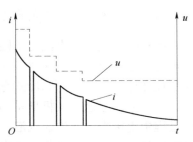

图3-17 变电压间歇充电法充电曲线

### 3.7.5 变电压、变电流波浪式间歇正负零脉冲快速充电法

综合脉冲充电法、Reflex™快速充电法、变电流间歇充电法及变电压间歇充电法的优点，变电压、变电流波浪式正负零脉冲间歇快速充电法得到发展应用。脉冲充电法充电电路的控制一般有两种：

① 脉冲电流的幅值可变，而PWM（驱动充放电开关管）信号的频率是固定的。

② 脉冲电流幅值固定不变，PWM信号的频率可调。

图3-18采用了一种不同于这两者的控制模式，脉冲电流幅值和PWM信号的频率均固定，PWM占空比可调，在此基础上加入间歇停充阶段，能够在较短的时间内充进更多的电量，提高蓄电池的充电接受能力。

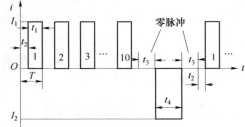

图3-18 波浪式间歇正负零脉冲快速充电法充电曲线

### 3.7.6 智能充电法

每一种充电模式都有各自的优点和使用的范围，但是随着电动汽车的广泛应用，人们对充电速率的要求越来越高，智能充电就随之产生。智能充电法主要是用来在短时间内将电池充满或者达到设定的容量，即随着电池SOC和老化程度（SOH）来调节电流值的大小，使得该方法的充电时间可以与传统车辆的加油时间

相接近。

智能充电法在当今引起了广泛的关注，世界各国研究人员都集中大量的资源来研究充电控制策略，在有效保证电池使用寿命的前提下，提高电池的充电速率，这样有利于提高电动汽车的实用性和社会认可度。

## 3.8 充电优化方法

1. 模型仿真充电优化

（1）等效电路模型

使用电阻、电容、恒压源等电路元件组成电路网络以模拟电池的动态特性。这类模型是集中参数模型，通常含有相对较少的参数，并且容易推导出状态空间方程，因此适用于系统层面的仿真分析和实时控制。

（2）黑箱电池模型

对系统内部机理不关心或者不太了解时，通常可以利用黑箱模型去描述系统的外部特性。黑箱建模方法往往在模型结构确定和参数化上具有较好的灵活性。在电池系统的建模中也经常使用这类方法。黑箱电池模型本质上是一种描述电池外特性（通常为电压响应特性）的线性或非线性的映射函数。

（3）电化学模型

电池的内部本质是由于锂离子在电池正、负两电极之间的往返运动，其中包括离子在电解液中的扩散、离子在固相和液相之间的迁入和迁出以及离子在固相之间的扩散。电化学模型旨在描述电池内部的关键表现，它不但能够预测电池电压，还可以反映电池内部的电解液浓度、电动势、电流等的分布情况。因此，这类模型通常可以为电池的优化设计提供参考。

基于电化学模型的充电方法主要通过建立电池的电化学模型方程来对电池内部离子状态进行详细描述。根据电池内部特性，利用电化学工作站测量出电池在交流正弦波电压干扰影响下给出的回馈信号，得到电池内部的离子扩散系数，同时还可以利用不同的等效电路元件来表示电池的交流阻抗谱图，建立起相关的等效电路模型。

电化学模型能够比较准确地描述电池内部各离子的运动状态和反映电池真实状态，但是在构建模型时需要考虑的材料参数比较多，例如各个电极材料的质量分数、体积分数、扩散系数、颗粒的半径、活性物质的比例等，并且不同种类的电池之间又存在较大的差异，所以模型的建立比较困难。

2. 电流分段充电优化

电流分段充电优化，通常是按递减趋势将整个充电过程分成若干段（一般为

4～5 段），对每段充电的电流给出预设取值范围。通过设定优化目标，选取优化方法，确定每段电流的取值。在充电过程中，当达到充电限制电压（一般为 4.2V）时，电流跳转至下一阶段。

分段电流充电优化的前提是要预设电流分段数目和初始电流取值范围，虽然摆脱了对电池模型的依赖，但初始值的预设、模糊规则库的产生仍要一定的专业知识作为先决条件，人为主观因素增多。此外，当电流分段数目较多时，采用该类优化技术易导致计算资源或实验成本增加；当电流分段数目较少时，锂离子电池往往不能完全被充满。

3. CC–CV 改进充电优化

CC–CV 改进充电优化，通常是在传统 CC–CV 两段式充电技术的基础上，利用优化方法，对 CC 段、CV 段和 CC–CV 过程进行改进，以优化充电。

CC–CV 改进充电优化，对充电速度有一定的提升。在对 CC、CV 或 CC–CV 过程进行改进时，因为基本的两段式充电思想没有发生根本性变化，并不能解决充电极化效应，同时存在过充电的隐患，所以会对锂离子电池寿命造成一定的影响。

# 第 4 章

# 充 电 机

电动汽车的大规模应用可有效缓解能源危机和环境污染两大难题,而在决定电动汽车的大规模推广速度的诸多因素中,补充电能的便捷性是影响商业与个人用户选择电动汽车的重要因素。同时,动力电池的充电速度和电池的使用寿命都受到充电技术极大的影响,因此充电技术在电动汽车技术中扮演着非常重要的角色。现有电动汽车充电技术可以分为整车充电和电池更换两类。充电机是现在电动汽车充电技术中最常用的一种充电设备,可以用于整车充电和换电站在站动力电池充电。

充电机是电网与电动汽车之间的能量与信息通道,动力电池在充电过程中的能量交互以及信息交互都通过充电机完成,用户与充电服务商的部分交互也通过充电机完成。一方面,作为动力电池的能量来源,充电机需要满足电动汽车充电的功率需求,并尽可能地减少对电池寿命的损害。另一方面,作为电网中的用电设备,电动汽车充电机应该满足电网对用电设备电能质量等的要求,以减少对电网的扰动。此外,为了减小用户在使用过程中的成本,充电机需要具有高效率、低成本、高功率密度等设计目标,并能够长时间安全稳定运行。

电动汽车动力电池作为大容量能量储存设备,在大规模应用后,可以通过充电机作为未来智能电网重要补充单元;除了从电网吸收能量,还可以在电网需要时向电网输送能量,具有帮助电网高效稳定运行的能力,这也要求未来充电机具有能量双向流动的功能。

## 4.1 分类与构成

充电设备是电动汽车能源供给的基础,是电动汽车能够大规模商业运营的重要保障。动力电池可以通过车载状态下直接充电或者机械式更换后在电池站进行充电等方式进行能量补给。车载状态下对电动汽车动力电池充电的方式称为电动汽车整车充电。通过更换车载动力电池的方式来补充车载电能能量的方式称为电动汽车电池更换。不管使用哪种充电方式，都需要通过充电机将电网交流电能转换为动力电池充电所需要的直流电能来完成动力电池充电过程。

电动汽车整车充电技术的优势：
① 设备相对电池更换技术简单。
② 标准化程度较高，充电接口有国家标准。
③ 可以分布式安装充电设备，利于增加充电点个数。

其劣势在于：
① 交流慢充的充电时间长，充电的时间成本高。
② 直流快充会减少电池使用寿命。
③ 用户充电的随机性会对电网产生冲击，不利于电网运行效率和安全性。

电动汽车电池更换技术的优势：
① 能量补充速度快。
② 充电过程统一，对电池寿命不利影响小。
③ 充电行为模式易预测，有利于电网能量管理。
④ 维护管理集中化程度高。
⑤ 电池性能易评估，有利于电池梯次利用及回收。

其劣势在于：
① 更换设备相对复杂，不便个人用户使用。
② 需配置备用动力电池，充电设施造价高。
③ 目前没有实现标准化。

### 4.1.1 充电机的分类

电动汽车充电机根据充电机不同的安装位置、输入电源的不同、连接方式的不同以及其功能的不同有多种分类方式，见表4-1。

表4-1 电动汽车充电机的类型

| 分类标准 | 充电机类型 | |
| --- | --- | --- |
| 安装位置 | 车载充电机 | 地面充电机 |
| 输入电源 | 单相充电机 | 三相充电机 |
| 连接方式 | 传导式充电机 | 感应式充电机 |
| 功能 | 普通充电机 | 多功能充电机 |

整车充电方式可以分为交流慢充和直流快充。交流慢充又称普通充电，是指采用小功率交流电流对动力电池进行慢速充电，消耗时间较长。直流快充指的是使用大功率直流对动力电池进行快速充电。

交流慢充的优点：
① 充电装置和安装成本较低。
② 充电设施易布置，用户选择充电地点/时间灵活度高。

交流慢充的主要缺点是充电时间过长，无法满足快速补充动力电池能量的要求。

交流慢充的特点更适合对充电速度要求不高的充电情景。而直流快充可以满足需要进行快速充电的使用场景。直流快充的主要优点是充电时间短，便于车辆快速投入运营，也是应急充电的主要方法。直流快充使用大功率直流电流（一般采用 $1C\sim5C$）实现 $12min\sim1h$ 时间内对动力电池的快速充电。

直流快充的缺点：
① 经济性低，充电效率低，充电装置的成本和工作成本高。
② 安全保护复杂，充电电流大，对充电的技术和方法以及充电装置及其安全性要求高。
③ 充电过程对电池的使用寿命有不利影响。

下面根据充电机的安装位置不同对车载及非车载充电机进行介绍。

1. 车载充电机

安装于电动汽车上的车载充电机，经过电缆、插头与交流插座相连接。车载充电机一般充电功率较小，采用单相供电，其充电时间较长，一般为 $5\sim8h$。车载充电机的优点是需要充电时，只需要有供电插座，就可以充电。其缺点是受车上安装空间和重量限制，可提供的功率小，只能提供小电流慢速充电，充电时间长，便利性不高。

2. 非车载充电机

通常非车载充电机需要固定安装地点，系统输入为三相或单相交流输入电源，充电机的直流输出端在充电时连接到车载充电接口。非车载充电机相对于车载充电机的优点是可以提供大功率电流输出，且不需要额外占用车载空间和重量。

非车载充电机与车载电池管理系统各自有独立的控制单元，在充电的过程中，两个系统需要进行通信来完成信息交互与能量管理。通信方式可以分为有线通信和无线通信两种。根据电池管理系统提供的电池的类型、电压、温度和荷电状态等信息，由非车载充电机控制单元选择一种最优充电方式为动力电池充电，以避免动力电池出现过充电、过热，影响动力电池的各项性能。

根据充电的连接方式不同，充电机又可分为传导式或无线式充电机两类。其中，传导式充电机通过电力电缆连接供电侧设备与车载功率单元。传导式充电机比无线充电机的结构简单，但在充电过程中需要机械结构连接，通常需要使用者手动完成，难以实现充电过程全自动化。电动汽车的无线式充电机采用电磁谐振传递原理，通过电磁场耦合连接供电设备与车载功率单元，充电过程中不需要进行机械结构连接，能量依靠电磁场谐振传递。缺点在于这种充电方式结构设计较复杂且受电部分安装在电动汽车上，车辆安装空间存在的一定局限性导致功率也有局限，但是充电人员不存在接触高压部件的可能，安全性高。

（1）传导式充电

传导式充电又名接触式充电，工作原理是通过插头与插座的金属接触来导电，具有技术成熟、工艺简单和成本低等优点。这种方式的缺点是导体裸露导致的安全隐患，多次插拔后引起磨损容易导致接触松动，传输电能效率降低。

（2）无线式充电

无线式充电又称为非接触式充电，充电装置和汽车接收装置类似于可分离的高频变压器，通过感应耦合。运用感应耦合方式充电的方式，可以在一定程度上避免接触式充电的缺陷。

电动汽车动力电池的无线充电技术都是通过电磁场来传递能量，包括电磁感应方式和磁耦合谐振方式。电磁感应与磁耦合谐振方式都是通过电磁场来进行能量传递。

1）电磁感应方式

电磁感应方式是通过送电绕组和接收绕组之间的电磁感应传递能量。当交变电流通过送电绕组时，由此在发送（一次）和接收（二次）绕组之间产生了交替变化的磁场，从而在二次绕组中感应出交变电压。

感应式充电利用交交变频器将电网工频交流电能（50～60Hz）转换为 80～300Hz 的交流电，作为分离变压器原边的输入，在分离变压器的副边，也就是车载侧能量接收装置，感应出交流电压，经过整流滤波，输出直流电流为动力电池充电。

2）磁耦合谐振方式

磁耦合谐振方式主要由电源、谐振补偿电路、高频逆变器、耦合器和整流器组成，工作原理类似于电磁感应方式。与感应式充电的主要区别是工作频率通常采用 1kHz～1MHz，并在高频逆变器后级增加电感与电容器组成的 $LC$ 共振电路。通过调整原、副边电路的参数，使得原、副边单元的电路工作在共振频率，又称为"谐振"，这种状态也称为"磁谐振"。通过提高工作频率和加入谐振补偿电路，提高了系统的功率传输能力。

### 4.1.2 充电机的基本构成

电动汽车充电机一般由六部分组成，分别为功率单元、充电接口、计量单元、控制单元、供电接口以及人机交互界面。电动汽车型号不同，车载充电机的结构也不同。

如图 4-1 所示，车载充电机系统由主控 MCU、EMI、整流滤波、PFC、全桥逆变、高频变压、BMS、人机交互等部分构成。BMS 的作用主要有两点：其一是数据采集，即收集、检测电池组实时的状态，并及时对出现异常的电池单体进行保护；其二是能量管理，即可以根据电池组的状态进行充电过程控制。BMS 与主控 MCU 之间通过 CAN 总线进行交互通信，BMS 将电动汽车动力电池组的各种数据（如当前电量、所需充电电压及充电电流等充电需求）经 CAN 总线发送给充电机系统，充电机系统则根据动力电池组的实测状态及所要达到的最终状态做出相应分析和控制（如充电回路的输出电压和输出电流的功率信息）并经过 CAN 总线实时反馈给 BMS，以满足电池组对充电的要求。

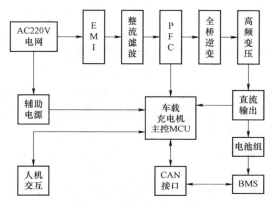

图 4-1　车载充电机系统

车载充电机系统硬件电路设计主要包括充电机功率单元、主控单元、通信单元及 BMS 硬件设计等。

1. 充电机功率单元硬件

开关电源部分是能量传递的核心单元，其可靠性和效率高低对车载充电机有着至关重要的影响。在上述系统中，前级采用有源功率因数校正，后期采用全桥变换电路拓扑结构，满足开关电源低谐波、高功率因数的要求。在开关电源硬件电路中，由交流市电 220V 供电，经 EMI 抑制模块，通过桥式整流电路后，经过主动式功率因数校正器，以提高转换效率，降低谐波影响，使整形输入的电流与电压相同。它以稳定的直流电压输出作为全桥逆变电路的输入，MOS 管的通断由主控 MCU 输出的 PWM 信号控制，使直流电压逆变为交流方波，再通过高频变压器进行隔离升压，通过全桥整流后的输出为直流脉冲电压，通过滤波电路使其变为平滑的直流电压。再通过电流、电压传感器对输出的充电电流和充电电压等信号进行采样反馈，来调节全桥移相角，进而控制电源的输出。

2. 充电机主控单元硬件

充电机系统需要通过主控单元进行系统控制，控制单元需要采用用主控 MCU 芯片。控制单元芯片需要有较高的工作频率以接收各类功率单元、通信单元、BMS 单元的交互信息，并进行处理和发送控制信号。控制单元硬件需要含有 CAN2.0B 接口，工作的温度需要满足汽车工业级温度标准。

### 3. 通信单元硬件

充电机系统中的通信主要集中在主控 MCU 与 BMS 之间的通信。其功能包括的输出功率、电流、电压和温度补偿等。

### 4. BMS 硬件设计

BMS（电池管理系统）检测电池的电压和温度，对电池组的安全使用起着重要作用。充电系统为了更高效率地工作，并保证电池的安全性，就必须通过 BMS 得到电池的相关数据，进而进行充电策略的控制，达到防止电池过充电、延长电池寿命的目的。

BMS（电池管理系统）通过控制器与外围电路来实现对电动汽车动力电池的管理、保护与控制。其工作原理为通过电压采集电路采集电动汽车动力电池包各个单体电池电压、动力电池组总电压等，由控制器的模–数转换器进行 A–D 转换，同时对流过动力电池的电流、动力电池各部分温度进行采集且传送至内置模–数转换器进行 A–D 转换，再由微控制器对采集的各种参数进行综合分析处理，温度管理电路可以在检测到温度异常的时候进行温度调节，而电池均衡管理系统的作用是在测量的相邻单体电池电压压差超过 1% 时进行均衡控制。同时测量数据能够通过液晶显示器实时显示，对动力电池组及单体电池出现异常状况时能够及时发出声光报警，并可通过通信接口单元将异常数据进行上传。

（1）系统主程序

在系统通上电之后，首先应初始化 MCU、各终端、CAN 总线等，再将系统运行所需参数通过按键的方式设置完成，进行与 BMS 的通信；电动汽车动力电池组的实时状态（如最大电流和最大功率等）将会上传给 BMS，BMS 根据这些状态数据进行处理，再传递给控制器，计算所需要的电压和电流值。充电回路中电流和电压传感器检测出电路的实时电压和电流值。MCU 使用控制充电回路综合采集数据。在充电过程中，BMS、MCU、传感器不断地进行数据交换，及时根据当前状态进行调整，使电流或电压达到 BMS 要求的值。如果充电过程中出现异常，将会停止充电。系统主程序流程如图 4–2 所示。

（2）CAN 通信子程序

CAN 总线采用 ISO/OSI 参考模式中的三层，分别为应用层、数据链路层和物理层。基于 CAN 总线的通信系统，其物理层、数据链路层协议在相关器件中可以实现，软件设计中只需对应用层进行设置。BMS 与充电管理系统的通信采用通信选择扩展的格式，对 CAN2.0B 的 29 位标识符做了进一步的定义，包含一个协议数据单元。其中数据单元由源地址、目的地址、帧类型、数据域、页码、保留位和优先级七部分组成。将数据域的 8B 分为四个部分，每个部分 2B，一部分用于上位机向充电装置控制单元发送下行数据，另一部分则用于充电装置控制单元向上位机发送上行数据。图 4–3 所示为 CAN 通信流程。

# 第 4 章 充电机

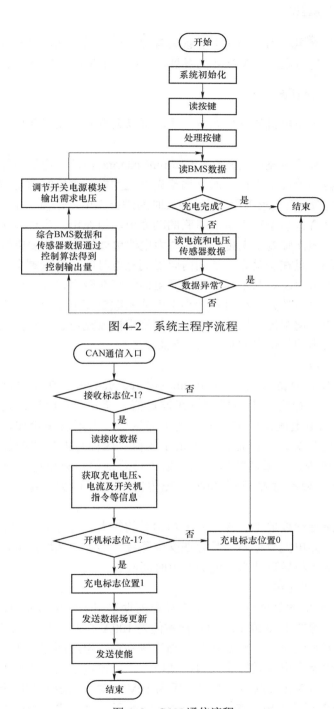

图 4-2 系统主程序流程

图 4-3 CAN 通信流程

上述该车载充电机为例的充电设备具有通用性和灵活性，可有效地减少地面充电设备成本。随着电动汽车产业的发展，车载充电机的应用将更加广泛。

### 4.1.3 充电策略

针对电动汽车充电机的基本充电方式，可以大致分出以下几种充电策略：

(1) 恒流充电

恒流充电又称稳流充电（constant current charge），即充电装置输出的充电电流在规定范围内维持在恒定值，通过调整充电机的电流来控制恒定电流值。这种充电方式操作方便，但要求采用小电流、长时间进行充电，充电时间经常大于 15h。此种充电方式适合为多个动力电池串联的动力电池组充电。当电池中含有低剩余电量的电池时，相比较剩余电量较多的动力电池单体的充电速度更快。

恒流充电的不足在于动力电池的内阻受到充电时间、电量剩余量的影响，因此设定的恒定电流值总是与电池额定的充电曲线存在较大差异。或者说充电的开始阶段，动力电池组的充电电流是远小于电池的额定充电电流，在充电末期充电电流又大于额定充电电流。因此，充电全程采用恒流充电会导致充电时间过长，充电效率低，析出的气体多并且能量消耗高。

(2) 恒压充电

恒压充电又名为稳压充电（constant voltage charge），即充电过程中充电电压维持在恒定值。由于充电电压维持在恒定值，导致动力电池在充电初始时的内阻比较小，充电电流比较大；随着充电的进行，内阻缓缓增加，电流逐渐减小；最后充电电流数值会降低到一个很小的值。这种充电方式的优点在于操作容易，析出气体少，能量消耗低。除此之外，若是恒定充电电压选择恰当，则此充电机的充电效率最高可至 80%，充电时间也可以大大减小，缩减到 8h 左右。

动力电池进行深度放电会导致充电初始时的较大充电电流。过电流的存在不仅对充电机与动力电池有危害，且存在安全隐患。但若是选取过低的充电电压，则后期过小的电流将导致动力电池的充电时间延长。

(3) 恒流-恒压充电

恒流-恒压充电的具体过程就是，在充电前期采用恒定电流充电，恒定电流一般为动力电池标称的 1/10 或 1/5（即对标称值为 100A 的某动力电池应当选取 10~20A 的恒定电流对电池进行恒流充电）。当检测到动力电池两端电压达到一定幅值后，系统将从恒流充电方式转换为恒压充电方式。恒定电压一般选为动力电池额定电压值的 1.1~1.3 倍（例如对额定电压为 10V 的动力电池一般恒定电压选取为 11~13V），一直到动力电池充满为止。恒流-恒压充电方式下的充电电流和电压的充电曲线如图 4-4 所示。

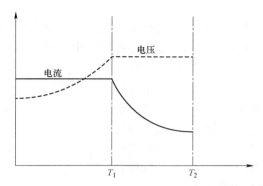

图 4-4 动力电池恒流–恒压充电时电流和电压的充电曲线

为了弥补恒流–恒压方式下动力电池充电的缺点，减少充电时间、使动力电池充得更满、更好地完成充电过程，我们将"恒流–恒压"的充电方式改进为"恒流–恒压–恒流"的充电方式。它的具体充电方式体现为先恒流充电，接着转变为恒压充电，恒流–恒压的数值取值方法与"恒流恒压"方式相同。在恒压充电过程中若是出现充电电压小于一定幅值这种情况时，充电方式将变为恒流充电。这个恒定电流值的取值是动力电池标称值的 0.01～0.05 倍（比如标称值为 100A·h 的动力电池应当按照 1～5A 的恒定电流充电）。这种方式相较恒流–恒压充电方式不仅可获得更多的电量，而且提高了充电效率。这种充电方式下的充电电流和电压的充电曲线如图 4-5 所示。

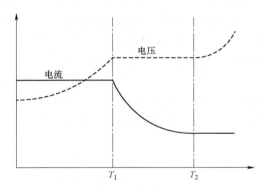

图 4-5 动力电池恒流–恒压–恒流充电时电流、电压的充电曲线

以上两种充电方式比起单一的恒压充电或恒流充电，更接近理想充电曲线。在时间效应以及性能保护问题等方面都有了不小的优化。另外这种充电方式的充电设备比较简单，没有复杂的控制设备。但是，充电时间依旧比较长，充电后期析出的气体比较多，无法使动力电池完全充满。

（4）多级恒流充电

这种充电方式以多段各不相同的充电电流进行充电直至动力电池达到其电压阈值，每段内部电流恒定。具体来说就是在动力电池充电的初始阶段，使用较大的电流，如 $1C$ 的电流倍率进行充电；随后，随着动力电池电动势的升高，一级一级地降低充电采用的恒定电流；最后，当动力电池的电动势已经达到其充电电压的阈值时，改为恒压充电方式，这个阈值即为动力电池的充电终止电压，一般为额定电压的 1.1～1.3 倍。这种充电方式下的充电曲线图如图 4-6 所示。

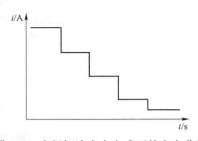

图 4-6　多级恒流充电方式下的充电曲线

（5）脉冲充电方式

脉冲充电是一种常用的快速充电方式。它的充电过程可以认为是首先用较高的脉冲电流对动力电池进行充电，之后有一段时间的间隔，停止充电，再用脉冲电流进行充电，如此周期性循环。充电脉冲使动力电池充满电量，而间隔时间的作用就是使动力电池经过化学反应产生的氢气和氧气有时间被吸收，减小浓差极化和欧姆极化所造成的影响，提高动力电池的充电电流接受率。其充电曲线如图 4-7 所示。

为了优化以上脉冲充电方式的性能，研究人员提出了一种新型的充电方法——正负脉冲充电。这也是一种快速充电方法，它的充电过程为在一个充电脉冲的工作周期之中，动力电池先后经历一个时间较长的正脉冲、一个幅值较大但时间很短的负脉冲以及一个间歇阶段。首先，在正脉冲阶段，充电机以恒定的较大电流为动力电池进行充电；随后进入负脉冲阶段的过程，充电机以一个较小电流对动力电池进行短时间的放电，这是为了对动力电池进行去极化，同时能够吸收动力电池在大电流充电时产生的部分热能，以促使电池可以保持较高的可接受电流充电；最后，进入间歇阶段，其作用与脉冲充电方式相同。这种充电方式可以进一步提高脉冲充电的充电速度，同时具有较好的安全性。其充电曲线如图 4-8 所示。

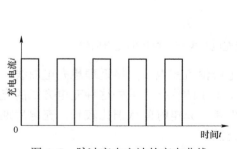

图 4-7　脉冲充电方法的充电曲线

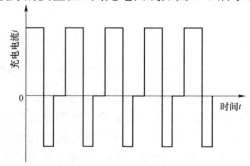

图 4-8　正负脉冲充电方法的充电曲线

## 4.2 充电机主电路的基本工作原理

整车充电与换电都需要通过充电机来对动力电池进行能量补充。充电机的主电路是用于电网与动力电池间能量流动的电路部分，主电路拓扑是决定充电机电气性能的关键单元。充电机主电路通常包含功率因数校正单元、变频单元、整流单元等。这些功率单元的核心设备是功率变换器，根据不同类型充电机，分别采用交交变换器、整流器、逆变器等组成。功率变换器使用的器件及拓扑决定了设备的电压等级、功率等级。电动汽车充电机作为电网的接入设备也必须满足这些要求。充电机的主电路拓扑作为电网的用电设备以及动力电池的用电设备功率单元，需要具备同时满足两侧对于充电性能要求的能力。

### 4.2.1 主电路的功率等级分类

对于整车充电技术，充电机可以根据额定功率大小被分为三个等级，见表4-2。不同等级的充电机所对应的充电场景和充电场所不尽相同。而因为不同国家电网的电压等级和频率的标准不同，所以同一功率等级的充电机可能有着不同的额定电压。1级和2级充电机是私人充电设施的主要选择。1级充电机可以由用户选择安装在自家家用停车位或者车库中。但是在更多情况下，1级充电机会被集成在电动汽车车载设备中，不需要在用户处进行设备安装。图4-9所示为一种典型1级单向充电机主电路拓扑。2级充电机主要应用于公共充电桩以及部分个人用户。因为大部分2级充电机无法完全集成到电动汽车的车载设备中，所以需要将2级充电机部分设备安装在停车位附近。图4-10所示为一种典型2级单向充电机主电路拓扑。

表4-2 充电机等级分类

| 充电器功率分级 | 充电器放置位置及相数 | 典型应用场合 | 设计功率等级 | 充电时间/h | 设计充电目标车辆类型 |
|---|---|---|---|---|---|
| 1级充电机<br>（机会型充电器）<br>120VAC<br>230VAC | 车载<br>一相 | 家用<br>办公场所 | 1.4kW<br>（12A） | 4~11 | 插电式<br>（5~15kW·h） |
| | | | 1.9kW<br>（20A） | 11~36 | 纯电动<br>（16~50kW·h） |
| 2级充电机<br>（主要类型）<br>240VAC<br>400VAC | 车载<br>一相/三相 | 私人车位<br>公共停车位 | 4kW<br>（17A） | 1~4 | 插电式<br>（5~15kW·h） |

(续)

| 充电器功率分级 | 充电器放置位置及相数 | 典型应用场合 | 设计功率等级 | 充电时间 /h | 设计充电目标车辆类型 |
|---|---|---|---|---|---|
| 2级充电机（主要类型）240VAC 400VAC | 车载 一相/三相 | 私人车位 公共停车位 | 8kW（32A） | 2~6 | 纯电动（16~30kW·h） |
| | | | 19.2kW（80A） | 2~3 | 纯电动（3~50kW·h） |
| 3级充电机（快速型）208~600VAC 或 VDC | 非车载 | 商用充电站 | 50kW 100kW | 0.4~1 0.2~0.5 | EVs（20~50kW·h） |

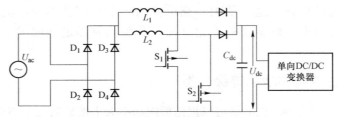

图4-9 一种典型1级单向充电机主电路拓扑

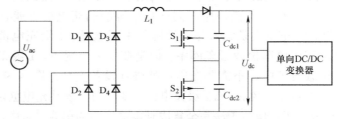

图4-10 一种典型2级单向充电机主电路拓扑

3级充电机也就是所谓的快速充电机，通常是针对商用快速充电站进行设计的。图4-11所示为一种3级充电机电路拓扑。这个等级的充电设施可以实现在几十分钟到1h内充满动力电池。这类充电机主要会被布置在城市商业充电站、高速路休息区、部分商场停车区。由于3级充电机功率较大，相比于1级和2级充电机，需要额外的设备来控制大功率电流，因此必须在停车位安装相应设备。同时，由于设备的电压等级和功率等级也非常高，需要在整个充电流程中对设备进行实时监控。充电设备也需要有工作人员进行实时维护。

整车充电技术又可以分为传导式充电和无线式充电技术两类。传导式充电是通过电缆的机械接口将与电网与车载功率单元连接来为车载动力电池充电。无线式充电是使用电磁场等来在电网和车载功率单元之间传递能量，不再使用电缆导线。

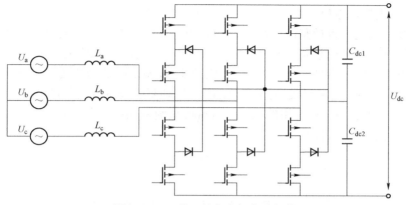

图 4-11 一种 3 级充电机电路拓扑

### 4.2.2 传导式充电技术主电路

在传导式充电电路中，交流电能通过电网传送到充电机输入端。因为电池的化学特性，电池充电的输入必须是直流电能，所以充电机的输出必须是直流电源。由图所示，电网的单相或者三相交流电源经过整流器的被转换为直流电，随后经过 DC-DC 直流升降压电路连接到动力电池的输入端。因此，传导式充电的拓扑可以根据整流级和 DC-DC 级的结构进行分类。也可以根据充电机是否含有非车载功率单元分为车载型充电机和非车载型充电机。

（1）车载型充电机

车载型充电机一般是 1 级或者 2 级充电设备，相比于 3 级非车载型充电机，车载型充电机的功率相对比较低。对于车载型充电机，设计的主要目标是在满足对应等级充电功率的要求下，尽可能地缩小设备的体积与重量。

车载型充电机又可以被进一步分为单级型充电机和多级型充电机以及复合型充电机。单级型充电机是一个车载的电网交流到电池直流变换器。两级型充电机在网侧有一个整流器来将交流转换为直流，在车载动力电池侧使用一个 DC-DC 变换器控制电池的充电电流/电压。复合型充电机会使用电动汽车动力总成中的电机驱动电路作为充电机部分主电路，通过车载电路的复用，可以减少车载设备的重量、体积以及器件的数量。

1）单级型充电机

单级型充电机是机会型充电设备，主要用于低功率车载充电机。通过使用简单的电路拓扑和较少的电路器件来实现轻量化。最常见的单级型充电机拓扑有半桥式、全桥式和多电平式变换器拓扑。虽然通过这些拓扑可以实现高效率充电作业，但是单级型充电机没有电气隔离。电气隔离在系统和用户安全性上扮演着非常重要的角色，因此单级型充电机被视为低功率充电设备。

2）两级型充电机

两级型充电机包括整流级和 DC-DC 级。其中整流级可以整合为车载设备，也可以设计成非车载设备。整流级的主要功能是交直流电能转换，同时，通过使用全控型电力电子器件，可以实现单位功率因数输出以及谐波校正。整流级的设计需要考虑效率、功率因数、成本、可靠性、控制复杂程度以及总谐波失真（THD）等。图 4-12 所示为一种常用的 AC/DC boost 整流器拓扑，这类电路被大量使用于单相整流及功率因数校正。

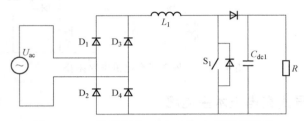

图 4-12　一种常用的 AC/DC boost 整流器拓扑

在这个电路拓扑中，只在 boost 级有一个全控型器件，因此整个整流器的成本比较低廉。在运行状态下，电流路径上只有三个功率二极管，因此在运行时系统的导通损耗比较小。但是同时，整个整流器存在着硬开关，因此有着比较大的关断损耗。

为了降低整流级的损耗，在最基础的整流 boost 整流电路上，有学者提出了并联 boost 电路、半桥 boost 电路、全桥 boost 电路以及三电平 boost 电路等带功率因数校正功能的整流电路。通过增加开关器件，可以降低整流器的开关损耗，从而提高整个整流级的系统效率。

DC-DC 级的主要功能是将整流级输出的直流电压转换为电池充电策略所需要的电压波形。通过 DC-DC 级，可以实现按照充电策略的电压给电池进行充电，从而实现充电策略中对充电速度和电池寿命保护的要求。DC-DC 级可以分为电压型和电流型两种，图 4-13 所示的是双可控全桥式 DC-DC 变换器（能量可双向传输的双重移相的双有源桥 DC-DC 变换器）。这种双电压型全桥相对于电流型全桥变换器的电压应力较小，在满载或者大功率输出时能实现更高效率。一个显著的缺点是在轻载充电状态下的无功功率占比较大，所以轻载状态的下效率相对较低。

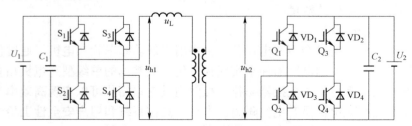

图 4-13　双可控全桥式 DC-DC 变换器

3）复合型充电机

对于电动汽车来说，整车的驱动系统也是由电力电子变换器构成的。前面提到的单级型和两级型充电机系统都独立于电动汽车动力总成，也就意味着有着两套功能类似的电力电子功率变换器。复合型充电机会复用车载驱动电路作为部分充电电路。这种复用会减少车载器件的数量，同时也就减少了两套系统的总体积、重量和成本。尽管两套系统会复用部分变换器电路，但是并不会出现两套系统同时使用该部分电路的情况，因为对于传导式充电，车辆在充电的时候必须处于静止状态，驱动系统此时不会工作。一种复合型充电机拓扑如图 4-14 所示。

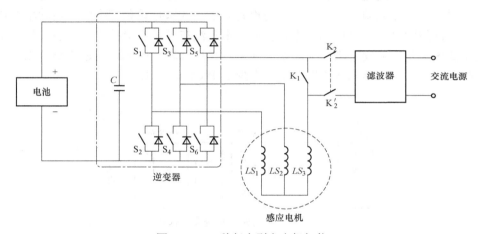

图 4-14　一种复合型充电机拓扑

（2）非车载型充电机

对于第 3 级功率等级的电动汽车充电机，因为充电功率大，所以设备的体积和重量都超过车载设备的可行范围。对于这个等级的充电机，电气隔离是必需的，有两种常见的隔离拓扑：一种是在电网侧配备工频的隔离变压器；另外一种是在 DC-DC 级使用高频变压器进行隔离。工频隔离变压器的优点是成本较低，对变流器级的器件没有特殊的要求，缺点是体积和重量都比较大。对于设计充电总功率比较大的商用快速充电站，每个快充设备都配有工频隔离变压器会占用充电站大量空间。对于一定功率的变压器，它的体积与频率成反比关系。因此采用 DC-DC 级高频变压器作为电气隔离设备会显著减小电气隔离设备占用空间。但是高频变压器及高频 DC-DC 变换器的成本相对于工频变换器和变压器要高很多。图 4-15 所示为非车载型直流充电机结构。

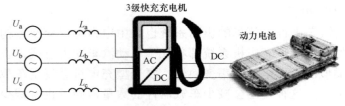

图 4-15 非车载型直流充电机结构

### 4.2.3 无线充电技术主电路

电动汽车无线充电主要使用的是磁耦合式无线充电技术。磁耦合式无线充电技术最早使用在照明系统、工厂自动设备和植入式医疗设备等方向。电功率通过一、二次线圈之间的磁场耦合进行传递。电动汽车无线充电技术和以往其他应用的主要区别是需要同时满足大功率的能量传递以及较大的无线传递距离。由于汽车行驶的需要,汽车底盘和地面要有不少于 10cm 的间距。

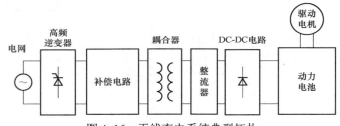

图 4-16 无线充电系统典型拓扑

图 4-16 所示为电动汽车无线充电系统典型拓扑。整个系统包括高频逆变器、一、二次补偿电路、无线充电耦合器、电池直流充电电路。电网电能通过高频逆变器将工频电流转换为耦合器所需的高频电流,通过补偿电路后接入耦合器的一次侧。高频的电流会在空间中产生高频磁场,通过二次侧线圈与二次侧补偿电路的谐振,将能量从一次侧接收到电池直流充电电路中。AC-DC 变换器会将二次侧输出的高频交流电流转换为直流电流并按照设计好的充电策略对电池进行充电。

对于无线充电来说,电网、一次侧的高频逆变器、补偿电路和耦合器一次线圈都属于非车载设备,而二次侧的高频逆变器、补偿电路和二次线圈都属于车载设备。作为车载设备,无线充电器需要在满足充电功率等级的前提下,尽量地减少尺寸和重量。对于无线充电器,为了满足气隙间距、充电功率以及尺寸和重量等限制条件,必须使用高频逆变器。同时,由于无线充电耦合器是一种弱耦合变压器,电路中存在着非常大的漏电感,只有使用补偿电路才能够有效地提高变压器的传输功率和效率。

(1) 无线充电电源

为了能够实现无线充电的商业应用,无线充电机不应该和传导式充电机价格差距过于悬殊。同时,由于电动车辆车载动力电池总容量比较大,整个充电系统的充电效率应该尽可能高,这样才能降低充电成本。无线充电设备需要满足上面两点,才能够在充电市场中具有竞争性。因此,高效率的高频电源是电动车无线充电技术的关键之一。

现有电动汽车无线充电样机的工作频率大都处于 10~300kHz 之间。磁耦合式无线充电系统可以工作于更高频率,大部分样机选择这个工作区间的主要原因是受到了高效率高频电源的限制。过去 20 年高频电力电子器件的快速发展,使得工作在这个频率区间内的高效率电源成为可能,也推动了电动汽车无线充电技术的发展。

目前,充电电源最常用的拓扑是全桥式逆变电路,一种常见的电流可双向流动的全桥式无线充电拓扑如图 4-17 所示。由于开关器件的开关频率限制,移相式控制是这种拓扑常用的控制方法。随着 SiC 和 GaN 器件的发展,PWM 调制技术也逐渐被应用于无线充电电源。

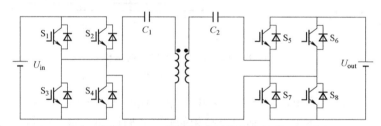

图 4-17 双向全桥式无线充电拓扑

根据对一、二次侧不同的控制策略,可以将无线充电控制策略分为一次侧控制、二次侧控制和双侧控制。一次侧控制适用于静态无线充电,此时一次线圈和二次线圈都处于静止状态,且二次线圈的数目固定。二次侧控制适用于二次侧有多个线圈的情况。和传导式充电一样,无线充电的电网侧也需要有功率因数校正设备来满足电网对无线充电设备功率因数的要求。

(2) 补偿电路

如前文所述,无线耦合器是弱耦合变压器,一、二次线圈电感之间是弱耦合状态。电感的耦合系数 $k$ 是用于表征一、二侧设备之间耦合紧密程度的参数,计算公式为

$$k = \frac{M}{\sqrt{L_1 L_2}}$$

式中,$M$ 为一、二次线圈之间的互感;$L_1$ 为一次侧电感值;$L_2$ 为二次侧电感值。

为了能够实现更大功率的无线传输,耦合系数和线圈互感尽可能大,但是

线圈间的间距限制了耦合系数大小。增加补偿电路的方法可以实现在不增大耦合系数的情况下提高系统的输送功率和效率。最基础的补偿电路有串联-串联补偿、串联-并联补偿、并联-串联补偿和并联-并联补偿。在此基础上，有学者提出了 $LCL$、$LCC$ 等补偿电路用于提高系统效率。

（3）耦合器结构

无线充电耦合器是负责建立磁场、将电能传送过气隙的设备，因此，无线充电耦合器设计也是电动汽车无线充电的关键技术之一。无线充电耦合器的结构有许多种，图4-18所示为圆形无线充电耦合器的结构。

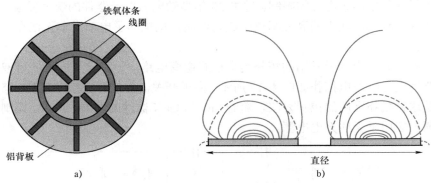

图4-18 圆形无线充电耦合器结构
a）俯视图 b）侧视图

由图4-18可以看出，耦合器主要由线圈、铁心（铁氧体条）和铝背板组成。当电流通过耦合器线圈时，会感应出高频的磁场，通过加入磁性材料制成的铁心，可以提高耦合线圈之间的耦合系数。铝制背板的主要作用是降低对外界的磁场干扰。圆形耦合器是一种单极型耦合器。

除了圆形结构外，还有 I 形、DD 形、DDQ 形等耦合器结构。图4-19 所示的 DD 形耦合器是一种双极性耦合器。

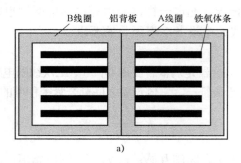

图4-19 DD 形无线充电耦合器结构
a）俯视图

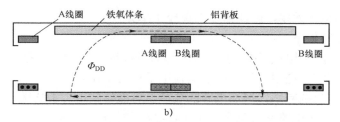

图 4-19 DD 形无线充电耦合器结构（续）
b）侧视图

上述的耦合器结构都是静态充电耦合器的结构。对于动态式无线充电，耦合器的结构分别有多点式和分布式结构，如图 4-20 和图 4-21 所示。

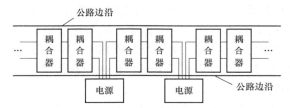

图 4-20 动态充电多点式耦合器结构

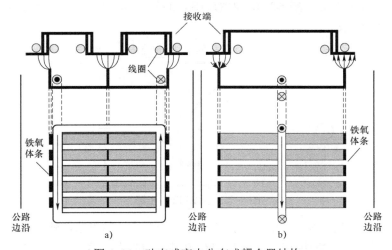

图 4-21 动态式充电分布式耦合器结构

## 4.2.4 功率因数校正电路

车载充电机在充电过程中需要通过整流器、逆变器、DC-DC 变换器等对电流频率电压等级等进行变化，这些功率变换器的开关过程会产生谐波，同时电路中还存在着无功器件，会从电网吸收无功功率。谐波会危害电网的安全，无功功率会降低电网的运行效率，因此需要功率校正单元。

谐波的危害如下：

① 谐波若传入电网，将会造成严重的谐波污染，也会引起DC-DC母线电压的畸变。

② 干扰正常的通信信号，影响其他电子设备工作。

③ 使电容阻抗减小，增加电容的负荷，可能导致电容被烧毁。

功率因数校正电路其实就是一个DC-AC转换电路，当接通不同的负载时，需要不同的功率，功率因数校正电路通过脉冲宽度调制（PWM）技术来改变输入功率大小。PWM就是控制开关管不停地开通和关断，将直流输入电压转换成脉冲电压，再利用电感和二极管将其转换成直流电压输出。如果进行闭环控制、稳定输出电压，则需要将输出电压与参考电压进行比较，把产生的电压差反馈至PWM控制器，控制器改变PWM波形的占空比，调节输出电压值。

PFC电路即利用上面的方法，将交流电变成与交流电压同相位的正弦波，提高电路功率因数。功率因数校正电路分为无源PFC和有源PFC电路。

无源PFC电路没有开关管等有源器件，组成元器件主要有二极管、电阻、电容和电感等无源元器件。

无源PFC电路在整流桥和滤波电容之间加上一个电感，由于电感中电流不能突变，所以可以用来平缓滤波电容充电强脉冲的波动，减小电流波形的畸变，电路如图4-22所示。

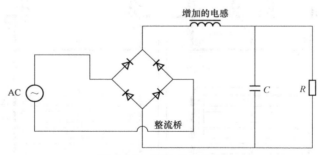

图 4-22　无源 PFC 电路

这种方法只是一种简单的补偿措施，增加一个合适的电感，就可以达到抑制电流瞬变的目的，一般应用在小功率无PFC功能的设备上。这种补偿方法的缺点是输出电压波纹较大，滤波电容两端的电压较低，功率因素补偿和抑制电流畸变能力差。

有源PFC电路就是在无源PFC电路的基础上加上了功率因数高、电磁兼容特性好的开关管控制。在整流桥上加上开关管后，将脉动电压变成高频脉冲波，其频率可达100kHz，经滤波后变为直流电源，再向开关电源供电，其过程是AC→DC→AC→DC。

有源PFC电路拓扑一般有Boost、Buck、Buck/Boost、Flyback等。

① Buck（降压式）：这种方式很少被采用，因其功率开关管电压应力比较大，电源噪声大，会对驱动信号造成一定影响，不容易滤波。

② Buck/Boost（升/降压式）：电路中有两个功率晶体管，其中一个功率晶体管的控制信号浮动，两种功能造成电路较为复杂，目前也很少采用。

③ Flyback（反激式）：这种方式适用于功率小于 150W 的电路，变压器可以使输入和输出实现隔离，并采用简单电压型控制。

④ Boost（升压式）：这种方式的优点是控制简单、PF 值高、THD 总谐波失真小、效率高、输出电压高于输入电压。常用于 75～2000W 功率范围的电路中。

结合以上的介绍，一般都采取 Boost 拓扑作为前级有源 PFC 电路的拓扑结构。Boost 型有源 PFC 电路具有以下优点：

① 有源 PFC 电路控制简单，电路中有电感，适用于电流型控制。

② Boost 型有源 PFC 电路具有预调整作用，使得输出滤波电容 $C$ 上具有高电压，这样可以减小电容体积，增大储存能量。

③ 在整个输入电压范围内，Boost 电路能保持较高的功率因数。

④ Boost 型有源 PFC 电路的电流连续，并且在有源 PFC 电路开通时输入电流小，大大降低了 EMI 的设计制作难度。

⑤ 升压电感 $L$ 能防止电压和电流快速变化，电路工作稳定性得到了提高。

⑥ Boost 电路元器件少、只需要滤波电感、输出电容、MOSFET、二极管等元器件。

### 4.2.5　无线充电机示例

如前文所述，无线充电机包括功率校正单元、高频逆变器、补偿电路等。为了实现功率控制，还会在功率校正单元和高频逆变器间加入 DC-DC 变换器。系统需要分级进行调试，分别需要进行 PFC 调试、高频逆变器调试以及三级联调。在各级调试的基础上，可以进行整车调试。下文介绍了无线充电样机的各部分测试。

（1）PFC 单元

图 4-23 所示为样机功率因数校正单元拓扑，为了降低设备体积，提高可靠性，采用了三相交错式升压电路作为功率因数校正拓扑。

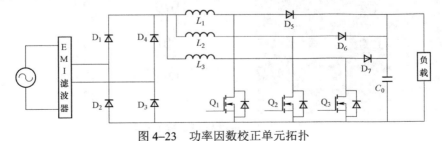

图 4-23　功率因数校正单元拓扑

这种拓扑的主要优点是结构成熟可靠、单个器件应力较小，减小了电感设计难度和体积，降低了电压电流纹波，能够实现较高效率。图 4-24 所示为 PFC 硬件样机。

图 4-24　PFC 硬件样机

该 PFC 单元的实验测试结果如图 4-25 和图 4-26 所示。该功率校正单元的输出效率可达 97.9%，输出功率因数大于 0.995。样机的输出功率大于 7kW，满足对于 2 级充电机的功率要求。

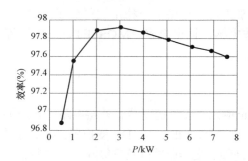
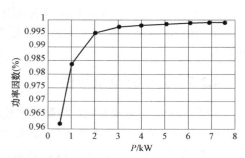

图 4-25　PFC 效率和输入功率因数

图 4-26　输入电压、电流与 PFC 输出效率、功率

# 第 4 章
## 充电机

（2）高频逆变器测试

无线充电电源直流端至负载的结构拓扑如图 4–27 所示。系统采用了 BUCK 级作为电压控制，全桥结构作为高频逆变器拓扑，系统补偿电路采用 *LCC* 补偿。通过 BUCK 电路控制直流电压 $u_0$ 来控制系统的输出功率。全桥结构负责给耦合器供电。图 4–28 所示为系统暂态响应的实验波形。

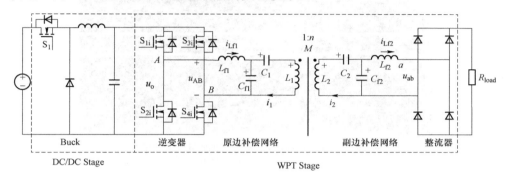

图 4–27　无线充电电源直流端至负载的结构拓扑

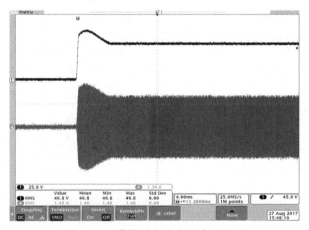

图 4–28　系统暂态响应的实验波形

（3）PFC–BUCK–全桥三级联调

无线充电 PFC–BUCK–全桥三级联调的结果如图 4–29 所示。图 4–29 显示了逆变级交流电压、电流的输出。

系统三级联调的结果如图 4–30 所示。从图中可以看出，系统基本实现了单位功率因数的输入，同时系统的总效率达到了 92%。

（4）整车调试

图 4–31 展示了无线充电机整车实车测试图，包括耦合器位置、PFC、Buck 电路、逆变电路。二次线圈固定在车底盘中部位置。一次线圈位于地面，两线圈

间距 13cm。

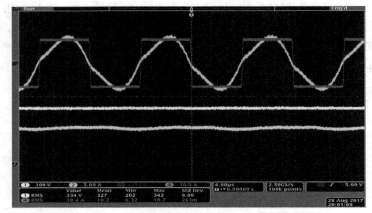

图 4-29　一次侧直流输出电压、电流与一次侧逆变级
输出电压、电流的输出

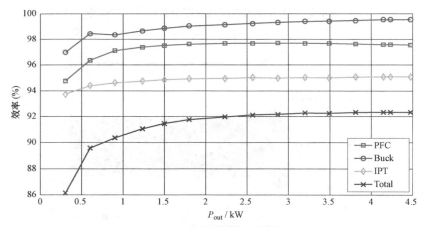

图 4-30　系统三级联调的结果

图 4-31　无线充电机整车实车测试图

第 4 章
充电机

图 4-31　无线充电机整车实车测试图（续）

系统的实车测试效率结果如图 4-32 所示，系统的效率达到 90%以上，满足电动汽车对充电设备的效率要求。

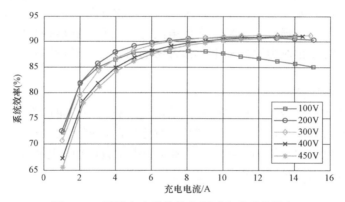

图 4-32　无线充电系统装车调试实验系统效率

## 4.3　性能及其技术要求

### 4.3.1　充电机的性能标准

充电机需要达到下面的几项基本要求，以实现电动汽车动力动力电池组安全、高效的充电要求。

① 安全性：电动汽车在充电时，应确保人员的安全以及动力电池组的安全。

② 易用性：充电机的使用步骤应较为简便，不需要操作人员过多地干预，并具有一定的智能性。

③ 经济性：充电机的制造和使用成本应相对较低，以便进行大规模推广。

④ 高效性：应提高充电机能量的转换效率，保证长期使用后仍可以高负荷使

用，并节约电能。

⑤ 对电网的低污染性：由于充电机是一种高度非线性设备，应减少充电机在使用中对电网的污染。

对车载充电机而言，除需要满足上述基本性能要求外，充电机在充电过程中的充电控制方法也是至关重要的。在充电过程中，充电机应该准确判断，合适地为动力电池充满电。如果出现过充电的情况，就会造成电池内部压力上升、温度升高，对电池的寿命有一定的影响。因此，充电机应采用合适的控制方法，使电池充满而又不过充。较为常见的控制方法有温度控制、最高电压控制、定时控制、电压变化率控制、容量控制等。

（1）温度控制

充电过程中电池除了成流反应外，还会发生许多副反应，当电池电量已满时，若继续为之充电，就会开始产生电解水反应，并产生氢气和氧气，这些气体会增大电池内部的压力，释放的热量还会使电池温度上升。温度控制即当电池内部温度达到一定值时停止对电池的充电。该方法的缺点是受环境影响大，不适合作为主要控制方式。

（2）最高电压控制

这种方法比较适合恒流充电模式。从电池的充电曲线可以看出，电池电压随充入电量的增大而增大，当电压达到某一预定值时，停止对其充电。但是，因为电池包中每个电池的电压不一致，并且随充放电次数增加，电池容量会发生变化，所以用这种方法也较难准确判断电池电压。

（3）定时控制

这种方式原理简单、易于实现，适用于恒流和恒压充电。但这种方式无法根据电池实时状态进行调整，容易出现欠充电或过充电的情况，不利于电池的维护。

（4）电压变化率控制

这种控制方式需要根据不同电池的特性曲线进行调整，在充电过程中，电压渐渐升高，并在达到最大电压后出现负增长。通过计算充电过程中电池电压的变化率来判断电池是否充满。该方法的优点是受环境影响较小，对电池是否充满的判断较为准确。

（5）容量控制

监控和计算电池已充入电量，当达到设定好的充电容量值时，停止充电。这种方法需要电池管理系统提供初始电量等数据，要求较为准确地计算电池SOC，难以进行准确控制。

### 4.3.2 充电机的技术要求

充电机技术主要包含两个方面：

① 充电机的集成与控制技术。根据充电过程产生的变化研究动力电池寿命和安全性，从而选择最优的拓扑结构，实现充电过程的动态优化与智能化控制，实现最优充电。

② 充电监控技术。实现对多台充电机状态以及充电过程中对充电机的实时监控，并达到和其他系统通信的功能。

为了使电动汽车行业进一步规范发展，国家为车载充电机制定了《电动汽车用传导式车载充电机》等标准，对车载充电机的功率因数、谐波量、纹波系数、整机效率等参数做了规范。充电机的具体要求在第 5 章充电机测试中进行具体的说明。

# 第 5 章

# 充电机测试

在国家及各地政府的政策扶持下,新能源汽车产业迎来了爆发式增长,并将逐步进入稳定发展阶段。但充电基础设施建设量不足仍是制约新能源汽车推广的关键因素和瓶颈之一。为了保证充电基础设施能够安全、稳定、高效的运行,需要对处于安装阶段以及部分使用阶段的电动汽车充电机进行测试,保证充电机能够在达到国家标准的状态下运行。本章主要介绍充电机测试的分类和测试方法,并详细介绍传导式充电互操作性测试以及传导式充电机与电池管理系统之间的通信协议一致性。

## 5.1 充电机测试分类

充电机测试主要指的是充电机的功能测试。充电机的结构包括主电路、通信模块以及控制模块等。为了能够保证整个系统的运行,需要对充电机的电气性能、通信性能和保护功能等进行测试。

### 5.1.1 电气性能测试

充电机电气性能测试的工程实践中,通常将用电设备的电气性能测试分为六个部分。它们分别是功能性测试、保护性能测试、安全性能测试、电磁兼容测试、可靠性测试和附加测试。

电磁兼容测试、可靠性测试和附加测试必须在专门的实验室内进行。这里只对安全性能测试、电磁兼容测试、可靠性测试的概念做简要介绍。

安全性能测试又称电气安规测试。它的测试内容主要包括介电耐压测试、绝缘电阻测试、接地电阻测试和泄漏电流测试等。

介电耐压测试是产品品质的保证,是电气安全性能的重要指标。对其进行测试的方法如下:将比正常工作允许电压高的异常电压加在产品上,并保持一段时间,若最终没有出现绝缘崩溃的状况,就表明通过了这个测试。其测试所用电压应按照相关安全规定而定。

绝缘电阻测试是在相关联的两点上施以直流电压,最高可达1000V,通常使用单位为兆欧(MΩ)。通过这一参数可以判定良品和不良品。

接地电阻测试主要测试设备的接地点。具体测试方法是对被测设备的外壳或金属部分,施加以一个恒定的电流(一般电流为10~40A)来进行测试,测得其电阻大小。这个指标的测试,主要是为了验证接地点螺钉是否锁紧、接地导线直径是否过小、设备的接地线路是否断路等问题。

测试泄漏电流的目的是测量设备通电时,流过其金属部位以及人体到接地部分的电流。测量时应使用人体仿真线路(MD)以及并联电压表,其中人体仿真线路根据设备安规标准的不同有所区别。

电磁兼容性能的研究与测定是一门交叉领域的研究。国家标准中对电磁兼容的定义是"设备或系统在其电磁环境中能正常工作且不对该环境中任何事物构成不能承受的电磁骚扰的能力。"一般设备在电磁兼容性能方面的要求包含两个方面:一是设备运行时对环境的电磁骚扰不能超过一定的限值;二是在设备所处的电磁环境中需要具备一定的抗扰度,即电磁敏感性。因此,这方面的测试也就包括电磁骚扰发射测试(此项又分为辐射发射测试和传导发射测试)和设备抗扰度测试。电磁兼容性能测试需要十分专业的设备,因此这方面的测试需要在专门的实验室内进行。

功能性测试主要是为了测试充电机能否在给电动汽车充电的过程中输入和输出各项功能指标。在整个充电过程中,充电机在电网一侧需要根据输出侧的需求调节输入侧参数,同时需要满足电网规定的需要,根据车载动力电池的需求来对充电的电压、电流和功率因数等参数进行调整,保证系统在暂态和稳态状态下都能对动力电池进行稳定充电。

选取合适的测量仪器并使用与之对应的方法可以对设备的功能和保护性能进行测试。其中,功能测试所需的仪器和仪表包括大功率三相交流程控稳压源、大功率直流程控电子负载、(高频、大功率)功率分析仪、(高精度)电流分流器、(高精度)电压表、示波器(此示波器应有高压探头、高压差分探头、交直流电流探头等附件)和(高精度)台式万用表等。功能与保护性能测试的详细内容见表5-1。

表5-1 功能与保护性能测试的内容

| 输出性能测试 | 输入特性测试 | 时序/瞬态测试 |
| --- | --- | --- |
| 输出电压调整率 | 效率 | 电源良好与失效时间 |
| 电源调整率 | 输入功率 | 起动及保持时间 |
| 负载调整率 | 输入功率因数测试 | 输出上升波形 |
| 综合调整率 | 电流谐波 $i_{THD}$ 测试 | 输出下降波形 |

(续)

| 输出性能测试 | 输入特性测试 | 时序/瞬态测试 |
|---|---|---|
| 输出涟波及杂信息 | 涌浪电流测试 | — |
| 动态负载或暂态负载 | — | — |

### 5.1.2 通信性能测试

我国发布的国标 GB/T 27930—2015《电动汽车非车载传导式充电机与电池管理系统之间的通信协议》已经广泛应用于国内各大充电设施和蓄电池管理系统（BMS）。充电机与 BMS 之间的通信网络是基于 CAN 的通信物理层、数据链路层及应用层。充电机和电池管理系统之间采用一对一通信方式。在充电过程中，充电机和电池管理系统将共同监测电压、电流和温度等参数，并由电池管理系统根据充电控制算法管理整个充电过程。

充电机与 BMS 通信的物理层应符合 ISO 11898-1：2003、SAE J1939-11：2006 中关于物理层的规定，并采用独立于动力总成控制系统之外的 CAN 接口。充电机与 BMS 之间的通信速率可选用 50kbit/s、125kbit/s 或 250kbit/s。

数据链路层采用 CAN 扩展帧的 29 位标识符，每个 CAN 数据帧包含一个独立的协议数据单元 PDU。每个数据帧内包括优先权、保留位、数据页 PDU 格式、特定 PDU、源地址和数据域。当在 BMS 与充电机之间传输 9B 或以上的数据时，需要遵循 SAE J1939-21：2006 中消息传输的规定。充电机和 BMS 固定采用其源地址，分别为 56H 和 F4H。

应用层采用参数和参数组定义的形式，通过 PNG 对参数进行编号，以便各个节点来识别数据包中的内容，并且可以使用请求 PGN 来主动获取其他节点参数组。充电机与 BMS 之间是按照周期传送数据的。

为了验证充电机是否能与 BMS 进行安全、可靠的通信，可以利用 CAN 总线测试设备分别检验充电站和实验室内充电机与 BMS 之间 CAN 通信网络的健康状况。另外，高层通信协议可以通过模拟 BMS 对充电机发出的报文来进行监测和解析，反之亦可根据标准定义的要求来检查协议符合度和数据正确性。

### 5.1.3 保护功能测试

在充电系统运行过程中，有可能出现各种非正常状态，包括各类故障和错误等，此时为了能够保护系统中的设备和人员安全，需要对系统进行保护。对于充电机检测以及系统性能测试的内容包括过、欠电压保护测试，短路保护测试，过电流保护测试和过功率保护测试。（保护性能测试可以使用上述功能测试中所使用

的设备来进行）

1. 过电压、欠电压保护测试

过、欠电压保护功能即在充电机的输出电压超过其规定的最大值或低于其最小值时，自动关闭输出来保护负载中的电路元器件不被损坏。过、欠电压保护测试就是针对这一功能进行的测试，它可以验证充电机出现上述异常状况时，是否可以自动做出正确反应。

2. 短路保护测试

若充电机电路出现短路，开关电源应立即限制输出电流或关闭输出，防止电路损坏。这种短路可能是由于配线连接错误、元器件故障等原因造成的。短路保护测试就是验证系统出现短路时，开关电源能否做出正确的反应。

3. 过电流保护测试

当充电机的输出电流大于额定值时，电源应当限制它的输出电流或者关闭该输出项。这样做是为了避免由于负载电流太大从而导致用电事故。另外，若由于内部零件受损致使负载电流过大，则应该及时限制电流或直接关闭输出。这种保护性能测试是用来检测当过电流的情况出现时，用电设备是否能做出正确动作。

4. 过功率保护测试

当充电机的单一或多组输出功率比额定值还要大的时候，该电源应当对它的输出功率进行限制或者关闭该输出项。这样做是为了避免由于负载功率过大从而导致用电事故。另外，若设备由于内部零件损坏而造成超过设备的最大负载功率时，则设备也应当为了避免受损而限制或者关闭输出。这种保护性能测试是用来检测当过功率情况出现时，用电设备是否做出正确动作。

### 5.1.4　使用及保养要求

除了上述对电动汽车充电机功能的测试外，对于其使用和保养也有一定的要求：

① 充电机的交流电源插头需要匹配交流电源插座。

② 交流电压要相对平稳，不应该超过 220V±10%的变化范围。

③ 充电操作程序：先打开车辆电源锁的开关，然后将充电插头与车身充电插座连接，最后将电源插头与市电插座相连。

④ 充电机接通电源后，电源指示灯亮起说明连接无误（1～30A 充电电流指示灯亮，一路恒充、二路恒充指示灯亮）。在亏电状态下充电时间应该保持 10h 以上为宜。

⑤ 充电过程分为恒流、恒压和浮充三个阶段：第一阶段保持恒流 25A 充电 6h 左右；第二阶段保持恒压充电 3h 左右；最后进入浮充阶段（此时，浮充灯亮，充电电流指示灯只亮 1～2 只，风扇停止转动，饱和灯亮）。若进入浮充阶段，则

说明电池电量已经充足。

⑥ 当电池电量已满或任何情况下需要关机时,须先断开电器输入端电源,然后再断开充电机与电池之间的连接。

## 5.2 充电系统互操作性测试

市场中存在不同公司、品牌的充电设备和电动汽车,相同品牌的设备和车辆也会不断升级。如果不进行互操作性测试,则可能造成各类充电设备、充电连接装置、电动汽车车型之间的信息不能相互交换,无法实现过程控制。不同充电设备和电动车辆如果无法互联互动,就无法保证充电过程的安全性和可靠性。因此需要通过互操作性测试来检验测试供电设备与电动汽车之间的互操作性。

互操作性测试的主要依据是电动汽车传导充电系统规范、电动汽车传导充电用连接装置规范以及非车载充电机与电池管理系统之间通信协议。主要测试并检验相同或不同型号、版本的供电设备与电动汽车通过信息交换和过程控制从而实现充电互联互通的能力,保证接口兼容性、充电过程中通信和控制的正确性、操作者使用的安全性。

### 5.2.1 互操作性测试顺序、流程、项目编码规则、仪器及要求

**1. 互操作性测试顺序**

互操作性测试应该按照一定的测试顺序进行,如图 5-1 所示。

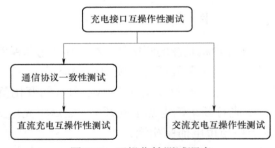

图 5-1 互操作性测试顺序

首先,送检单位应提供被测供电设备所配置的充电用的连接装置符合其要求规定的证明材料,或者由检测机构按照充电接口互操作性测试的规定进行复核。

如果被测供电设备为非车载充电机,则按照《电动汽车非车载传导式充电机与电池管理系统之间的通信协议一致性测试》的规定进行通信协议一致性测试,

# 第 5 章 充电机测试

然后按照直流充电互操作性测试的规定进行直流充电互操作性测试。

如果被测供电设备为交流充电桩或缆上控制与保护装置，则按照交流充电互操作性测试的规定进行交流充电互操作性测试。

2. 互操作性测试流程

整个测试流程如图 5-2 所示。测试的准备工作包括分析测试需求、制定测试方案、搭建测试系统等。测试方案由被测产品制造商和测试实验室共同完成。测试完成以后，生成测试报告，得出测试结论。

3. 互操作性测试项目编码规则

互操作性测试项目编码规则如图 5-3 所示。

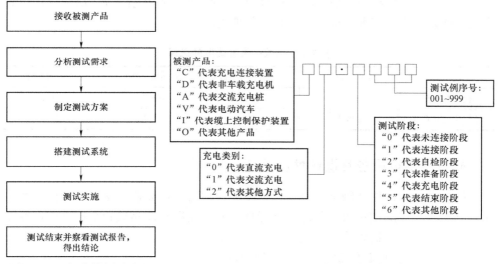

图 5-2 互操作性测试流程　　　　图 5-3 测试项目编码规则

4. 互操作性测试仪器及要求

电动汽车传导充电互操作性测试所需仪器见表 5-2。

表 5-2 互操作性测试所需设备

| 充电机类型 | 序号 | 设备名称 | 功　能 |
|---|---|---|---|
| 交流充电桩 | 1 | 交流车辆接口电路模拟 | 模拟交流充电桩测试电路，带有充电枪标准接口，实现充电桩与车接口连接状态及各个触点的仿真和状态数据采集 |
| | 2 | 可编程交流负载 | 单相/三相连续可调，可以实现车载充电机的加载过程模拟，具有恒压、恒流、恒功率多种加载模式 |
| 非车载充电机 | 3 | 车辆直流接口电路模拟器 | 模拟直流充电桩对应的电动车插座接口，可实现车辆插座各路引脚的通断模拟，实现各路引脚对地短路、断路等非正常情况的模拟，带有电池电压模拟功能 |
| | 4 | 可编程直流负载 | 模拟电池包充电、受电过程，负载可以和车辆 BMS 模拟软件进行同步控制 |

(续)

| 充电机类型 | 序号 | 设备名称 | 功能 |
|---|---|---|---|
| 通用 | 5 | 示波器 | 200M 带宽、4 通道，检查、记录相关波形 |
| | 6 | 便携式计算机 | 协议一致性及互操作性测试软件，CAN 通信接口 |

对于测试中所使用的仪器仪表精度，有下列几个要求：

① 一般情况下，（数字）仪表准确度应根据被测量的误差按表 5–3 进行选择。

② 对于测量时间用仪表：当测量时间大于 1s 时，相对误差不大于 0.5%；当测量时间小于等于 1s 时，相对误差不大于 0.1%。

③ 所用仪器仪表的量程和准确度应根据测量的实际情况选择，所用仪器仪表应通过计量检定或校准且证书应当在有效期内。

表 5–3 测试仪表准确度的选择

| 误差 | (0%, 0.5%] | (0.5%, 1.5%] | (1.5%, 5%] | (5%, 7.5%] |
|---|---|---|---|---|
| 仪表准确度 | 0.1 级 | 0.2 级 | 0.5 级 | 1.0 级 |
| 数字仪表准确度 | 6 位半 | 5 位半 | 4 位半 | 4 位半 |

### 5.2.2 供电设备互操作性测试

供电设备互操作性测试的对象包括缆上控制与保护装置、交流充电桩、非车载充电机等，对测试对象按照标准进行直流充电互操作性测试和交流互操作性测试来判断供电设备整体的运行状况。

1. 供电设备（直流充电）互操作性测试

（1）测试系统

供电设备（直流充电）互操作性测试系统结构如图 5–4 所示，系统包括交流电源、车辆控制器模拟盒、主控机、电池模拟装置、低压辅助电源负载以及测试仪器。待测非车载充电机的输入侧连接三相交流电源，输出侧通过车辆插座与车辆控制器模拟盒相连。测试仪器采集非车载充电机的输入输出参数，并上传至主控机。主控机用于控制车辆控制器模拟盒进行整个测试。

供电设备（直流充电）互操作性测试系统可以利用车辆控制器模拟盒测试非车载充电机的充电控制状态、异常充电以及连接控制时序等状态。电池模拟装置具备模拟电池电压和直流负载的功能。测试条件包含充电系统额定工况和参数公差范围外的失效测试两种。

供电设备（直流充电）互操作性测试系统中控制导引电路应该符合国标 GB/T 18487.1—2015《电动汽车传导充电系统 第 1 部分：通用要求》中 B.1 的规定。

对于测试点有如下几点要求与说明：

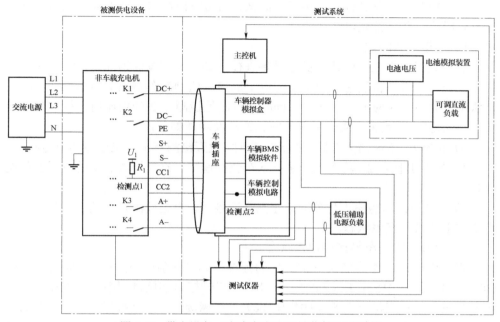

图 5-4　供电设备（直流充电）互操作性测试系统

① 检测点 1 的电压值是指车辆接口 CC1 与 PE 之间的电压值，检测点 2 的电压值是指车辆接口 CC2 与 PE 之间的电压值。

② 接触器 K1 和 K2 状态是指测量车辆插头 DC+、DC-之间电压的变化或接触器反馈信号变化，用于判断 K1 和 K2 的开合状态；接触器 K3 和 K4 状态是指测量车辆插头 A+、A-之间电压的变化或接触器反馈信号变化，用于判断 K3 和 K4 的开合状态。

③ 充电状态：检查充电机是否允许充电或正常充电，如正常充电，则测量当前充电电压值和电流值。

④ 通信状态：检查通信报文是否符合国标 GB/T 18487.1—2015 中 B.6 和 GB/T 27930—2015 中对应阶段的规定。

⑤ 锁止状态：检查机械锁止状态和电子锁止状态。通过检查检测点 1 电压值，并施加国标 GB/T 20234.1—2015 中 6.3.2 规定的拔出外力，判断机械锁止装置的有效性。通过检查电子锁反馈信号变化和机械锁是否能操作，判断电子锁止装置对机械锁止装置的联锁效果。

⑥ 解锁条件：充电接口电压在 DC 60V 以下，才可进行解锁。

⑦ 故障计时起点：故障发生时刻起同步计时。

（2）充电控制状态测试

充电控制状态测试包括连接确认测试、自检阶段测试、充电准备就绪测试、充电阶段测试和正常充电结束测试。

1）连接确认测试

非车载充电机连接确认由供电设备进行测试，测试编号为 D0.1001，测试目的是检查充电机是否能通过测量检测点 1 的电压值判断车辆插头与车辆插座的连接状态，并进入对应的充电状态。同时通过测量检测点 2 的电压值，检查车辆插头内等效电阻 $R_3$ 是否正确。系统的测试方法及步骤如下：

① 状态 0：车辆插头未插入车辆插座时，检查检测点 1 的电压值和充电状态。

② 状态 1/状态 2：将车辆插头插入车辆插座中，检查检测点 1 的电压值和充电状态。

③ 状态 3：车辆插头与车辆插座完全连接后，检查检测点 1 的电压值、检测点 2 的电压值、充电状态。

④ 检查该阶段车辆接口锁止状态。

判定供电设备连接确认测试合格的标准：a）车辆接口连接确认应符合国标 GB/T 18487.1—2015 中 B.3.2 的规定。b）在车辆接口连接过程中，检测点 1 的电压值及充电状态应符合表 5–4 的规定。c）在车辆接口完全连接后，检测点 2 的电压值应符合表 5–4 的规定。d）在车辆接口完全连接后绝缘检测输出电压前，车辆插头电子锁应可靠锁止。

表 5–4　供电设备（直流充电）检测点及相关状态测试要求

| 状态 | 充电接口状态 | 开关 S 状态 | 可否充电 | 检测点 1 电压/V | | | 检测点 2 电压/V | | |
|---|---|---|---|---|---|---|---|---|---|
| | | | | 标称值 | 最大值 | 最小值 | 标称值 | 最大值 | 最小值 |
| 状态 0（初始状态） | 断开 | 闭合 | 否 | 6 | 6.8 | 5.2 | 12 | 12.8 | 11.2 |
| 状态 1 | 断开 | 断开 | 否 | 12 | 12.8 | 11.2 | 12 | 12.8 | 11.2 |
| 状态 2 | 连接中 | 断开 | 否 | 6 | 6.8 | 5.2 | 6 | 6.8 | 5.2 |
| 状态 3 | 完全连接 | 闭合 | 可 | 4 | 4.8 | 3.2 | 6 | 6.8 | 5.2 |

2）自检阶段测试

供电设备自检阶段测试的测试编号为 D0.2001，测试的目的是检查充电机的自检阶段是否正常。测试方法及步骤如下：

① 绝缘检测开始前，分别模拟正常的电池端电压（K1 和 K2 外侧电压 < 10V）、不正常的电池端电压（K1 和 K2 外侧电压 ≥ 10V），进行步骤②至步骤⑦。

② 分别模拟车辆通信握手报文内的最高允许充电总电压在充电机输出电压

范围内、超过充电机输出电压范围上限值、低于充电机输出电压范围下限值。

③ 检查该阶段 K3 和 K4 的状态、K1 和 K2 的状态，测量辅助供电回路的电压值和电流值。

④ 测量绝缘检测时稳定输出后充电直流回路的电压值。

⑤ 绝缘检测完成后，检查泄放过程中充电接口电压降到 DC 60V 以下的时间、K1 和 K2 状态。

⑥ 检查该阶段通信状态。

⑦ 检查该阶段车辆接口锁止状态。

判定供电设备自检阶段测试合格的标准：a）绝缘检测开始前，当检测到不正常的电池端电压时，充电机应不允许充电。b）当车辆通信握手报文内的最高允许充电总电压低于充电机输出电压范围下限值时，充电机应不允许充电。c）充电机自检阶段 K1 和 K2、K3 和 K4 状态变化应符合国标 GB/T 18487.1—2015 中 B.3.3 的规定。d）绝缘检测的输出电压应为车辆通信握手报文内的最高允许充电总电压和充电机额定电压二者中的较小值。e）充电机低压辅助供电回路的电压值和电流值应符合国标 GB/T 18487.1—2015 中 B.1 的规定。f）绝缘检测完成后，泄放过程应符合国标 GB/T 18487.1—2015 中 B.4.2 的规定。g）该阶段通信状态应符合国标 GB/T 18487.1—2015 中 B.6 和国标 GB/T 27930—2015 中对应阶段的规定。h）该阶段车辆插头电子锁应可靠锁止。

3）充电准备就绪测试

对供电设备进行充电准备就绪测试的测试编号为 D0.3001，目的是检查充电机的充电准备就绪是否正常。测试方法及步骤如下：

① 分别模拟正常的车辆端电池电压（接触器外端电压与通信报文电池电压误差范围≤±5%且在充电机正常输出电压范围内）、非正常车辆端电池电压（接触器外端电压与通信报文电池电压误差范围＞±5%和/或不在充电机正常输出电压范围内），检查该阶段 K1 和 K2 状态、充电状态。

② 检查该阶段通信状态。

③ 检查该阶段车辆接口锁止状态。

判定供电设备充电准备就绪测试合格的标准：a）当检测到车辆端电池电压不正常时，充电机应不允许充电。b）充电机充电准备就绪应符合国标 GB/T 18487.1—2015 中 B.3.4 的规定。c）该阶段通信状态应符合国标 GB/T 18487.1—2015 中 B.6 和国标 GB/T 27930—2015 中对应阶段的规定。d）该阶段车辆插头电子锁应可靠锁止。

4）充电阶段测试

对供电设备进行充电阶段测试的测试编号为 D0.4001，目的是在充电过程中，检查充电机是否能根据电池充电需求参数实时调整充电电压和充电电流。测试方法及步骤如下：

① 在充电过程中，利用车辆 BMS 模拟软件发送"电池充电需求"报文，检查该阶段充电状态。

② 在充电过程中，进行输出电压控制误差测试、输出电流控制误差测试、输出电流调整时间测试。

③ 检查该阶段通信状态。

④ 检查该阶段车辆接口锁止状态。

判定供电设备充电阶段测试合格的标准：a）充电机充电阶段应符合国标 GB/T 18487.1—2015 中 B.3.5 的规定。b）充电过程中，输出电压控制误差、输出电流控制误差、输出电流调整时间分别应符合相应的规定。c）该阶段通信状态应符合国标 GB/T 18487.1—2015 中 B.6 和国标 GB/T 27930—2015 中对应阶段的规定。d）该阶段车辆插头电子锁应可靠锁止。

5）正常充电结束测试

对供电设备进行正常充电结束测试的测试编号为 D0.5001，目的是检查充电机在满足充电结束条件或收到充电中止报文时的充电结束是否正常。测试方法及步骤如下：

主动中止充电测试：

① 在正常充电过程中，对充电机实施停止充电指令，检查该阶段充电状态、K1 和 K2 状态、K3 和 K4 状态。

② 停止充电时，进行输出电流停止速率测试。

③ 充电结束，检查泄放过程中充电接口电压降到 DC60V 以下的时间。

④ 检查该阶段通信状态。

⑤ 检查该阶段车辆接口锁止状态。

被动中止充电测试：

① 在正常充电过程中，利用车辆 BMS 模拟软件发送"BMS 中止充电"报文和"BMS 统计数据"报文，检查该阶段充电状态、K1 和 K2 状态、K3 和 K4 状态。

② 停止充电时，进行输出电流停止速率测试。

③ 充电结束，检查泄放过程中充电接口电压降到 DC60V 以下的时间。

④ 检查该阶段通信状态。

⑤ 检查该阶段车辆接口锁止状态。

判定供电设备正常充电结束测试合格的标准：a）充电机正常条件下充电结束应符合国标 GB/T 18487.1—2015 中 B.3.6 的规定。b）停止充电时，输出电流停止速率应符合输出电流停止速率测试中的规定。c）充电结束后，泄放过程应符合国标 GB/T 18487.1—2015 中 B.4.2 的规定。d）该阶段通信状态应符合国标

GB/T 18487.1—2015 中 B.6 和国标 GB/T 27930—2015 中对应阶段的规定，中止充电报文中的结束充电原因应符合实际动作情况。e）充电结束后，达到解锁条件，车辆插头电子锁应能正确解锁。

（3）充电连接控制时序测试

对供电设备进行充电连接控制时序测试的测试编号为 D0.6001，目的是检查充电机的充电连接控制过程和间隔时间是否满足要求。测试方法及步骤如下：

利用车辆 BMS 模拟软件与被测充电机进行通信，模拟车辆接口连接状态、K5 和 K6 状态、电池状态等，检查充电连接控制过程中检测点 1 的电压值、K1 和 K2 状态、K3 和 K4 状态、充电状态、通信状态、车辆接口锁止状态、充电状态转换的间隔时间。

判定供电设备充电连接控制时序测试合格的标准：充电机充电连接控制时序和充电状态流程应符合国标 GB/T 18487.1—2015 中 B.5 的规定；通信状态应符合国标 GB/T 18487.1—2015 中 B.6 和国标 GB/T 27930—2015 中对应阶段的规定。

（4）充电异常状态测试

充电异常状态测试的目的是检查测试系统是否能够检测到充电过程中的异常状态，并根据规定进行相应动作。充电异常状态测试包括通信中断测试、开关 S 断开测试、车辆接口断开测试、输出电压超过车辆允许值测试、绝缘故障测试、保护接地导体连续性丢失测试和其他充电故障测试。

1）通信中断测试

对供电设备进行通信中断测试的测试编号为 D0.4501，目的是在充电过程中，检查充电机在通信超时是否能停止充电，是否能进行三次握手辨识阶段的连接，且在重新连接成功后是否能正常充电。测试方法及步骤如下：

① 在正常充电过程中，模拟通信超时（采用如通信线 S+断线、通信线 S−断线、通信线 S+和 S−之间短路、车辆 BMS 模拟软件停止发送报文等故障方式中的一种），检查该阶段通信状态、充电状态、K1 和 K2 状态、K3 和 K4 状态、车辆接口锁止状态；保持通信故障状态，检查充电机是否能进行三次握手辨识阶段的连接。

② 在正常充电过程中，模拟通信超时，检查该阶段通信状态、充电状态、K1 和 K2 状态、K3 和 K4 状态、车辆接口锁止状态；当检测到被测充电机进入握手辨识阶段时，利用车辆 BMS 模拟软件与其正常通信，检查重新连接后的通信状态、充电状态、K1 和 K2 状态、K3 和 K4 状态、车辆接口锁止状态。

③ 在通信中断（第一次通信超时后发生三次通信超时）后，检查该阶段通信状态、充电状态、K1 和 K2 状态、K3 和 K4 状态、车辆接口锁止状态。

判定供电设备通信中断测试合格的标准：a）充电中出现该故障，充电机中止充电过程应符合国标 GB/T 18487.1—2015 中 B.3.7.3 的规定。b）充电机发送错误报文中的超时报文类型应符合实际动作情况，且有报警提示。c）当重新连接（握手辨识阶段）成功后，充电机应能正确进入充电阶段。d）通信中断后，当充电机再次充电时，必须重新插拔充电连接装置。e）充电结束后，达到解锁条件，车辆插头电子锁应能正确解锁。

2）开关 S 断开测试

对供电设备进行开关 S 断开测试的测试编号为 D0.4502，目的是在充电过程中，检查充电机在开关 S 断开时是否能停止充电。测试方法及步骤如下：

① 使电子锁失效后进行测试。

② 在正常充电过程中，模拟开关 S 由闭合变为断开，检查该阶段通信状态、充电状态、K1 和 K2 状态、K3 和 K4 状态。

判定供电设备开关 S 断开测试合格的标准：充电中出现该故障，充电机中止充电过程应符合国标 GB/T 18487.1—2015 中 B.3.7.4 的规定，且有报警提示。

3）车辆接口断开测试

对供电设备进行车辆接口断开测试的测试编号为 D0.4503，目的是在充电过程中，检查充电机在车辆接口断开时是否能停止充电。测试方法及步骤如下：在正常充电过程中，模拟车辆接口断开，即车辆接口 CC1 断线，检查该阶段通信状态、充电状态、K1 和 K2 状态、K3 和 K4 状态、车辆接口锁止状态。

判定供电设备车辆接口断开测试合格的标准：a）充电中出现该故障，充电机中止充电过程应符合国标 GB/T 18487.1—2015 中 B.3.7.5 的规定。b）充电机发送中止充电报文中的结束充电原因应符合实际动作情况，且有报警提示。c）充电结束后，达到解锁条件，车辆插头电子锁应能正确解锁（需注意的是充电中出现该故障，充电机在 100ms 内发送中止充电报文并断开 K1 和 K2，K3 和 K4 应在充电机发送统计报文且收到车辆统计报文后断开）。

4）输出电压超过车辆允许值测试

对供电设备进行输出电压超过车辆允许值测试的测试编号为 D0.4504，目的是在充电过程中，检查充电机输出电压大于车辆最高允许充电总电压时是否能停止充电。测试方法及步骤如下：在正常充电过程中，使充电直流回路电压高于车辆最高允许充电总电压，检查该阶段通信状态、充电状态、K1 和 K2 状态、K3 和 K4 状态以及车辆接口锁止状态。

判定供电设备输出电压超过车辆允许值测试合格的标准：a）充电中出现该故障，充电机中止充电过程应符合国标 GB/T 18487.1—2015 中 B.3.7.6 的规定。b）充电机发送中止充电报文中的结束充电原因应符合实际动作情况，且有报警提示。c）充电结束后，达到解锁条件，车辆插头电子锁应能正确解锁。

5）绝缘故障测试

对供电设备进行绝缘故障测试的测试编号为 D0.2501，目的是检查充电前充电机检测到绝缘水平下降至要求值以下时是否允许充电。测试方法及步骤如下：

① 在绝缘检测前，选择如下测试电阻 $R_t$（使用的测试电阻的精度为±3%），分别在充电直流回路 DC+与 PE 之间或 DC−与 PE 之间进行非对称绝缘测试、DC+与 PE 之间和 DC−与 PE 之间进行对称绝缘测试，测试电压为充电机的额定输出电压。

a）设置 $100Ω/V<R_t≤500Ω/V$，检查该阶段是否有绝缘异常提示，是否允许充电。

b）设置 $R_t≤100Ω/V$，检查该阶段是否有绝缘故障报警，是否允许充电。

② 绝缘检测完成后，检查泄放过程中充电接口电压降到 DC60V 以下的时间、K1 和 K2 状态。

③ 检查该阶段车辆接口的锁止状态。

判定供电设备绝缘故障测试合格的标准：a）充电机绝缘检测应符合国标 GB/T 18487.1—2015 中 B.4.1 和 B.4.2 的规定。b）绝缘检测完成后，泄放过程应符合国标 GB/T 18487.1—2015 中 B.4.2 的规定。c）当绝缘故障时，达到解锁条件，车辆插头电子锁应能正确解锁。

6）保护接地导体连续性丢失测试

对供电设备进行保护接地导体连续性丢失测试的测试编号为 D0.4505，目的是在充电过程中，检查充电机在失去保护接地导体电气连续性时是否能停止充电。测试方法及步骤如下：在正常充电过程中，模拟断开车辆接口 PE 线，检查该阶段充电状态、K1 和 K2 状态、车辆接口锁止状态。

判定供电设备保护接地导体连续性丢失测试合格的标准：a）充电中出现该故障，充电机中止充电过程应符合国标 GB/T 18487.1—2015 中 5.2.1.2 的规定。b）充电机发送中止充电报文中的结束充电原因应符合实际动作情况，且有报警提示。c）充电结束后，达到解锁条件，车辆插头电子锁应能正确解锁。

7）其他充电故障测试

对供电设备进行其他充电故障测试的测试编号为 D0.4506，目的是在充电过程中，检查充电机在出现不能继续充电故障或交流电源停电时是否能停止充电。测试方法及步骤如下：

① 在正常充电过程中，分别模拟出现不能继续充电故障和交流电源停电，检查该阶段通信状态、充电状态、K1 和 K2 状态、K3 和 K4 状态、车辆接口锁止状态。

② 交流电源停电测试结束后，保持充电用连接装置处于完全连接状态，恢复

对被测充电机的交流供电，检查该阶段通信状态、充电状态、K1 和 K2 状态、K3 和 K4 状态、车辆接口锁止状态。

判定供电设备其他充电故障测试合格的标准：a）充电中出现不能继续充电故障时，充电机中止充电过程应符合国标 GB/T 18487.1—2015 中 B.3.7.1 的规定，充电机发送中止充电报文中的结束充电原因应符合实际动作情况，且有报警提示。b）充电中发生交流电源停电时，充电机中止充电过程应符合国标 GB/T 18487.1—2015 中 B.4.3 的规定，恢复供电后充电机应不能继续本次充电且不能发送停电前的充电阶段报文。c）充电结束后，达到解锁条件，车辆插头电子锁应能正确解锁（需要注意的是充电中出现不能继续充电故障时，充电机在 100ms 内发送中止充电报文并断开 K1 和 K2，K3 和 K4 应在充电机发送统计报文且收到车辆统计报文后断开）。

（5）充电控制输出测试

充电控制输出测试包括输出电压控制误差测试、输出电流控制误差测试、输出电流调整时间测试、输出电流停止速率测试、冲击电流测试和控制导引电压限值测试。

1）输出电压控制误差测试

对供电设备进行输出电压控制误差测试的测试编号为 D0.4101，测试目的是为了检查非车载充电机输出电压是否满足电动汽车充电需求。测试方法及步骤如下：

① 充电机设置在恒压状态下运行，在正常充电过程中，利用车辆 BMS 模拟软件发送的"电池充电需求"，设置充电电压需求值 $U_0$ 在充电机输出电压上限、下限范围内，稳定输出后利用测试仪器分别测量实际输出电压 $U_M$。

② 测得的输出电压控制误差计算公式为

$$\Delta U = U_M - U_0 \tag{5-1}$$

式中，$U_0$ 为 BMS 设定的充电电压需求值；$U_M$ 为充电机实际输出电压测量值；$\Delta U$ 为充电机输出电压控制误差。

判定供电设备输出电压控制误差测试合格的标准：输出电压控制误差不应超过±1%。

2）输出电流控制误差测试

对供电设备进行输出电流控制误差测试的测试编号为 D0.4102，目的是检查充电机输出电流是否满足车辆充电需求。测试方法及步骤如下：

① 充电机设置在恒流状态下运行，在正常充电过程中，利用车辆 BMS 模拟软件发送的"电池充电需求"，设置充电电流需求值 $I_0$ 在被测充电机输出电流上限、下限范围内，稳定输出后利用测试仪器分别测量实际输出电流 $I_M$。

② 测得的输出电流控制误差计算公式为

$$\Delta I = I_M - I_0 \tag{5-2}$$

式中，$I_0$ 为 BMS 设定的充电电流需求值；$I_M$ 为充电机实际输出电流测量值；$\Delta I$ 为充电机输出电流控制误差。

判定供电设备其他充电故障测试合格的标准：a）低于 50A 时，电流控制误差不应超过 ±1.5A；b）大于 50A 时，电流控制误差不应超过 ±3%。

3）输出电流调整时间测试

对供电设备进行输出电流调整时间测试的测试编号为 D0.4103，目的是检查充电机是否能在规定时间内响应 BMS 充电电流需求。测试方法及步骤如下：

① 充电机设置在恒流状态下运行，在正常充电过程中，利用车辆 BMS 模拟软件发送的"电池充电需求"，设置充电电流需求值 $I$ 在被测充电机输出电流上限、下限范围内，当 BMS 发送的充电电流需求值从 $I_0$ 调整至目标值 $I_N$ 时，如图 5-5 所示，利用测试仪器测量电流到达目标值时的间隔时间。

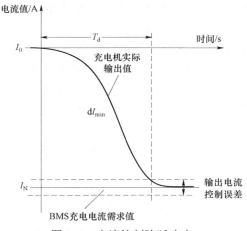

图 5-5　电流控制阶跃响应

② 调整充电电压在被测充电机输出电压上限、下限范围内，重复以上步骤。

③ 输出电流调整时间应满足公式（5-3）：

$$T_d \leqslant \frac{|I_N - I_0|}{dI_{\min}} \tag{5-3}$$

式中，$I_N$ 为 BMS 设定的充电电流需求目标值；$I_0$ 为 BMS 设定的充电电流需求当前值；$dI_{\min}$ 为最小充电速率，20A/s；$T_d$ 为充电机输出电流调整时间。

判定供电设备输出电流调整时间测试合格的标准：a）输出电流调整时间不应

超过表 5–5 的要求。b）输出电流目标值的控制误差应符合输出电流控制误差测试中的规定。

表 5–5　输出电流调整时间要求

| 电流变化值 $\Delta I/\mathrm{A}$ | 下降调整时间/s |
|---|---|
| ≤20 | 1 |
| >20 | $\Delta I/20$[①] |

① 电流变化值 $\Delta I$ 为 $|I_\mathrm{N}-I_0|$。

4）输出电流停止速率测试

对供电设备进行输出电流停止速率测试的测试编号为 D0.5101，目的是检查充电机在满足充电结束条件或收到充电中止报文时输出电流的停止速率。

主动中止充电测试方法及步骤如下：

① 在正常充电过程中，主动实施停止充电指令，记录充电机发送"充电机中止充电"时刻 $T_\mathrm{S}$，并利用测试仪器测量当前实际输出电流值。

② 充电结束过程，记录从"充电机中止充电"报文发出至直流输出电流降至 5A 的时刻 $T_\mathrm{S}'$，计算输出电流停止速率。

被动中止充电测试方法及步骤如下：

① 在正常充电过程中，利用车辆 BMS 模拟软件发送"BMS 中止充电"，记录当前时刻 $T_\mathrm{S}$，并利用测试仪器测量实际输出电流值。

② 充电结束过程，记录从"BMS 中止充电"报文发出至直流输出电流降至 5A 的时刻 $T_\mathrm{S}'$，计算输出电流停止速率。

判定供电设备输出电流停止速率测试的测试合格的标准：输出电流停止速率应不小于 100A/s。

5）冲击电流测试

对供电设备进行冲击电流测试的测试编号为 D0.3101，目的是检查充电机在充电准备就绪阶段当闭合接触器 K1 和 K2 时，从车辆到充电机或者充电机到车辆的冲击电流是否满足要求。测试方法及步骤如下：在充电准备就绪阶段时，利用车辆 BMS 模拟软件与其正常通信，模拟正常的车辆端电池电压并闭合 K5 和 K6，利用测量仪器测量被测充电机在闭合接触器 K1 和 K2 时，从车辆到充电机或者充电机到车辆产生的冲击电流。

判定供电设备冲击电流测试合格的标准：冲击电流应符合国标 GB/T 18487.1—2015 中 9.7 的规定。

6）控制导引电压限值测试

对供电设备进行控制导引电压限值测试的测试编号为 D0.6002，目的是检查充电机对检测点 1 的电压值的判断和响应是否正确。

限值内测试方法及步骤如下：

① 车辆接口完全连接后，通过调整车辆控制器模拟盒内等效电阻 $R_4$，使检测点 1 的电压值在标称值误差范围内，启动充电，检查该阶段通信状态、充电状态、K1 和 K2 状态。

② 在正常充电过程中，通过调整车辆控制器模拟盒内等效电阻 $R_4$，使检测点 1 的电压值在标称值误差范围内，检查该阶段通信状态、充电状态、K1 和 K2 状态。

超限值测试方法及步骤如下：

① 车辆接口完全连接后，通过调整车辆控制器模拟盒内等效电阻 $R_4$，使检测点 1 的电压值在标称值误差范围外，启动充电，检查该阶段通信状态、充电状态、K1 和 K2 状态。

② 在正常充电过程中，通过调整车辆控制器模拟盒内等效电阻 $R_4$，使检测点 1 的电压值在标称值误差范围外，检查该阶段通信状态、充电状态、K1 和 K2 状态。

车端电阻最值测试方法及步骤如下：

车辆接口完全连接后，将车辆控制器模拟盒内等效电阻 $R_4$ 分别设置在国标 GB/T 18487.1—2015 中表 B.1 规定的最大值和最小值，启动充电，检查该阶段通信状态、充电状态、K1 和 K2 状态。

判定供电设备控制导引电压限值测试合格的标准：a）在充电前或充电过程中，当检测点 1 的电压值在对应状态下标称值误差范围内时，充电机应允许充电或正常充电。b）在充电前或充电过程中，当检测点 1 的电压值超过对应状态下标称值误差范围时，充电机应不允许充电或停止充电。c）充电机发送中止充电报文中的结束充电原因应符合实际动作情况，且有报警提示。

2. 供电设备交流充电互操作性测试

（1）测试系统

供电设备（交流充电）互操作性测试系统结构如图 5-6 所示，系统包括交流电源、车辆控制器模拟盒、主控机、负载以及测试仪器。待测交流充电桩的输入侧连接交流电源，输出侧通过供电插头或车辆插座与车辆控制器模拟盒相连。测试仪器采集交流充电桩的输入输出参数，并上传至主控机。主控机用于控制车辆控制器模拟盒进行整个测试。

供电设备（交流充电）互操作性测试系统可以利用车辆控制器模拟盒测试交流充电桩的充电控制过程、异常充电状态以及连接控制时序等状态，将充电桩设置在额定负载状态下运行，测试条件包含充电系统额定工况和参数公差范围外的失效测试两种。

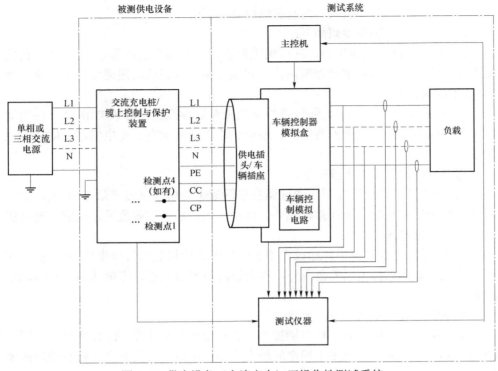

图 5-6 供电设备（交流充电）互操作性测试系统

供电设备（交流充电）互操作性测试系统的控制导引电路应符合国标 GB/T 18487.1—2015 中 A.1 的规定。对于测试点有如下几点要求与说明：

① 检测点 1 的电压值是指供电接口（连接方式 A）或车辆接口（连接方式 B 或连接方式 C）CP 与 PE 之间的电压值。

② PWM 信号是指供电接口（连接方式 A）或车辆接口（连接方式 B 或连接方式 C）CP 与 PE 之间的 PWM 信号占空比、频率、上升时间、下降时间。

③ 检测点 4 的电压值是指供电接口（连接方式 A 或连接方式 B）CC 与 PE 之间的电压值。

④ 开关 $S_2$ 状态：测量 CP 与 PE 之间电压变化，判断开关 $S_2$ 开合状态。

⑤ 连接状态：检查充电桩是否提示供电接口处于未连接状态或已连接状态。

⑥ 充电状态：检查充电桩是否允许充电或正常充电；如正常充电，测量当前交流供电回路中的电压值和电流值。

⑦ 锁止状态：对于充电电流大于 16A 的充电桩，检查供电接口的机械锁止状态和电子锁止状态。通过检查检测点 1 电压值，并施加国标 GB/T 20234.1—2015 中 6.3.2 规定的拔出外力，判断机械锁止装置的有效性。通过检查电子锁反馈信号

变化和机械锁是否能操作，判断电子锁止装置对机械锁止装置的联锁效果。

⑧ 解锁条件：对于充电电流大于 16A 且采用连接方式 A 或连接方式 B 的充电桩，如果供电接口锁止装置无须用户授权触发，应在停止充电（交流供电回路切断）或不允许充电（开关 $S_1$ 切换到+12V 连接状态且不闭合交流供电回路）100ms 后 5s 内解锁；如果供电接口锁止装置由用户授权触发，则只有满足停止或不允许充电条件及再次获得用户的授权两个条件，方能解锁。

⑨ 故障计时起点：故障发生时刻起同步计时。

（2）充电控制状态测试

充电控制状态测试包括连接确认测试、充电准备就绪测试、启动和充电阶段测试和正常充电结束测试。

1）连接确认测试

对供电设备进行连接确认测试的测试编号为 A1.1001 或 I1.1001，目的是检查充电桩是否能通过测量检测点 1 或检测点 4 的电压值来判断供电插头与供电插座的连接状态，并进入对应的充电状态。测试方法及步骤如下：

① 检测点 1 测试

对于模拟具备开关 $S_2$ 的车辆，进行如下测试：

a）状态 1：充电连接装置未连接，将充电桩上电，检查检测点 1 的电压值、连接状态、充电状态。

b）状态 2：充电连接装置连接，检查检测点 1 的电压值、连接状态、充电状态。

c）状态 2′：充电连接装置完全连接，启动充电，检查检测点 1 的电压值、PWM 信号、连接状态、充电状态。

d）对于充电电流大于 16A 且采用连接方式 A 或连接方式 B 的充电桩，检查该阶段供电接口锁止状态。

对于模拟不配置开关 $S_2$（或开关 $S_2$ 为常闭状态）的车辆，进行如下测试：

a）状态 1：充电连接装置未连接，将充电桩上电后，检查检测点 1 的电压值、连接状态、充电状态。

b）状态 3：充电连接装置连接，检查检测点 1 的电压值、连接状态、充电状态。

c）状态 3′：充电连接装置完全连接，启动充电，检查检测点 1 的电压值、PWM 信号、连接状态、充电状态。

d）对于充电电流大于 16A 且采用连接方式 A 或连接方式 B 的充电桩，检查该阶段供电接口锁止状态。

② 检测点 4 测试：只对充电连接方式 B 进行

a）状态 1：充电连接装置未连接，将充电桩上电，检查检测点 4 的电压值、连接状态、充电状态。

b）状态 2：充电连接装置连接，检查检测点 4 的电压值、连接状态、充电状态。

c）状态 2′：充电连接装置完全连接，启动充电，检查检测点 4 的电压值、连接状态、充电状态。

d）对于充电电流大于 16A 的充电桩，检查该阶段供电接口锁止状态。

判定供电设备连接确认测试合格的标准：a）充电连接确认应符合国标 GB/T 18487.1—2015 中 A.3.2 和 A.3.4 的规定。b）在充电接口连接过程中，检测点 1 的电压值、PWM 信号、检测点 4 的电压值及充电状态应符合表 5-6 的规定。c）对于充电电流大于 16A 且采用连接方式 A 或连接方式 B 的充电桩，在充电连接装置完全连接后交流供电回路导通前，供电接口电子锁应可靠锁止。

表 5-6　供电设备（交流充电）检测点及相关状态测试要求

| 状态 | 检测点 1 的电压值/V | | | 检测点 4 的电压值/V | PWM 信号频率/Hz | | | 上升时间/μs | 下降时间/μs | 可否充电 |
|---|---|---|---|---|---|---|---|---|---|---|
| | 标称值 | 最大值 | 最小值 | | 标称值 | 最大值 | 最小值 | 最大值 | 最大值 | |
| 状态 1 | +12 | +12.8 | +11.2 | ≠0 | — | — | — | — | — | 否 |
| 状态 1′ | +12 | +12.8 | +11.2 | ≠0 | 1000 | 1030 | 970 | 10 | 13 | 否 |
| | −12 | −11.4 | −12.6 | ≠0 | | | | | | |
| 状态 2 | +9 | +9.8 | +8.2 | 0 | — | — | — | — | — | 否 |
| 状态 2′ | +9 | +9.8 | +8.2 | 0 | 1000 | 1030 | 970 | 10 | 13 | 否 |
| | −12 | −11.4 | −12.6 | 0 | | | | | | |
| 状态 3 | +6 | +6.8 | +5.2 | 0 | — | — | — | — | — | 否 |
| 状态 3′ | +6 | +6.8 | +5.2 | 0 | 1000 | 1030 | 970 | 7 | 13 | 可 |
| | −12 | −11.4 | −12.6 | 0 | | | | | | |

2）充电准备就绪测试

对供电设备进行充电准备就绪测试的测试编号为 A1.3001 或 I1.3001，目的是检查充电桩在检测到车辆准备就绪时是否能启动充电。测试方法及步骤如下：

a）状态 2′：模拟闭合开关 $S_2$，检查检测点 1 的电压值、PWM 信号、充电状态。

b）对于充电电流大于 16A 且采用连接方式 A 或连接方式 B 的充电桩，检查该阶段供电接口锁止状态。

判定供电设备充电准备就绪测试合格的标准：

a）充电准备就绪应符合国标 GB/T 18487.1—2015 中 A.3.6 的规定。

b）对于充电电流大于 16A 且采用连接方式 A 或连接方式 B 的充电桩，交流供电回路导通前，供电接口电子锁应可靠锁止定。

3）启动和充电阶段测试

对供电设备进行启动和充电阶段测试的测试编号为 A1.4001 或 I1.4001，目的是在充电过程中，检查充电桩是否能通过 PWM 信号占空比告知其最大可供电能力。测试方法及步骤如下：

a）状态 3′：在正常充电过程中，检查检测点 1 的 PWM 信号、充电状态。

b）调整负载，对于具备可调节占空比功能的充电桩，分别设置输出占空比在 5%、10%，其最大供电电流对应的占空比，检查该阶段充电状态；对于不可调节占空比功能的充电桩，设置输出占空比在其最大供电电流对应的占空比，检查该阶段充电状态。

c）对于充电电流大于 16A 且采用连接方式 A 或连接方式 B 的充电桩，检查该阶段供电接口锁止状态。

判定供电设备启动和充电阶段测试合格的标准：

a）启动和充电阶段应符合国标 GB/T 18487.1—2015 中 A.3.7 和 A.3.8 的规定。

b）在充电阶段，检测点 1 的电压值、PWM 信号、充电状态应符合表 5-6 的规定。

c）充电桩产生的占空比与充电电流限值关系应符合国标 GB/T 18487.1—2015 中表 A.1 的规定。

d）对于不同充电模式的充电桩，其最大充电电流应符合国标 GB/T 18487.1—2015 中 5.1 的相应规定。

e）充电桩输出占空比应不超过其最大可供电能力。

f）对于充电电流大于 16A 且采用连接方式 A 或连接方式 B 的充电桩，该阶段供电接口电子锁应可靠锁止。

4）正常充电结束测试

对供电设备进行正常充电结束测试的测试编号为 A1.5001 或 I1.5001，目的是检查充电桩在满足充电结束条件或收到车辆停止充电指令时是否正常充电结束。

① 主动中止充电测试方法及步骤如下：

a）状态 3′：在正常充电过程中，模拟充电桩达到设定的充电终止条件，并分别模拟在 3s 内和超过 3s（含）断开开关 $S_2$，检查该阶段检测点 1 的电压值、PWM 信号、充电状态。

b）对于充电电流大于 16A 且采用连接方式 A 或连接方式 B 的充电桩，检查该阶段供电接口锁止状态。

② 被动中止充电测试方法及步骤如下：

a）状态 3′：在正常充电过程中，模拟将充电电流减小至最低（<1A）然后断开开关 $S_2$，检查该阶段检测点 1 的电压值、PWM 信号、充电状态。

b）对于充电电流大于 16A 且采用连接方式 A 或连接方式 B 的充电桩，检查该阶段供电接口锁止状态。

判定供电设备正常充电结束测试合格的标准：a）充电桩正常充电结束过程应符合国标 GB/T 18487.1—2015 中 A.3.9.2 的规定。b）充电结束后，对于充电电流大于 16A 且采用连接方式 A 或连接方式 B 的充电桩，达到解锁条件，供电接口电子锁应能正确解锁。

（3）充电连接控制时序测试

对供电设备进行充电连接控制时序测试的测试编号为 A1.6001 或 I1.6001，目的是检查充电桩充电连接控制过程和间隔时间是否满足要求。测试方法及步骤如下：利用车辆控制器模拟盒与被测充电桩进行通信，模拟充电接口连接状态、电池等，检查充电连接控制过程中检测点 1 的电压值、PWM 信号、充电状态、供电接口锁止状态（对于充电电流大于 16A 且采用连接方式 A 或连接方式 B）、充电状态转换的间隔时间。

判定供电设备充电连接控制时序测试合格的标准：充电桩充电连接控制时序应符合国标 GB/T 18487.1—2015 中 A.4 和 A.5 的规定。

（4）充电异常状态测试

充电异常状态测试包括 CC 断线测试、CP 断线测试、CP 接地测试、保护接地导体连续性丢失测试、输出过流测试和断开开关 $S_2$ 测试。

1）CC 断线测试

对供电设备进行 CC 断线测试的测试编号为 A1.3501 或 I1.3501，目的是在充电前和充电中，分别检查充电桩在供电接口 CC 断线时是否能停止充电。

只对连接方式 A 和连接方式 B 进行的测试方法及步骤如下：

a）状态 2′：模拟断开供电接口 CC 线，检查该阶段检测点 1 的电压值、PWM 信号、充电状态；对于充电电流大于 16A 的充电桩，检查该阶段供电接口锁止状态。

b）状态 3′：在正常充电过程中，模拟断开供电接口 CC 线，检查该阶段检测点 1 的电压值、PWM 信号、充电状态；对于充电电流大于 16A 的充电桩，检查该阶段供电接口锁止状态。

判定供电设备 CC 断线测试合格的标准：

a）充电前出现该故障，充电桩中止充电过程应符合国标 GB/T 18487.1—2015 中 A.3.10.9 的规定；充电结束后，对于充电电流大于 16A 的充电桩，达到解锁条件，供电接口电子锁应能正确解锁。

b）充电中出现该故障，充电桩中止充电过程应符合国标 GB/T 18487.1—2015 中 A.3.10.5 的规定；充电结束后，对于充电电流大于 16A 的充电桩，达到解锁条件，供电接口电子锁应能正确解锁。

2）CP 断线测试

对供电设备进行 CP 断线测试的测试编号为 A1.3502 或 I1.3502，目的是在充电前和充电中，分别检查充电桩在 CP 断线时是否能停止充电。测试方法及步骤如下：

a）状态 2′：模拟断开供电接口（连接方式 A）或车辆接口（连接方式 B 或连接方式 C）CP 线，检查该阶段检测点 1 的电压值、PWM 信号、充电状态；对于充电电流大于 16A 且采用连接方式 A 或连接方式 B 的充电桩，检查该阶段供电接口锁止状态。

b）状态 3′：在正常充电过程中，模拟断开供电接口（连接方式 A）或车辆接口（连接方式 B 或连接方式 C）CP 线，检查该阶段检测点 1 的电压值、PWM 信号、充电状态；对于充电电流大于 16A 且采用连接方式 A 或连接方式 B 的充电桩，检查该阶段供电接口锁止状态。

判定供电设备 CP 断线测试合格的标准：

a）充电前出现该故障，充电桩中止充电过程应符合国标 GB/T 18487.1—2015 中 A.3.10.9 的规定；充电结束后，对于充电电流大于 16A 且采用连接方式 A 或连接方式 B 的充电桩，达到解锁条件，供电接口电子锁应能解锁。

b）充电中出现该故障，充电桩中止充电过程应符合国标 GB/T 18487.1—2015 中 A.3.10.4 的规定；充电结束后，对于充电电流大于 16A 且采用连接方式 A 或连接方式 B 的充电桩，达到解锁条件，供电接口电子锁应能正确解锁。

3）CP 接地测试

对供电设备进行 CP 接地测试的测试编号为 A1.4501 或 I1.4501，目的是在充电前和充电中，分别检查充电桩在 CP 接地时是否能停止充电。测试方法及步骤如下：

a）状态 2′：利用 120Ω 电阻将供电接口（连接方式 A）或车辆接口（连接方式 B 或连接方式 C）CP 线接地，检查该阶段检测点 1 的电压值、PWM 信号、K1 和 K2 状态、充电状态；对于充电电流大于 16A 且采用连接方式 A 或连接方式 B 的充电桩，检查该阶段供电接口锁止状态。

b）状态 3′：在正常充电过程中，利用 120Ω 电阻将供电接口（连接方式 A）或车辆接口（连接方式 B 或连接方式 C）CP 线接地，检查该阶段检测点 1 的电压值、PWM 信号、K1 和 K2 状态、充电状态；对于充电电流大于 16A 且采用连接方式 A 或连接方式 B 的充电桩，检查该阶段供电接口锁止状态。

判定供电设备 CP 接地测试合格的标准：

a）充电前出现该故障,充电桩中止充电过程应符合国标 GB/T 18487.1—2015 中 A.3.10.9 的规定；充电结束后,对于充电电流大于 16A 且采用连接方式 A 或连接方式 B 的充电桩,达到解锁条件,供电接口电子锁应能解锁。

b）充电中出现该故障,充电桩充电中止过程应符合国标 GB/T 18487.1—2015 中 A.3.10.4 的规定；充电结束后,对于充电电流大于 16A 且采用连接方式 A 或连接方式 B 的充电桩,达到解锁条件,供电接口电子锁应能正确解锁。

4）保护接地导体连续性丢失测试

对供电设备进行保护接地导体连续性丢失测试的测试编号为 A1.4502 或 I1.4502,目的是在充电过程中,检查充电桩在失去保护接地导体电气连续性时是否能停止充电。测试方法及步骤如下：

a）状态 3′：在正常充电过程中,模拟断开供电接口（连接方式 A）或车辆接口（连接方式 B 或连接方式 C）PE 线,检查该阶段检测点 1 的电压值、PWM 信号、充电状态。

b）对于充电电流大于 16A 且采用连接方式 A 或连接方式 B 的充电桩,检查该阶段供电接口锁止状态。

判定供电设备保护接地导体连续性丢失测试合格的标准：a）充电中出现该故障,充电桩中止充电过程应符合国标 GB/T 18487.1—2015 中 5.2.1.2 的规定。b）充电结束后,对于充电电流大于 16A 且采用连接方式 A 或连接方式 B 的充电桩,达到解锁条件,供电接口电子锁应能正确解锁。

5）输出过流测试

对供电设备进行输出过流测试的测试编号为 A1.4503 或 I1.4503,目的是在充电过程中,检查充电桩在输出过流时是否能停止充电。测试方法及步骤如下：

状态 3′：在正常充电过程中,根据充电桩提供的最大供电电流能力,选择进行如下测试：

当充电桩输出的 PWM 信号对应的最大供电电流≤20A 时,模拟充电电流超过充电桩最大供电电流+2A,并保持 5s,检查该阶段检测点 1 的 PWM 信号、充电状态。

当充电桩输出的 PWM 信号对应的最大供电电流＞20A 时,模拟充电电流超过充电桩最大供电电流的 1.1 倍,并保持 5s,检查该阶段检测点 1 的 PWM 信号、充电状态、供电接口锁止状态。

判定供电设备输出过流测试合格的标准：a）充电中出现该故障,充电桩中止充电过程应符合国标 GB/T 18487.1—2015 中 A.3.10.7 的规定。b）充电结束后,对于充电电流大于 16A 且采用连接方式 A 或连接方式 B 的充电桩,达到解锁条件,供电接口电子锁应能正确解锁。

6）断开开关 $S_2$ 测试

对供电设备进行断开开关 $S_2$ 测试的测试编号为 A1.4504 或 I1.4504，目的是在充电过程中，检查充电桩在开关 $S_2$ 断开时是否能停止充电。测试方法及步骤如下：

a）状态 3′：在正常充电过程中，模拟断开开关 $S_2$（状态 2′），检查该阶段检测点 1 的 PWM 信号、充电状态；对于充电电流大于 16A 且采用连接方式 A 或连接方式 B 的充电桩，检查该阶段供电接口锁止状态。

b）对可设定 PWM 保持时间的充电桩继续测试，保持充电连接装置完全连接（状态 2′），在其设定时间内重新闭合开关 $S_2$，检查该阶段充电状态；对于充电电流大于 16A 且采用连接方式 A 或连接方式 B 的充电桩，检查该阶段供电接口锁止状态。

判定供电设备正常充电结束测试合格的标准：a）充电中出现该情况，充电桩中止充电过程应符合国标 GB/T 18487.1—2015 中 A.3.10.8 的规定；充电结束后，对于充电电流大于 16A 且采用连接方式 A 或连接方式 B 的充电桩，达到解锁条件，供电接口电子锁应能正确解锁。b）对可设定 PWM 保持时间的充电桩，在其设定时间内重新闭合开关 $S_2$ 时，检查充电桩应能导通交流供电回路；重新充电时，对于充电电流大于 16A 且采用连接方式 A 或连接方式 B 的充电桩，供电接口电子锁应能可靠锁止。

（5）充电控制输出测试

充电控制输出测试中主要进行的是 CP 回路电压限值测试。对供电设备进行 CP 回路电压限值测试的测试编号为 A1.6002 或 I1.6002，目的是检查充电桩对检测点 1 的电压值的判断和响应是否正确。测试方法及步骤如下：

① 限值内测试

a）状态 2：通过调整车辆控制器模拟盒内等效电阻 $R_3$ 和等效二极管压降 $U_{d1}$，使检测点 1 的正电压值在标称值误差范围内，启动充电，检查该阶段检测点 1 的 PWM 信号、连接状态、充电状态。

b）状态 3′：在正常充电过程中，通过调整车辆控制器模拟盒内等效电阻 $R_2$ 和 $R_3$、等效二极管压降 $U_{d1}$，使检测点 1 的正电压值在标称值误差范围内，检查该阶段检测点 1 的 PWM 信号、充电状态。

② 超限值测试

a）状态 2：通过调整车辆控制器模拟盒内等效电阻 $R_3$ 和等效二极管压降 $U_{d1}$，使检测点 1 的正电压值在标称值误差范围外，启动充电，检查该阶段检测点 1 的 PWM 信号、连接状态、充电状态。

b）状态 3′：在正常充电过程中，通过调整车辆控制器模拟盒内等效电阻 $R_2$ 和 $R_3$、等效二极管压降 $U_{d1}$，使检测点 1 的正电压值在标称值误差范围外，检查该阶段检测点 1 的 PWM 信号、充电状态。

③ 车端电阻最值测试

a) 状态 1：将车辆控制器模拟盒内等效电阻 $R_2$ 和 $R_3$、等效二极管压降 $U_{d1}$ 都分别设置在国标 GB/T 18487.1—2015 中表 A.5 规定的最大值和最小值，连接被测充电桩，启动充电，检查该阶段检测点 1 的 PWM 信号、连接状态、充电状态。

b) 被测充电桩准备就绪后，模拟闭合开关 $S_2$，检查该阶段检测点 1 的 PWM 信号、连接状态、充电状态。

判定供电设备 CP 回路电压限值测试合格的标准：a) 在充电前或充电过程中，当检测点 1 的正电压值在对应状态下标称值误差范围内，充电桩应允许充电或正常充电。b) 在充电前或充电过程中，当检测点 1 的正电压值超过对应状态下标称值误差范围时，充电桩应不允许充电或停止充电。

④ 主动中止充电

a) 状态 3′：在正常充电过程中，模拟充电桩达到设定的充电终止条件，并分别模拟在 3s 内和超过 3s（含）断开开关 $S_2$，检查该阶段检测点 1 的电压值、PWM 信号、充电状态。

b) 对于充电电流大于 16A 且采用连接方式 A 或连接方式 B 的充电桩，检查该阶段供电接口锁止状态。

⑤ 被动中止充电

a) 状态 3′：在正常充电过程中，模拟将充电电流减小至最低（<1A）然后断开开关 $S_2$，检查该阶段检测点 1 的电压值、PWM 信号、充电状态。

b) 对于充电电流大于 16A 且采用连接方式 A 或连接方式 B 的充电桩，检查该阶段供电接口锁止状态。

判定供电设备正常充电结束测试合格的标准：

a) 充电桩正常充电结束过程应符合国标 GB/T 18487.1—2015 中 A.3.9.2 的规定。

b) 充电结束后，对于充电电流大于 16A 且采用连接方式 A 或连接方式 B 的充电桩，达到解锁条件，供电接口电子锁应能正确解锁。

### 5.2.3 车辆互操作性测试

车辆互操作性测试的对象为采用国标 GB/T 20234.2—2015 和/或 GB/T 20234.3—2015 传导充电接口的电动汽车。通过对测试对象按照标准进行直流充电互操作性测试和交流互操作性测试来判断车辆整体的运行状况。

1. 车辆直流充电互操作性测试

（1）测试系统

电动汽车直流充电互操作性测试系统结构如图 5-7 所示，系统包括交流电源、非车载充电机控制器模拟盒、待测车辆、主控机以及测试仪器。待测车辆连接非车载充电机控制器模拟盒的输出端，模拟盒的输入端连接交流电源。交流电源系统利用非车载充电机控制器模拟盒测试电动汽车的充电控制过程、异常充电以及连接控制时序等状态。通过测试仪器采集交流电源输出参数、待测车辆参数、动力电池输入参数等，测试仪器将采集的数据上传至主控机，用于控制非车载充电机控制器模拟盒。系统的测试条件包含充电机的额定工况和参数公差范围外的失效测试。

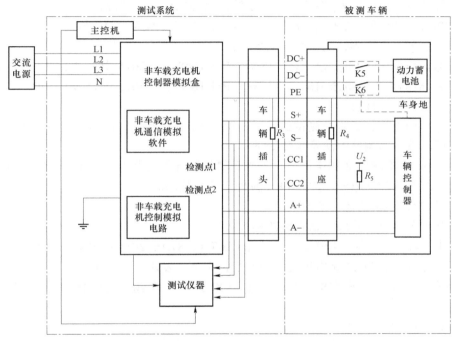

图 5–7　电动汽车直流充电互操作性测试系统

（2）充电控制过程测试

充电控制状态测试包括车辆充电与行驶互锁测试、连接确认测试、自检阶段测试、充电准备就绪测试、充电阶段测试和正常充电结束测试。

1）车辆充电与行驶互锁测试

对车辆进行充电与行驶互锁测试的目的是判断车辆插头与车辆插座插合后，车辆是否处于不可行驶状态。系统的测试方法及步骤如下：

① 在车辆处于驱动系统电源切断状态下，将车辆插头与车辆插座完全插合。

② 检查车辆能否通过其自身的驱动系统移动。

③ 在车辆处于可行驶模式下，将车辆插头与车辆插座完全插合。

④ 重复步骤②。

判定车辆充电与行驶互锁测试合格的标准：车辆不能通过其自身的驱动系统移动。

2）连接确认测试

对车辆进行连接确认测试的目的是判断车辆接口能否完全连接。系统的测试方法及步骤如下：

① 将车辆插头与车辆插座完全插合后，检查检测点 2 的电压值（如果车辆控制导引电路上拉电压 $U_2$ 不使用测试系统提供的低压辅助电源）。

② 将车辆插头与车辆插座完全插合后，检查检测点 1 的电压值。

判定车辆连接确认测试合格的标准：

① 检测点 2 的电压值应符合国标 GB/T 18487.1—2015 中表 B.1 的 $U_{2b}$ 要求。

② 检测点 1 的电压值应符合国标 GB/T 18487.1—2015 中表 B.1 的 $U_{1c}$ 要求。

3）自检阶段测试

对车辆进行自检阶段测试的目的是检查车辆完全连接后，能否进入正确的充电流程。系统的测试方法及步骤如下：

① 检查检测点 2 的电压值，如果车辆控制导引电路上拉电压 $U_2$ 使用测试系统提供的低压辅助电源，K3 和 K4 应处于闭合状态。

② 检查车辆的通信状态。

判定车辆自检阶段测试合格的标准：

① 检测点 2 的电压值应符合国标 GB/T 18487.1—2015 中表 B.1 的 $U_{2b}$ 要。

② 测试系统发送充电机握手报文后，车辆应发送车辆握手报文。

③ 测试系统发送充电机辨识报文（0X00）后，车辆应发送 BMS 和车辆辨识报文。

4）充电准备就绪阶段测试

对车辆进行充电准备就绪阶段测试的目的是检查车辆的充电准备就绪状态。系统的测试方法及步骤如下：

① 车辆和测试系统充电握手后，检查车辆的通信状态。

② 测试系统发送充电机最大输出能力报文后，检查接触器 K5 和 K6 状态，检查车辆的通信状态。

判定车辆充电准备就绪阶段测试合格的标准：

① 测试系统发送充电机辨识报文（0XAA）后，车辆应发送动力蓄电池参数报文。

② K5 和 K6 闭合前，车辆应发送 BMS 充电准备就绪报文（0X00）。

③ K5 和 K6 闭合后，车辆应发送 BMS 充电准备就绪报文（0XAA）。

5）充电阶段测试

对车辆进行充电阶段测试的目的是检查充电起动阶段及充电过程中车辆的通

信状态。系统的测试方法及步骤如下：

① 充电参数配置完成后，检查车辆的通信状态、充电状态。

② 充电过程中，检查车辆发送电池充电需求参数和状态信息的情况。

判定车辆充电阶段测试合格的标准：

① 测试系统发送充电机输出准备就绪报文（0XAA）后，车辆应发送电池充电需求报文和电池充电总状态报文。

② 测试系统发送充电机充电状态报文后，车辆应起动充电。

③ 充电过程中，车辆应实时发送动力蓄电池状态信息报文。

6）正常充电结束测试

对车辆进行正常充电结束测试的目的是检查车辆在正常充电结束条件下的响应。系统的测试方法及步骤如下：

① 充电过程中，车辆达到充电结束条件后，检查车辆的通信状态。

② 检查车辆的充电状态、K5 和 K6 状态。

③ 充电过程中，测试系统发送中止充电报文后，检查车辆的通信状态。

④ 重复步骤②。

判定车辆正常充电结束测试合格的标准：

① 车辆满足充电结束条件后，车辆应发送 BMS 中止充电报文。

② 测试系统发送充电机中止充电报文后，车辆应发送 BMS 统计数据报文。

③ 充电电流小于 5A 后，车辆应断开 K5 和 K6。

（3）充电连接控制时序测试

对车辆进行充电连接控制时序测试的目的是检查车辆充电连接控制时序是否正常。系统的测试方法及步骤如下：

正常充电流程中，检查检测点 1 的电压值、检测点 2 的电压值、K5 和 K6 状态、充电状态、通信状态。

判定车辆充电连接控制时序测试合格的标准：车辆充电连接的状态转换和间隔时间应符合国标 GB/T 18487.1—2015 中 B.5 和 B.6 的规定。

（4）充电异常状态测试

充电异常状态测试是用来测试系统是否能够检测到充电过程中的异常状态，并根据规定进行相应动作。充电异常状态测试包括绝缘故障测试、通信中断测试以及其他充电故障测试。

1）绝缘故障测试

对车辆进行绝缘故障测试的目的是检查车辆的绝缘故障监测功能。系统的测试方法及步骤如下：

① 正常充电过程中，设置充电电流小于 5A。

② 使用测试电阻在车辆充电直流回路 DC+ 与 PE、DC- 与 PE 之间进行绝缘

测试，选择的测试电阻 $R_t$ 分别满足，100Ω/V＜$R_t$≤500Ω/V 和 $R_t$≤100Ω/V。

③ 检查车辆的通信状态、K5 和 K6 状态。

判定车辆绝缘故障测试合格的标准：

① 车辆绝缘故障监测功能应在 100s 内响应，符合国标 GB/T 18487.1—2015 中 B.4.1 的规定。

② $R_t$≤100Ω/V 时，车辆应符合国标 GB/T 18487.1—2015 中 B.3.7.2 的规定。

2）通信中断测试

对车辆进行通信中断测试的目的是检查车辆在通信中断时的响应。系统的测试方法及步骤如下：

① 正常充电过程中，设置充电电流小于 5A。

② 通过设置测试系统的通讯故障（如 S+断线故障、S−断线故障、S+和 S−之间短路故障等）模拟非车载充电机通信超时。

③ 检查车辆的充电状态、K5 和 K6 的状态。

④ 恢复通信，重复步骤③。

⑤ 通过重复三次步骤② 模拟非车载充电机通信中断，重复步骤④。

判定车辆通信中断测试合格的标准：

① 通信超时时车辆应在 10s 内断开 K5 和 K6；通信恢复后，车辆宜重新建立握手连接。

② 通信恢复后，车辆应不能充电。

3）其他充电故障测试

对车辆进行其他充电故障测试的目的是检查车辆在出现不能继续充电故障时的响应。系统的测试方法及步骤如下：

① 正常充电过程中，设置充电电流小于 5A。

② 模拟不能继续充电的车辆故障（由车辆制造厂提供故障类型）。

③ 检查车辆的通信状态、K5 和 K6 的状态。

判定车辆其他充电故障测试合格的标准：车辆应发送 BMS 中止充电报文，K5 和 K6 状态应符合国标 GB/T 18487.1—2015 中 B.3.7.2 的规定。

（5）控制导引电压边界值测试

控制导引电压边界值测试包括检测点 2 边界电压值测试和辅助电源边界电压值测试。

1）检测点 2 边界电压值测试

对车辆进行检测点 2 边界电压值测试的目的是检查车辆在检测点 2 边界电压值时是否正常充电。系统的测试方法及步骤如下：

① 调整测试系统 $R_3$ 电阻值，使检测点 2 的电压值为国标 GB/T 18487.1—2015 中表 B.1 规定的边界值，启动充电。

② 检查车辆的通信状态、充电状态。

判定车辆检测点 2 边界电压值测试合格的标准：车辆应正常启动充电。

2）辅助电源边界电压值测试

对车辆进行辅助电源边界电压值测试的目的是检查车辆在辅助电源边界电压值时是否正常充电（仅适用于需要使用非车载充电机提供低压辅助电源的车辆）。系统的测试方法及步骤如下：

① 调整测试系统辅助电源电压值为规定的边界值后，启动充电。

② 检查车辆的通信状态、充电状态。

判定车辆辅助电源边界电压值测试合格的标准：车辆应正常启动充电。

2. 车辆交流充电互操作性测试

（1）测试系统

电动汽车交流充电互操作性测试系统结构如图 5-8 所示，系统包括交流电源、交流充电桩模拟控制盒、待测车辆、主控机以及测试仪器。待测车辆连接交流充电桩模拟控制盒的输出端，模拟控制盒的输入端连接交流电源。交流电源系统利用交流充电桩控制器模拟盒测试电动汽车的充电控制过程、异常充电状态以及连接控制时序等状态。通过测试仪器采集交流电源输出参数、待测车辆参数、动力电池输入参数等，测试仪器将采集的数据上传至主控机，用于控制交流充电桩模拟控制盒。系统的测试条件包含充电桩的额定工况和参数公差范围外的失效测试。

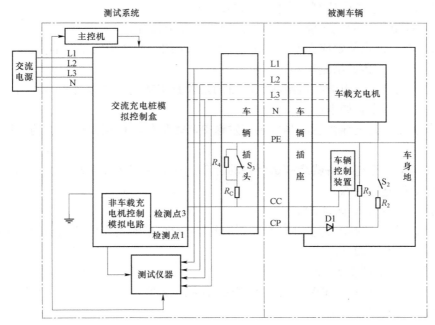

图 5-8　电动汽车交流充电互操作性测试系统

（2）充电控制过程测试

充电控制过程测试包括车辆充电与行驶互锁测试、连接确认测试、充电准备就绪测试、启动及充电阶段测试和正常充电结束测试。

1）车辆充电与行驶互锁测试

对车辆进行充电与行驶互锁测试的目的是判断车辆插头与车辆插座插合后，车辆是否处于不可行驶状态。系统的测试方法及步骤如下：

① 车辆处于驱动系统电源切断状态下，将车辆插头与车辆插座完全插合。

② 检查车辆能否通过其自身的驱动系统移动。

③ 车辆处于可行驶模式下，将车辆插头与车辆插座完全插合。

④ 重复步骤②。

判定车辆充电与行驶互锁测试合格的标准：车辆不能通过其自身的驱动系统移动。

2）连接确认测试

对车辆进行连接确认测试的目的是判断车辆接口能否完全连接。系统的测试方法及步骤如下：

① 将车辆插头与车辆插座完全插合后，检查检测点 3 的电压值。

② 车辆额定充电电流大于 16A 时，重复步骤①，操作车辆插头机械锁，检查电子锁止装置状态。

判定车辆连接确认测试合格的标准：

① 检测点 3 的电压值能判定车辆接口已完全插合。

② 电子锁止装置应在开始供电（K1 和 K2 闭合）前锁定车辆插头。

3）充电准备就绪测试

对车辆进行充电准备就绪测试的目的是检查车辆的充电准备就绪状态。系统的测试方法及步骤如下：

车辆接口完全连接后，测试系统发送 PWM 信号，检查检测点 1 的电压值、充电状态。

判定车辆充电准备就绪测试合格的标准：开关 $S_2$（若车辆配置 $S_2$）应闭合，车辆处于可充电状态。

4）启动及充电阶段测试

对车辆进行启动及充电阶段测试的目的是检查车辆的充电控制功能。系统的测试方法及步骤如下：

① 被测车辆按 5.4.2 进行设置。

② 调整测试系统 PWM 信号占空比，使测试系统供电电流值大于车辆额定充电电流及电缆额定容量。

③ 开关 $S_2$ 闭合后，测试系统启动充电，检查车辆的充电状态。

④ 车辆额定充电电流大于 16A 时，操作车辆插头机械锁，检查电子锁止装置状态。

判定车辆启动及充电阶段测试合格的标准：

① 车辆启动充电，实际充电电流值应符合国标 GB/T 18487.1—2015 中 A.3.7 的规定。

② 充电过程中，电子锁止装置应保持锁止。

5）正常充电结束测试

对车辆进行正常充电结束测试的目的是检查车辆在正常充电结束条件下的响应。系统的测试方法及步骤如下：

① 正常充电过程中，模拟达到车辆设置的充电结束条件或者对车辆实施停止充电的指令。

② 检查检测点 1 的电压值、充电状态。

③ 正常充电过程中，调整测试系统，停止 PWM 输出，切换到+12V 连接状态，重复步骤②。

判定车辆正常充电结束测试合格的标准：车辆停止充电，开关 $S_2$（若车辆配置 $S_2$）断开。

（3）充电连接控制时序测试

对车辆进行充电连接控制时序测试的目的是检查车辆充电连接控制时序是否正常。系统的测试方法及步骤如下：正常充电流程中，检查检测点 1 的电压值、PWM 信号参数、检测点 3 的电压值、充电状态、电子锁止装置状态。

判定车辆充电连接控制时序测试合格的标准：车辆充电连接的状态转换和间隔时间应符合国标 GB/T 18487.1—2015 中 A.4 和 A.5 的规定。

（4）充电异常状态测试

充电异常状态测试包括开关 $S_3$ 断开测试、CC 断路测试和 CP 中断测试。

1）开关 $S_3$ 断开测试

对车辆进行开关 $S_3$ 断开测试的目的是检查车辆在开关 $S_3$ 断开时的响应。系统的测试方法及步骤如下：

正常充电过程中，模拟开关 $S_3$ 由闭合变为断开，检查车辆的充电状态、检测点 1 的电压值。

判定车辆开关 $S_3$ 断开测试合格的标准：车辆应在 1s 内将充电电流减小至最低（＜1A），然后断开开关 $S_2$（若车辆配置 $S_2$）。

2）CC 断路测试

对车辆进行 CC 断路测试的目的是检查车辆在 CC 断路时的响应。系统的测试方法及步骤如下：

分别在充电准备阶段和正常充电过程中，模拟断开车辆接口 CC 连接，检查检测点 1 的电压值、充电状态。

判定车辆 CC 断路测试合格的标准：

① 在充电准备阶段，CC 断路后，车辆应不能闭合开关 $S_2$（若车辆配置 $S_2$），不能进入充电状态。

② 在正常充电过程中，CC 断路后，车辆应在 3s 内停止充电，然后断开开关 $S_2$（若车辆配置 $S_2$）。

3) CP 中断测试

对车辆进行 CP 中断测试的目的是检查车辆在 CP 信号中断时的响应。系统的测试方法及步骤如下：

正常充电过程中，模拟断开 CP 信号，检查检测点 1 的电压值、充电状态。

判定车辆 CP 中断测试合格的标准：车辆应在 3s 内停止充电，然后断开开关 $S_2$（若车辆配置 $S_2$）。

（5）充电控制输出测试

充电控制输出测试包括 PWM 占空比变化测试、PWM 占空比超限测试和 PWM 频率边界值测试。

1) PWM 占空比变化测试

对车辆进行 PWM 占空比变化测试的目的是检查车辆在 PWM 占空比变化时的响应。系统的测试方法及步骤如下（根据实际车辆允许额定输入电流对应的占空比大小进行测试）：

① 被测车辆按 5.4.2 进行设置。

② 正常充电过程中，以 10%/30s 的速率调整测试系统的 PWM 占空比，从 10%调整至 90%，然后保持时间不小于 5s。

③ 检查检测点 1 的电压值、充电状态。

④ 正常充电过程中，以 10%/30s 的速率调整测试系统的 PWM 占空比，从 90%调整至 10%，然后保持时间不小于 5s；

⑤ 重复步骤③。

判定车辆 PWM 占空比变化测试合格的标准：

① PWM 占空比为 10%时，开关 $S_2$（若车辆配置 $S_2$）保持闭合，车辆应能正常充电，充电电流不大于 6A。

② PWM 占空比为 90%时，开关 $S_2$（若车辆配置 $S_2$）保持闭合，车辆应能正常充电，充电电流不大于国标 GB/T 18487.1—2015 中 A.3.7.1 的要求。

③ PWM 占空比正常范围内变化时，开关 $S_2$（若车辆配置 $S_2$）保持闭合，车辆应能正常充电，车辆应在检测到 PWM 占空比变化后的 5s 内调整充电电流，充电电流低于 PWM 占空比所对应的最大电流。

2）PWM 占空比超限测试

对车辆进行 PWM 占空比超限测试的目的是检查车辆在 PWM 占空比超限时的响应。系统的测试方法及步骤如下：

① 被测车辆按 5.4.2 进行设置。

② 设置 PWM 占空比为车辆最大允许充电电流，启动充电并保持 2min。

③ 调整 PWM 占空比分别为 6.5%和 98.5%。

④ 检查检测点 1 的电压值、充电状态。

判定车辆 PWM 占空比超限测试合格的标准：车辆应能在 8s 内将充电电流减小至最低（<1A）。

3）PWM 频率边界值测试

对车辆进行 PWM 频率边界值测试的目的是检查车辆在 PWM 频率边界值时是否正常充电。系统的测试方法及步骤如下：

① 设置 PWM 频率为标称值 1000Hz，启动充电并保持 2min。

② 检查检测点 1 的电压值、充电状态。

③ 以 10Hz/3s 的速率将 PWM 频率从 1000Hz 调整至 1030Hz，并保持 5s，重复步骤②。

④ 重复步骤① 和②，以 10Hz/3s 的速率将 PWM 频率从 1000Hz 调整至 970Hz，并保持 5s，重复步骤②。

判定车辆 PWM 频率边界值测试合格的标准：开关 $S_2$（若车辆配置 $S_2$）保持闭合，车辆应能正常充电。

（6）控制回路测试

控制回路测试包括 CP 回路边界电压值测试和 CC 回路边界电阻值测试两部分。

1）CP 回路边界电压值测试

对车辆进行 CP 回路边界电压值测试的目的是检查车辆在 CP 回路边界电压值时是否正常充电。系统的测试方法及步骤如下：

调整测试系统的 CP 电压输出，使充电过程中检测点 1 的正电压值 $U_{1b}$ 和 $U_{1c}$ 分别为国标 GB/T 18487.1—2015 中表 A.5 规定的边界值，检查充电状态。

判定车辆 CP 回路边界电压值测试合格的标准：当 $U_{1b}$ 和 $U_{1c}$ 在边界值范围内时，车辆均应能正常充电。

2）CC 回路边界电阻值测试

对车辆进行 CC 回路边界电阻值测试的目的是检查车辆在 CC 回路边界电阻值时是否正常充电。系统的测试方法及步骤如下：

① 被测车辆按 5.4.2 进行设置。

② 调整测试系统输出 PWM 占空比，模拟最大供电电流（三相 63A、单

相 32A）。

③ 调整测试系统 CC 回路电阻为国标 GB/T 18487.1—2015 中表 A.3 的规定值，分别模拟 10A、16A、32A 和 63A 的充电电缆容量。

④ 在不同充电电缆容量下，调整 CC 回路中 $R_C$ 电阻为国标 GB/T 18487.1—2015 中表 A.3 的边界值，启动充电流程。

⑤ 检查检测点 1 的电压值、充电状态。

判定车辆 CC 回路边界电阻值测试合格的标准：

① 开关 $S_2$（若车辆配置 $S_2$）应闭合，车辆应能正常充电。

② 充电电流不超过充电电缆容量和车辆额定充电电流值。

# 第 6 章

# 充电基础设施

电动汽车充电基础设施是为电动汽车电池系统补充电能的场所。充电站作为电动汽车应用必需的基础设施，可以经济安全、快速高效地为各种电动汽车提供充电服务。充电站除了使用非车载式和车载式充电机对电动汽车进行充电之外，还可以采取动力电池与备用电池更换的方案使得电动汽车能在较短时间内快速获得行驶必需的电能，从而提高电动汽车的使用率和便捷性。

近年来，随着电动汽车逐步推广应用，围绕充电基础设施的技术设计、建设模式及标准规范，相关科研单位开展了大量研究工作。全国各地已经建成了多个不同规模、不同方式的充电站来满足电动汽车运行使用的需要。

以北京市为例，自 2001 年开始，北京市开展了电动公交客车的示范运行，设计建成了国内第一个大规模商业化应用的公交客车充电站、国际上第一座具备动力电池自动快速更换功能的充电站和国内第一座多能源协同供电的电动汽车充电示范站，极大地支撑和满足了北京市电动汽车的规模化应用，并相继在上海、广州、深圳等地推广应用。

## 6.1 分类与功能

### 6.1.1 充电桩

根据充电电流的种类不同，可以将充电桩分为直流充电桩、交流充电桩、交直流一体充电桩，分别采用对应的充电方式实现对车载蓄电池充电的功能。

（1）直流充电桩

电动汽车直流充电桩是安装在电动汽车外的固定场所，将电网传递的交流电转化为直流电，为动力电池提供直流电源的供电装置。直流充电桩自身还可以实时监控动力电池的充电状态，兼具计量充电电量的功能。

直流充电桩的输入供电电压采用三相四线交流 380V±15%，频率为 50Hz，可输出可调的直流电来直接为电动汽车动力电池充电。一般的充电功率为 10～40kW，充电时间为 1～4h。直流充电桩在提供足够充电功率的同时，还可在较大的范围内调整输出的电压和电流，能够实现快速充电。直流充电桩由于占地面积小、充电功率适中，所以可以满足一般单位的使用需求。

（2）交流充电桩

电动汽车交流充电桩是一种固定安装在电动汽车外，为电动汽车车载充电机提供交流电源的供电装置，也就是我们俗称的"慢充桩"。与直流充电桩不同的是，交流充电桩只提供电力输出，不具备充电功能，需要与车载充电机组合共同为电动汽车完成充电。交流充电桩同时还具备了充电控制和充电计费的功能，简化了充电基础设施的运营。

交流充电桩主要由安全配电盘、磁电开关、电量计量、箱体、刷卡消费和智能管理系统等部分组成，能够提供单路或双路 220VAC/380VAC 的输出接口，为电动汽车车载充电机提供交流电流。交流充电桩的输出功率一般为 5kW（220VAC）/20kW（380VAC），输出功率瓶颈主要由于车载充电机的限制，一般小型电动汽车车载充电机的功率为 2～6kW，可满足 40kW 左右电动汽车的充电需求。

由于夜间充电费用较低，因此，可首先利用夜间对电动汽车进行充电，但是我国人口众多，无法满足大部分家庭拥有自己专属车库或停车位的需求，建筑之外也不允许私拉电线，因此几乎每一辆电动汽车至少都得配置 1 只以上的交流充电桩。

类比于加油站里面的加油机，充电桩其实是一种为电动汽车"加电"的设备。直流充电桩是一种高效率的充电器，利用专用充电接口给电动汽车提供快速充电服务；交流充电桩则是为具有车载充电机的电动汽车提供所需的交流充电电源，为电动汽车提供常规充电服务。同时充电桩应具有相应的通信、计费和安全防护功能，持有 IC 充值卡的市民直接刷卡就可以使用充电桩为电动汽车充电。

充电桩可以固定在地面或墙壁上，也可以安装于一些公共建筑（公共楼房、商场、公共停车场等）、居民小区停车场和充电站等公共区域，依据电动车辆车型的不同，可将充电桩设置为不同的电压等级进行充电，电动汽车充电桩如图 6-1 所示。充电桩具备的人机交互界面可显示相应的充电时间、充电方式、费用数据和充电电量等数据。

# 第 6 章
## 充电基础设施

图 6-1 电动汽车充电桩

### 6.1.2 充电站

电动汽车充电站是一种为电动汽车提供能量补给的场所。充电站内配备多台充电桩、充电机和相关的监控设备，占地面积比较大，可为不同型号的动力电池提供常规充电和快速充电服务，并且针对少部分电动汽车可提供相应类型电池的更换服务，尽量满足各式车辆的不同充电要求。在车辆充电的同时也能够对充电机、动力电池和相关的设备进行状态和安全监控。基于电动汽车充电站的特性，其可优先布置在车流量较大或停车密度较大的停车场，以及高速两侧的服务区等地点。

充电站作为电动汽车电能快速补给的服务性基础设施，应配备足够数量的整车常规充电机和应急快速充电机以及相应的停车位。其中，常规充电站的本质是一个配有一定数量充电机的停车场，一般分布于一些居民区或工作场所附近，设计对象通常为那些自带车载充电机的电动汽车，若采用常规充电电流充电，电动汽车需要在固定场所内停放 5~8h，电动汽车驾驶人员只需将车停放在充电站指定的位置，即可连接充电线缆进行充电。快速充电站是为电动汽车提供快速充电设施的场所，可以在短时间内给电动汽车补给较多的能量，输出功率一般都超过 50kW，保证电动车辆在 20min 的快速充电后能达到行驶 50km 的能量需求，由于快速充电的功率和电流额定值都较大，快速充电站应配备监测站或服务中心。

除了整车充电站外，还有提供换电服务的充电站，即用充满电的电池组更换电量不足的电池组，从而实现快速补给。在换电站，工作人员操作相关设备用充满电的电池换下旧电池，随后车主应支付相应的服务费用。电动汽车换电站的好处就是不仅可以极大程度省去车主购买电池的费用，还可以有效解决电动汽车充电时间过长的问题。但是由于动力电池较重，而且车辆必须具有统一的电池标准，必须使用专用更换设备,对基础设施建设要求高。这种利用更换电池的方法代替漫长的充电过程,是解决电动汽车快速充电问题的有效替代方案。车主可在电量即将用尽时就近到换电站更换已经充好电的电池,而更换下来的电池由换电站统一进行充电和维护,这就需要换电站有一定的电池储备来随时为前来换电的车辆提供服务。换电站最大特点就是快速而便捷,用户可以随换随走,效率较高。

一般充电站的主要设备包括电池更换设备、有源滤波装置、电能监控系统、充电机、充电桩等。电动汽车充电站如图6-2所示。

图6-2　电动汽车充电站

## 6.2 充电站的总体布局及拓扑结构

### 6.2.1 充电站的建设形式

整体充电或者更换电池都可以对电动汽车进行电能补给,在建设形势上相比于加油站有很大的灵活性。根据建设形式的不同,充电站可分为一体式充换电站、子母式电池更换站和停车式整体充电站。

(1) 一体式充换电站

根据作业车间布局的相对位置可将一体式充换电站分为地面一体式充换电站、地下一体式充换电站以及立体式充换电站等。这类充换电站以电池更换服务为主,更换下来的电池可以在站内实现电能补充和维护。一体式充换电站的更换速度快(一般在5min内即可完成电池更换服务)、自动化和专业化程度高、服务能力强，对电池的性能要求较低，有利于增加电池寿命。但此类电站的建站灵活性较低、成本回收周期长，充电设备和备用电池配备成本高，需要较大的配电容量。

（2）子母式电池更换站

子母式电池更换站（见图 6-3）是指在母站对动力电池进行集中充电，通过配送体系将母站充满电的动力电池配送到各子站并在母站和各子站内进行更换作业，随后将各子站换下的电池统一运送回母站进行集中充电。母站和子站也可提供少量应急充电服务的充电桩。

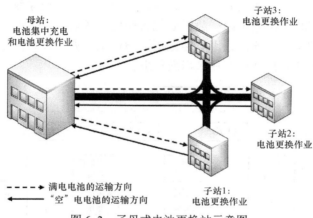

图 6-3　子母式电池更换站示意图

子母式电池更换站包含一个母站和若干个子站，母站主要选址在城市中土地资源比较充裕、交通便利、离大型配电站近的地区，主要集中进行大规模、专业化程度高的充电作业；子站选址则需考虑设立在城市中交通流量大、土地资源紧张但充电和电池更换需求比较旺盛的区域，主要提供的是电池更换服务。

子母站形式的充电站主要进行电池大规模集中充电，其专业化和自动化的程度高。通过集中的处理能更好地监控电池的性能并通过一系列专业化的处理手段来充分激发电池的潜能，提高电池的充电安全性，延长电池寿命，同时也增强了对外辐射服务的范围，能够解决一部分充电站用地紧张的问题。但这种充电站必须设立专用的配送服务体系，使系统服务复杂化，电池的利用率也相对有一定程度的降低。母站作为大量动力电池的储存场所，其配电容量是巨大的，需要更加严格的措施来保证母站的安全性。

（3）停车式整体充电站

停车式整体充电站可以为车辆提供整车常规充电和应急快速充电，其本质就是一个配有一定数量充电机的停车场。

这种充电站需要依托现有的酒店、医院、学校、火车站、飞机场、购物商场、办公区、会议中心、旅游景点和社区等停车场，直接在停车位附近设置常规充电机或快速充电机,利用车辆停车间隙时间或者夜晚,为车辆提供小电流常规充电或者大电流短时快速充电。

停车式整体充电站相比于上述两种充电站更具有灵活性,可以利用各种场地,同时对现有停车场的影响较小,基本不影响城市规划布局或现有设施,而且其所需的配电容量也小,服务范围也比较广。

### 6.2.2 充电站的系统结构

充电站的一般结构如图6-4所示,包括供电系统、充电系统、监控系统以及配套设施。大型和中型充电站一般需要配备配电变压器,由两路电源供电;小型充电站则不设配电变压器,采用单路低压电源供电。充电设备的电气接口、通信规约、电气连接件应符合相关技术标准要求。

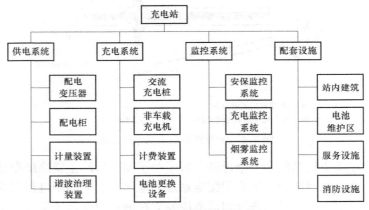

图6-4 充电站的一般结构

(1) 供电系统

供电系统也可称作配电系统,是为充电站运行提供电源的电力设备及配电线路的总称。供电系统不仅要给充电机提供电能,还需要满足充电站日常照明和设备控制的需要,是整个充电站正常运行的基础。其内部须建有变配电所有设备和配电监控系统,相关的控制和补偿设备也需要加以考虑。

(2) 充电系统

充电系统用来完成对动力电池组电能补给的任务,是整个充电站的核心区域。充电系统内包括各种不同类型的充电机,建设相应的充电平台以及充电站监控系统网络接口,对于具备换电功能的充电站,还应配备电池更换设备。充电系统应能满足多种形式的充电需求,为车主提供方便、安全和快捷的全方位充电服务。

(3) 监控系统

监控系统用于实时监控整个充电站内的运行情况,其中包括充电参数监控、

## 第 6 章 充电基础设施

烟雾监控、配电监控等，同时可以增添车辆运行参数监控、场站安保监控等功能，并完成管理情况的报表打印等。各监控子系统可通过局域网和 TCP/IP 与中央监控室以及上一级的监控中心进行连接，进行数据汇总、统计、故障显示以及监控。

（4）配套设施

配套设施主要包括站内建筑、电池维护区、服务设施和消防设施等。其中，电池维护区对所有的站内电池实时进行数量、质量和状态管理，开展电池重新配组、电池组均衡、电池组实际容量测试、电池故障的应急处理和日常维护等工作。

充电站的拓扑结构如图 6-5 所示。电力能源提供区包括充电站供电系统和交、直流供电系统，负责电动车辆充电及电池更换区、电池维护区和车辆安全调度及安全保障区全部用电设备和辅助照明的供电；车辆安全调度及安全保障区域包括充电站监控系统和车辆运营调度系统，负责充电模式下整车充电系统和更换充电系统的监控以及车载模式下车辆的调度和状态跟踪；电池维护区主要对在电动车

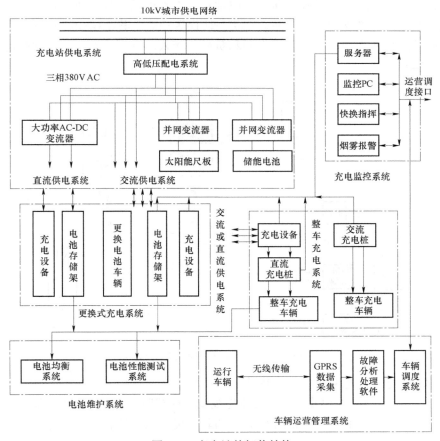

图 6-5 充电站的拓扑结构

辆充电及电池更换中发现的故障电池进行维护和更换。各功能区协调配合，保证充电站有序、安全和高效运行。

## 6.3 充电站供配电系统

### 6.3.1 供配电系统的基本结构

（1）充电站的供电模式

① 单一电网供电模式：充电站的供电电源为单一来源，可以是公共电网（如10kV、0.4kV等级的供电网），或者是整流站的直流供电网（如城市无轨电车供电网）。

② 多能源供电模式：在单一电网供电模式的基础上，集成了光伏发电、风力发电、电池储能系统、常规负荷、充电站和能量管理系统等模块，具备微网系统变流器控制、能量管理以及微网运行状态切换等功能。其结构如图6-6所示，是一个开放的微网平台，支持各种电源和负载的接入，具有独立运行和并网运行两种工作模式。

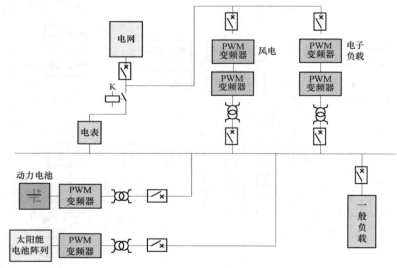

图6-6　多能源供电模式的结构

（2）充电站配电系统的配电模式

① 交流母线配电模式：采用交流母线配电模式时，充电机接入交流母线，实现交流电到直流电的变换（见图6-7），如北京奥运充电站和上海世博充电站都采用此供电模式。

② 直流母线配电模式：采用直流母线配电模式时，充电站首先通过整流器获得直流母线电压，为一至多台充电机提供直流输入（见图6-8），依托城市无轨电车供电网络的充电站即为直流母线配电模式，如北京121公交线路充电站。此外，上海漕溪充电站采用PWM整流器获得直流母线电压，在实现直流母线配电模式的同时，解决了充电站谐波治理问题。

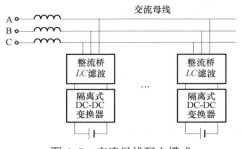

图6-7 交流母线配电模式

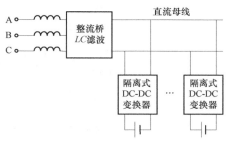

图6-8 直流母线配电模式

（3）充电站供配电系统可靠性分析

针对充电站的多种供电模式、配电模式，通过建立充电站供配电系统的可靠性数学模型，分析影响充电站供配电系统整体可靠性、经济性的关键因素，比较不同供配电系统结构的可靠性和经济性。分析结果表明，直流母线配电模式的经济性较好，而交流母线配电模式的可靠性较好。基于以上分析，为了提高直流母线配电模式的可靠性，有学者提出了带有旁路的N+1冷备份冗余分布式供电系统，如图6-9所示。

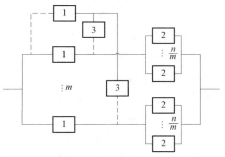

图6-9 优化供电充电站可靠性模型
1—整流器 2—DC/DC变换器 3—旁路切换开关

若 $R_1$ 为整流器可靠度，$R_2$ 为DC/DC变换器可靠度，$\lambda_1$ 为整流器故障率，$\lambda_2$ 为DC/DC变换器故障率，则可得到可靠度 $R_m$ 和无故障运行时间 $MTBF$ 为

$$R_m = 1 - \left\{1 - \left(e^{-\lambda_1 t} + e^{-(\lambda_1+\lambda_2)t}\lambda_1 t\right)\left[1-\left(1-e^{-\lambda_2 t}\right)^{\frac{n}{m}}\right]\right\}\left\{1-e^{-\lambda_1 t}\left[1-\left(1-e^{-\lambda_2 t}\right)^{\frac{n}{m}}\right]^{m-1}\right\}$$

(6-1)

$$MTBF = \int_0^{+\infty} 1 - \left[\left(1-(e^{-\lambda_1 t} + e^{-(\lambda_1+\lambda_3)t}\lambda_1 t\right)\left[1-\left(1-e^{-\lambda_2 t}\right)^{\frac{n}{m}}\right]\right)\left(1-e^{-\lambda_1 t}\left[1-\left(1-e^{-\lambda_1 t}\right)^{\frac{n}{m}}\right]\right)^{m-1}\right] dt$$

(6-2)

其中，并联支路 $m$ 的数值对充电站可靠性的影响尤为重要，具体关系如图 6-10 所示。$m$ 必须达到一定数值才能有效地保证充电站的可靠性。

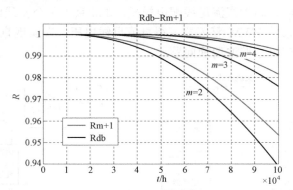

图 6-10　并联支路 $m$ 对充电站可靠性的影响

### 6.3.2　充电站交流配电系统的配置原则

电动汽车充电站的交流配电系统应该专门用于为电动汽车充电站提供交流电源，不应该接入其他无关的电力负荷。它的容量除了要满足充电站的充电设备和监控设备的供电外，还应满足站内照明和办公用电的需求，应符合常规配电系统设置，输出为 10kV 或 0.4kV、50Hz，采用三相四线制，根据充电站的容量、规模和重要性可选择是否采用专用供电线路或两条供电线路。交流配电系统主要由断路器、变压器等一次设备和监控、保护装置等二次设备组成，其供电方式应满足以下几个标准：

① 交流充电桩采用低压单相 220V 供电方式。

② 根据充电站建设规模，其供电方式如下：

a）大型充电站采用双路 10kV 常规电源的高压供电方式。

b）中型充电站采用一路 10kV 或 0.4kV 主供电源和一路 0.4kV 备用电源的供电方式。

c）小型充电站采用单路 0.4kV 低压供电方式。

交流配电系统的配电容量应满足以下要求：

① 交流充电桩的配电容量按每个 3.5kW 或 5kW 计算选择。当原有停车区域的配电设施不能满足该负荷要求时，应对其进行扩容升级。

② 充电站的配电容量应满足站内所有充电设备、监控设备、办公室和照明灯用电设施需求的负荷，并有一定的容量裕度，同时满足后期扩建和增容的需求。

一般充电站交流配电系统的配电容量选择如下：

a）大型充电站配电容量不小于 500kV·A。

b）中型充电站配电容量不小于 100kV·A。

c）小型充电站配电容量小于 100kV·A。

## 6.4 充电站系统匹配的方法和理论

为了保证电动汽车充电站高效、有序地运行，必须对其配电要求、负载功率和服务能力等方面参数进行系统匹配计算。准确的电力需求预测和估计也是正确选择供电系统中导线、开关电器及变压器等设施的基础，是保证供电系统以及充电站安全运行必不可少的环节。

充电站匹配需要将实际问题用数学的方法抽象为数学模型，以便在对充电站系统进行设计时提供参考。下面从七个方面简要介绍充电站系统匹配的方法和理论。

### 6.4.1 充电机电池负载功率模型

根据实测数据，利用曲线拟合方法建立充电机输出功率模型如式（6–3）：

$$P(t) = \begin{cases} 0.79 P_{max} t^{0.048} & (0 < t \leq 150) \\ P_{max} e^{-0.021 \times (t-150)} & (150 < t \leq 270) \end{cases} \quad (6–3)$$

式中，$t$ 为时间，单位为 min；最大输出功率 $P_{max}$ 是充电机的基本参数，单位为 kW。

在对动力电池进行充电时，充电机的输出功率由负载（动力电池）决定，而电池动态模型可以分为电化学模型、等效电路模型和神经网络模型等。电化学模型具有较高的精度，但由于其具有大量偏微分方程，导致对计算能力的要求非常高，或者出现过拟合从而使模型鲁棒性下降；而神经网络模型强烈依赖于训练数据的数量和质量。因此，现阶段最常用的是等效电路模型。

等效电路模型分为很多种，如 Rint 模型、Thevenin 模型和 PNGV 模型等，这里只对 Thevenin 模型做简要介绍。

Thevenin 模型是根据戴维南定理提出的模型。戴维南定理可以简单地描述为任意一个线性的含独立源的二端网络 N 均可等效为一个电压源 $U_{OC}$ 与一个电阻 $R_0$ 相串联的支路。其中，$U_{OC}$ 为该网络的开路电压，$R_0$ 为该网络中全部独立源置零后的等效电阻。根据戴维南定理求出电压源与等效电阻的串联电路，称为戴维南等效电路。

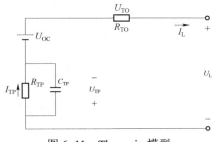

图 6–11 Thevenin 模型

图 6–11 所示的 Thevenin 模型体现了蓄电

池的阻容特性，是最具代表性的基本电路模型。模型是用理想电压源 $U_{OC}$ 描述电池的开路电压，电阻 $R_{TO}$ 为电池的欧姆内阻，电容 $C_{TP}$ 与电阻 $R_{TP}$ 并联描述电池的超电势 $U_{TP}$。超电势是指在电化学反应中，电极上有电流通过时所表现的电极电势（$I$）跟可逆电极电势（$r$）之间偏差的大小（绝对值），即 $U_{TP}=|r-I|$。

其状态方程为

$$\begin{cases} \dot{U}_{TP} = -\dfrac{1}{C_{TP}R_{TP}} U_{TP} + \dfrac{1}{C_{TP}} I_L \\ U_L = U_{OC} - R_{TO} I_L - U_{TP} \\ I_L = \dfrac{(U_{OC} - U_{TP}) - \sqrt{(U_{OC} - U_{TP})^2 - 4R_{TO}P_L}}{2R_{TO}} \end{cases} \quad (6\text{-}4)$$

式中，$U_{TP}$ 为电池的超电势；$C_{TP}$ 为电容；$R_{TP}$ 为电阻；$U_L$ 为电池负载电压；$I_L$ 为电池负载电流；$U_{OC}$ 为开路电压；$R_{TO}$ 为电池的欧姆内阻。

放电时，$I_L$ 和电池负载功率 $P_L$ 为正；充电时，$I_L$ 和 $P_L$ 为负。

### 6.4.2 充电站配电容量需求模型

设定电池进入充电站时刻的 $SOC$ 初始概率密度函数为 $P(SOC_0)$，则得到各台充电机的初始接入电池 $SOC$ 概率密度函数为

$$P_i(SOC_t) = \begin{cases} P\left(SOC_0 + \dfrac{(i-1)IT_r + It}{C}\right) & \left(SOC_0 + \dfrac{(i-1)IT_r + It}{C} < 1\right) \\ \displaystyle\int_{\frac{C-(i-1)IT_r - It}{C}}^{1} p(SOC_0) \mathrm{d}SOC_0 & \left(SOC_0 + \dfrac{(i-1)IT_r + It}{C} = 1\right) \end{cases} \quad (6\text{-}5)$$

通过初始 $SOC$ 表达出单台充电机的瞬时功率计算模型为

$$P_i(SOC_t) = \begin{cases} \dfrac{If\left(SOC_0 + \dfrac{(i-1)IT_r + It}{C}\right)}{\eta_m \cos\varphi} & \left(SOC_0 + \dfrac{(i-1)IT_r + It}{C} < 1\right) \\ 0 & \left(SOC_0 + \dfrac{(i-1)IT_r + It}{C} = 1\right) \end{cases} \quad (6\text{-}6)$$

充电站总容量需求期望模型为

$$S = \dfrac{\displaystyle\int_0^{T_r} \left[\sum_{i=1}^{N_b} \left(\int_0^1 P_i(SOC_t) p_i(SOC_t) \mathrm{d}SOC_t\right)\right] \mathrm{d}t}{t} \quad (6\text{-}7)$$

### 6.4.3 电动公交车充电站容量需求模型

除了上面提到的利用概率密度函数的方法预测一般充电站容量需求外,对于电动公交车的集中充电站,因为其服务车辆的运行机制和电池充电特性具有一定的规律性,所以可以按照电动公交车充电运行机制及单车功率需求变化曲线进行分析。

在对电动公交车充电站容量需求建模时,必须考虑汽车动力电池充电功率需求,以此确定每台充电机的所需功率。若以功率最大的充电机作为标准,乘以充电机的总数来计算充电站建设的总功率需求,将产生较大的电力资源浪费;而若统一降低充电机的工作功率,则会使充电时间延长,不能满足快充需求,充电站效率降低。因此,对于车队运营的电动公交客车应根据车辆运行机制安排充电站建设和充电机制。

对于电动汽车单车充电而言,充电曲线与动力电池组的荷电状态有关。单车充电的电流和电压变化在确定充电方法和充电参数后是电池荷电状态 $S$ 和充电时间 $t$ 的函数,记为

$$\begin{cases} I = f_1(S,t) \\ U = f_2(S,t) \end{cases} \tag{6-8}$$

式中,$I$ 为充电电流;$U$ 为充电电压。

电动汽车充电时,一台充电机所需功率为

$$P(t) = UI/\eta \tag{6-9}$$

式中,$P$ 为充电机所需电网有功功率,是充电时间 $t$ 的函数;$\eta$ 为充电机输出效率;在 $t \leq 0$ 或 $t$ 大于充电时间时,$P=0$。

若一个车队有 $M$ 辆车,发车时间间隔(发车周期)相等且为 $T$,则收车进入充电站充电的时间间隔在理想情况下也为 $T$。若车到车站后可以立即充电,则车队充电所需功率为

$$P_z(t) = \sum_{n=1}^{q} P[t-T(n-1)] \quad (q \leq M) \tag{6-10}$$

式中,$P_z$ 为充电站总功率需求,等于当前充电站内的 $q$ 辆车同时充电的总功率。

当 $q<M$ 时,有车未进入充电队列,此时 $t<Tq$;当 $t=Tq$ 时,第 $q+1$ 辆车进入充电队列。在此模型中,通过调节充电时间间隔可以控制充电站容量。若充电站容量已经确定,还可以通过控制同时充电的电动汽车数量来限制充电站容量。

通过以上模型可以看出,电动公交车充电站容量需求的影响因素主要有以下 5 点:

① 电动公交客车运行机制。

② 动力电池特性。
③ 充电方法和充电控制策略。
④ 充电机工作特性。
⑤ 环境条件。在对充电站进行设计时，必须综合考虑各种因素的影响。

### 6.4.4 充电站服务能力计算模型

综合考虑影响充电站每天最多服务车次的因素（充电站每日有效运行时间 $T_{qt}$、更换通道数量 $N_t$、单通道同时更换电池的车辆数 $N_g$、电池的更换时间 $T_g$、前后车辆影响等环节的储备系数 $C_c$），得到日充电站最多服务车次为

$$N_{qc} = \frac{T_{qt} N_t N_g}{T_g C_c} \quad (6-11)$$

此外，还应设计与充电站匹配的所需操作人员数量 $N_c$、备用电池数目 $N_{bat}$、充电单元数量 $N_{cdj}$ 等参数，具体计算公式如下：

$$\begin{cases} N_c = N_g N_t N_h \\ N_{bat} = \dfrac{T_{ch} N_t N_g}{T_g} C_b \\ N_{cdj} = N_{bat} N_d \end{cases} \quad (6-12)$$

式中，$N_h$ 为单辆车更换所需操作人员数；$N_t$ 为同时更换车辆数；$T_{ch}$ 为充电时间；$C_b$ 为备用电池储备参数；$N_d$ 为每组电池需要的充电单元数量。

利用以上模型，还可以计算充电站所需的配电容量 $P$ 为

$$P = \frac{P_d N_{cdj}}{\eta \cos \varphi} C_t \quad (6-13)$$

式中，$P_d$ 为单台充电单元功率；$\eta$ 为充电单元充电效率；$\cos\varphi$ 为充电单元的功率因数；$C_t$ 为充电单元同时利用系数。

### 6.4.5 整车充电模式下充电机配置模型

基于入站电动车辆符合 Poisson 分布，整车充电站充电服务系统可认为是多服务台排队、有限等待空间系统。根据排队系统理论，可得充电服务系统的状态平衡方程为

$$\begin{cases} \lambda P_0 = \mu P_1 \\ \lambda P_{n-1} + (n+1)\mu P_{n+1} = (\lambda + n\mu) P_n & (1 \leqslant n < c) \\ c\mu P_{n+1} + \lambda P_{n-1} = (\lambda + c\mu) P_n & (c \leqslant n \leqslant N) \\ c\mu P_N = \lambda P_{N-1} \end{cases} \quad (6-14)$$

式中，$c$ 为整车充电机数量；$N$ 为电动车数量；$P_n$ 为排队序列前有 $n$ 辆车的概率。

在该模式下，需充电电动汽车平均到达率 $\lambda$ 和平均服务率 $\mu$ 需要通过实际统计得到。当车辆期望平均到达率 $\lambda$ 和充电期望平均服务率 $\mu$ 为定值时，随着 $c$ 和 $N$ 配置数量的增加，顾客排队等候的时间 $W_q$ 和单位时间顾客损失数 $\lambda P_n$ 会越来越少。随着 $\mu$ 值增加，$c$ 和 $N$ 配置数量将显著减小。

### 6.4.6 更换模式下备用车辆和电池配置模型

基于电池更换模式下运营的充电站必须配备一定数量的备用车辆和电池组，用于平衡电池充电时间与发车间隔之间的矛盾。考虑到运行的经济性，需要在满足实际需求的情况下尽量减小备用车辆和电池组的数量。

为了满足车辆高峰发车频率需求，在已知电池高峰发车间隔时间 $T_{hr}$、平峰发车间隔时间 $T_{cr}$、平峰时间运行车辆数量 $N_r$ 和电池更换时间 $T_g$ 的基础上，最小备用车辆数 $N_b$ 和最优更换工位数 $N_k$ 为

$$N_b = \frac{T_{cr}-T_{hr}}{T_{hr}}N_r, \quad N_k = \frac{T_g}{T_{hr}} \quad (6-15)$$

综合考虑车辆运行里程、载客情况、道路状况以及天气情况等因素的随机性，以车辆入站时刻电池组 $SOC$ 的概率分布函数 $P(SOC_0)$、电池容量 $C$、充电电流 $I_c$ 为基础，电池组平均充电期望时间 $E(T_c)$ 和最小备用电池组数量 $C_b$ 分别为

$$E(T_c) = \frac{\left(1-\int_0^1 P(SOC_0)SOC_0 dSOC_0\right)}{I_c}C \quad (6-16)$$

$$C_b = (N_r + N_b)\frac{E(T_c)}{(N_r + N_b)T_{hr}} \quad (6-17)$$

### 6.4.7 M/M/S 排队论模型

由于当前的技术限制，电动汽车的充电过程需要较长时间，所以在进行公共区域充电站设计时，应考虑到多辆电动汽车同时进入充电站时的排队时间问题。在一天的时间中，电动汽车进入充电站的时间是一个随机事件，每辆车接受充电服务是独立的，因此可以用泊松分布过程描述电动汽车到达充电站的规律。假设：

① 需要充电的电动汽车到达充电站的时间分布规律满足参数为 $\lambda$ 的泊松过程，其中 $\lambda$ 满足

$$\lambda = k_{open}\alpha_{arr}q(x_i,t) \quad (6-18)$$

式中，$k_{open}$ 为电动汽车渗透率；$\alpha_{arr}$ 为充电站电动汽车的驶入率，可通过预测得到；$q(x_i, t)$ 为充电站 $i$ 处 $t$ 时段的车流量。

② 充电站共有 s 个相同的充电机，每个充电机的服务时间相对独立，且服从参数为 μ 的负指数分布。其中，μ 可由以下公式计算，即

$$\mu = k \frac{P_{av}}{SOC_{av}} \tag{6-19}$$

式中，$k=1/60$；$P_{av}$ 为充电机平均充电功率；$SOC_{av}$ 是电动汽车平均充电量。

③ 电动汽车进入充电站，若有处于空闲状态的充电机，则立刻进行充电服务，若没有则进行单列排队，基于先来先服务（First Come First Served，FCFS）接受服务，等待空间无限。

基于以上假设，可以用 M/M/S 排队理论研究前往充电站的电动汽车的服务过程，得到充电站服务系统的性能指标。

系统的排队服务强度 $\rho=\lambda/(s\mu)$，电动汽车在队列中的平均等待时间 $W_q$ 为

$$W_q = \frac{(s\rho)^s \rho}{s!(1-\rho)^2 \lambda} \left[ \sum_{n=0}^{s-1} \frac{\rho^n}{n!} + \frac{\rho^s}{s!(1-\rho^s)} \right]^{-1} \tag{6-20}$$

## 6.5 电动汽车充电基础设施对电网的影响

随着电动汽车的逐渐普及，与其配套的充电基础设施也在快速扩张，越来越多的大型充、换电站建成并投入使用。数量众多的电动汽车在充电站充电时接入电网，无疑将对电网产生不可忽视的影响。

与其他的分布式电源类似，电动汽车的接入使电网从简单的网络变成了具有多电源的复杂网络，电动汽车的接入位置、容量以及运行模式对配电网接入区域综合负荷、电网增容改造都有较大的影响。因此，对电动汽车接入电网进行全面、细致的研究，对电网的安全、经济、可靠运行目标的实现有着重要的意义。电动汽车充电基础设施对于电网的影响主要包括以下几方面：

（1）快速充电方式对电网负荷的影响

随着电动汽车的技术发展，对电池容量的需求也越来越高，甚至要求电池容量达到上百千瓦时，对于这样大容量的电池进行临时充电时，如果采用 100A 以上快速充电方式，一辆车的快速充电功率就会达到数百千瓦以上的等级。可想而知，随着电动汽车广泛的应用，当大量电动汽车同时进行临时性快速充电时对当地的配电网产生的功率冲击将会严重影响配电网的正常运行，对电网造成严重冲击。针对上述存在的问题，在充电低谷期时把电能先储存起来，当在充电高峰期或者电动汽车需要进行快速充电时，可以用储能充电站存储的电能进行充电，这样既可以满足电动汽车在行驶过程中需要临时快速充电的需求，又避免了快速充

电过程由于负荷的急剧增加造成对电网的冲击。

冲击性负荷也会造成电压波动和闪变。除了改进用电设备性能外，还可通过提高电网供电能力和安装补偿设备来控制电压波动和闪变。

（2）对电能质量的影响

因为电动汽车充、放电是电动汽车与电网之间双向能量交换操作，并且充电设备中存在整流装置，这将会产生大量的谐波，进而影响电网的电压、频率，使电能质量下降，所以充、放电设备的谐波等技术指标需要被严格控制，从而尽量降低对电网质量降低的负面影响。

（3）对电网规划的影响

当大规模电动汽车充电设施连接于电网上充电时，会造成配电网侧负荷及其频率的波动。为了解决这一问题，需要完善与改进充电设施，通过对充电设施设置谐波抑制措施以减小充电站工作时的谐波影响和电网电流的峰谷差。除此之外，对电网进行合理的规划设计还能够提高电网的负荷率，降低电网对于备用发电容量的需求，此时电网的运行方式也将得到极大的改善。因此，在考虑以上相关影响的基础上，对电网进行合理规划显得十分重要。

（4）影响配电网的规划及其调度

在负荷用电的低谷时段，电动汽车作为负载从电网获得电能储存起来，反之，在负荷用电高峰期时，电动汽车作为电源可以将在用电低谷期存储的电能供给到配电网，可以改善大负荷下对电网造成的冲击。另外，电动汽车行驶过程中具有位置不定性，因此，在配电网中需要针对电动汽车充、放电设施进行规划设计，例如对配电网容量的设置、配电网电路导线的选型以及配电网中继电保护装置的设置等，避免充电设施工作时对配电网造成巨大的冲击。

（5）对电网交易模式的影响

目前，电动汽车与电网之间能量传递是双向模式，即在 V2G 模式下工作。交易模式由单向模式转变为双向模式，随之产生的问题也更加复杂化。为了解决上述问题，需要电网引进更先进的电力市场。

## 6.6 谐波与谐波治理

在电力系统中，由于充电设备中使用了整流装置，属于非线性负载，造成在充电的同时向电网注入谐波电流，导致电网电能质量降低。

### 6.6.1 谐波的产生

在供用电系统中，理想的交流电压和电流波形是正弦波，其电压可表示为

$$u(t) = \sqrt{2}U\sin(\omega t + \varphi_u) \quad (6-21)$$

式中，$U$ 为电压有效值；$\omega$ 为角频率，$\omega=2\pi f=2\pi/T$（$f$ 为频率，$T$ 为周期），$\varphi_u$ 为初相角。

当在线性无源元件（如电感、电容和电阻）上施加正弦波电压时，其产生的电流与施加的电压之间分别为积分、微分和比例的关系，而二者仍为同频率的正弦波。但在非线性电路上施加正弦电压时，会产生非正弦波的电流。此外，由于电网阻抗存在电路产生压降，从而使正弦电压畸变。在公用电网之中，电压波形畸变通常很小，而相对的电流波形畸变可能较大。因此，对于电压为正弦波、电流为非正弦波情况的研究就显得意义重大。

对于周期 $T=2\pi/\omega$ 的非正弦电流 $i(t)$，一般满足狄里赫利条件，用傅里叶级数形式分解 $i(t)$ 后可得到

$$i(t) = a_0 + \sum_{n=1}^{\infty}(a_n\cos nwt + b_n\sin nwt) \quad (6-22)$$

式中，$a_0 = \frac{1}{2\pi}\int_0^{2\pi} i(t)\mathrm{d}(wt)$；$a_n = \frac{1}{\pi}\int_0^{2\pi} i(t)\cos nwt\mathrm{d}(wt)$；$b_n = \frac{1}{\pi}\int_0^{2\pi} i(t)\sin nwt\mathrm{d}(wt)$，$n=1, 2, 3, \cdots$。

或

$$i(t) = a_0 + \sum_{n=1}^{\infty} c_n\sin(nwt + \varphi_n) \quad (6-23)$$

式中，$c_n = \sqrt{a_n^2 + b_n^2}$；$\varphi_n = \arctan\frac{a_n}{b_n}$，$\varphi_1$ 为基波电流相位，（$a_n = c_n\sin\varphi_n$，$b_n = c_n\cos\varphi_n$）。

在式（6-22）和式（6-23）中，将频率为 50Hz 时的分量称为基波（Fundamental），频率为基波频率大于 1 的整数倍的分量称为谐波（Harmonic），谐波次数为谐波频率和基波频率的整数倍。因此，$n$ 次谐波电流含有率 $HRI_n$ 可表示为

$$HRI_n = \frac{I_n}{I}\times 100\% \quad (6-24)$$

式中，$I_n$ 为 $n$ 次谐波电流有效值；$I_n = \frac{c_n}{\sqrt{2}}$，$n=2, 3, \cdots$；$I_1$ 为基波电流有效值，$I_1 = \frac{c_1}{\sqrt{2}}$。

谐波电流含量 $I_H$ 为

$$I_H = \sqrt{\sum_{n=2}^{\infty} I_n^2} \quad (6-25)$$

电流总谐波畸变率 $THD_i$ 为

$$THD_i = \frac{I_H}{I_1} \times 100\% \tag{6-26}$$

在非正弦电路中,有功功率 $P$、视在功率 $S$、功率因数 $\lambda$ 的定义与正弦电路相同。根据定义可知,$P$ 为瞬时功率在一个周期 $T$ 内的平均值,即

$$P = \frac{1}{2\pi}\int_0^{2\pi} u(t)i(t)\mathrm{d}(wt) = \frac{1}{2\pi}\int_0^{2\pi} \sqrt{2}U\sin(wt+\varphi_u)c_1\sin(wt+\varphi_1)\mathrm{d}(wt) \\ = \frac{Uc_1}{\sqrt{2}}\cos(\varphi_u - \varphi_1) = UI\cos(\varphi_u - \varphi_1) = UI\cos\varphi \tag{6-27}$$

式中,$\varphi = \varphi_u - \varphi_1$ 为基波电流与电压的相位差。

电流有效值为

$$I = \sqrt{a_0^2 + \sum_{n=1}^{\infty} I_n^2} \tag{6-28}$$

视在功率 $S$ 为

$$S = UI = U\sqrt{a_0^2 + \sum_{n=1}^{\infty} I_n^2} \tag{6-29}$$

基波产生的无功功率为

$$Q = UI_1\sin(\varphi_u - \varphi_1) = UI_1\sin\varphi \tag{6-30}$$

谐波产生的畸变功率(即无功功率)为

$$D = U\sqrt{\sum_{n=2}^{\infty} I_n^2} \tag{6-31}$$

此时,功率因数(Power Factor)$\lambda$ 为

$$\lambda = \frac{P}{S} = \frac{UI_1\cos\varphi}{UI} = \frac{I_1}{I}\cos\varphi = v\cos\varphi \tag{6-32}$$

式中,$v$ 为基波因数,$v = I_1/I$;$\cos\varphi$ 为基波功率因数或位移因数,$\cos\varphi = \cos(\varphi_u - \varphi_1)$。由式(6-32)可知,功率因数由基波因数($v$)和基波电流相移($\varphi$)这两个因素共同决定。

### 6.6.2 充电站谐波对电网和充电设施的危害

充电站内有大量的充电机,由于充电机是由非线性的电子元件构成的,在充电机运行过程中会对电网的电压、频率等电能质量造成影响。因此充电站会对电力系统造成电网功率因数下降和谐波污染等负面影响。与其他各式的电力污染一样,谐波产生后可能波及距其源点较远的地方还会对整体(电气)环境造成影响。

谐波对电力系统造成的危害主要有以下的几个方面：

① 首先，表现在对输电线路的影响。当架空输电线进行电流输送时，产生的高次谐波相互作用，轻者可能造成串联谐振，严重时甚至可能产生过电压。电力电缆在谐波电压作用下，因为过电压等原因，架空输电线及电缆线外面的绝缘材料会逐渐造成老化损坏，绝缘能力减小甚至失效，导致电流泄漏量加大，缩短输电线的使用寿命。产生谐波的频率与幅值过大甚至还可能导致输电线局部产生放电，造成输电线内部击穿等危害。

② 其次，表现在谐波对变压器正常工作的负面影响。谐波会使变压器产生的损耗增加，引起绕组温度升高和功率因数下降，同时造成绕组的绝缘性降低。另外，由于线路中的电容与变压器的绕组在谐波作用下可能产生共振，造成噪声污染。

③ 第三，表现在对连接在线路间电容器的影响。电容器主要吸收线路多余的谐波，具有滤波作用，大量的谐波电流会使电容器产生额外的热量，导致损耗增加。此外，因为电容器具有与电感元件产生谐振的特性，所以电网中的电感与电容一旦形成谐振回路，谐振的形成引起电容发热增加，造成电容的过电压危害。

④ 谐波除了对上述元件有影响外，还会对非线性元件本身造成危害。例如误动作造成的触发、触发脉冲的丢失等，这些都会使电网的无功损耗增加，间接引起功率因数减小。另外，产生的谐波会使开关器件产生误动作，部分计量仪表的测量精度降低甚至无法正常使用。鉴于以上谐波对电网存在的危害性，必须采取相应的措施来维护电网的安全运行。结合谐波的允许标准，负荷在接入电网前需要达到 GB/T 14549—1993《电能质量公用电网谐波》所规定的谐波标准。

### 6.6.3 谐波治理的技术和方法

主动谐波治理和被动谐波治理是目前主要的谐波治理技术：前者为抑制谐波产生从谐波源本身出发；后者则主要对产生的谐波添加额外的谐波处理装置。

**1. 主动谐波治理技术**

主动谐波治理即对电力装置本身进行改进，使其减少谐波的产生或不产生谐波，主要包括多相整流、脉宽调制整流、功率因数校正，具体方法如下：

（1）多相整流

多相整流即增加整流器的脉动数，常用的为十二脉整流。该方法产生的谐波次数为 $n=pk\pm1$（其中 $p$ 为整流脉冲数），谐波每次的有效值与谐波次数成反比，而谐波次数的倒数等于谐波与基波有效值之比。因此，整流脉动数的增加，能降低谐波次数和有效值，从而使整流器产生的谐波电流减少。

（2）脉宽调制整流

脉宽调制整流即 PWM 整流，通过脉宽调制可以使整流器网侧电流正弦化，并且使网侧电压和电流同相位,实现单位功率因数控制,从而减少整流器产生的谐波电流。PWM 整流电路模型如图 6-12 所示,PWM 整流具有降低整流负载注入电网谐波和提高网侧功率因数等优点。

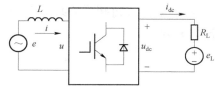

图 6-12  PWM 整流电路模型

(3) 功率因数校正

功率因数校正又分为有源功率因数校正和无源功率因数校正,主要通过整流装置后开关的闭合使网侧电压和电流同相位,增大功率因数,降低谐波电流含量。

2. 被动谐波治理技术

相对主动谐波治理技术来说,其减少谐波产生的方法是通过改进电力电子装置的控制方式,而被动治理则是通过电能质量治理装置的安装来降低电网受到的危害。其电能质量治理装置主要有无源和有源滤波器两种。

(1) 无源电力滤波器(Passive Power Filter,PPF)

无源滤波器(PPF)又称 $LC$ 滤波器,是传统的谐波补偿装置,它主要包含电抗器、电阻器和滤波电容器三个部分。该装置采用并联方式与谐波源连接,消除一次或几次主要的谐波,但不能对谐波电流进行动态跟踪,此外,该补偿装置除了滤波外还起到无功补偿作用。该装置具有结构简单、设备投资少、运行可靠等优点,但也有着难以克服的缺点,如受电力系统参数影响,滤波次数单一以及体积大、能耗多等。因此无源电力滤波器在要求不高时优势明显并得到广泛应用。无源电力滤波器的几种主要类别为单调谐滤波器、高通滤波器及双调谐滤波器等,而在实际中通常使用一组高通滤波器和几组单调谐滤波器组成的滤波装置。

1) 单调谐滤波器

单调谐滤波器的电路原理图如图 6-13a 所示。$n$ 次谐波($w_n = nw_s$)在滤波器上的阻抗为

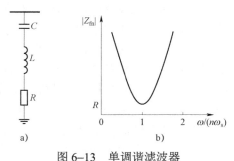

图 6-13  单调谐滤波器
a) 电路原理图  b) 阻抗频率变化关系图

$$Z_{fn} = R_{fn} + j\left(nw_sL - \frac{1}{nw_sC}\right) \quad (6-33)$$

式中,下标 fn 为第 $n$ 次单调谐波滤波器。

根据式(6-33)中滤波器阻抗与频率关系,画出二者变化的关系图,如图 6-13b 所示。

由图 6-13 可知，单调谐波滤波器的构成是利用串联 $L$、$C$ 谐振原理，其谐振次数 $n$ 为

$$n = \frac{1}{w_s\sqrt{LC}} \qquad (6-34)$$

因为 $R_{fn}$ 很小，另外谐振点处 $Z_{fn}=R_{fn}$，所以 $n$ 次谐波电流大部分由 $R_{fn}$ 分流，只有少部分流入电网。而滤波器对于其他次数的谐波（如 $Z_{fn} \gg R_{fn}$）的分流效果很小。因此，简而言之，单通滤波器通过将需要滤除的谐波次数设为自身的谐振次数，能够将大部分该次谐波过滤掉，从而实现滤除该次谐波的目的。

2）高通滤波器

高通滤波器也被称为减幅滤波器，图 6-14 所示为一阶、二阶、三阶和 C 型这四种形式的高通滤波器。

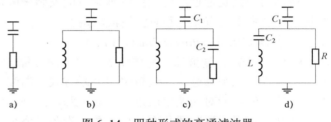

图 6-14　四种形式的高通滤波器
a）一阶　b）二阶　c）三阶　d）C 型

以上四种滤波器中，一阶高通滤波器由于电容要求过大导致基波损耗大幅上升，所以一般不建议采用。二阶高通滤波器在四种滤波器中性能最好，但其基波损耗高于三阶高通滤波器。三阶高通滤波器的主要优点在于相对二阶高通滤波器结构上多了一个相对 $C_1$ 容量很小的电容 $C_2$，提高了滤波器对基波频率的阻抗从而大大减少了基波损耗。C 型高通滤波器的优点在于它通过将 $C_2$ 与 $L$ 调谐在基波频率上从而大大降低基波损耗，相应的元件参数漂移和基波频率失谐对其影响很大，而在滤波性能上 C 型介于二阶和三阶之间。

在上文中介绍的四种滤波器，二阶高通滤波器的使用最为普遍，此外 C 型高通滤波器的推广应用价值也很高。而对于二阶高通滤波器来说，其滤波器阻抗的计算公式为

$$Z_n = \frac{1}{jnw_sC} + \left(\frac{1}{R} + \frac{1}{jnw_sL}\right)^{-1} \qquad (6-35)$$

图 6-15 所示为二阶高通滤波器阻抗 $|Z_n|$ 随频率变化的曲线。在某一很宽的频带范围内可以看到该曲线呈现为低阻抗，使得高通滤波器成为次数较高谐波的低阻抗通路，从而使高次谐波电流大部分流入滤波器。

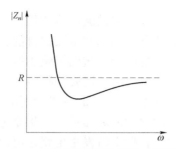

图 6-15 二阶高通滤波器的阻抗-频率特性

3）双调谐滤波器

在一些工程中仅有单调谐滤波器和高通滤波器是不够的，还需要用到双调谐滤波器。该型滤波器的原理电路如图 6-16a 所示。由于该滤波器自身有两个谐振频率，所以能同时吸收两个频率的谐波，其作用与两个并联的单调谐滤波器相当。双调谐滤波器其阻抗-频率特性如图 6-16b 所示。

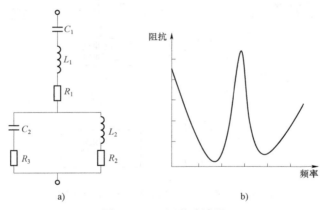

图 6-16 双调谐滤波器
a）原理电路 b）阻抗-频率特性

与两个单调谐滤波器相比，双调谐滤波器基波损耗较小，全部冲击电压由仅有的一个电感 $L_1$ 承受。双调谐滤波器中串联电路的基波阻抗在正常运行时远大于并联电路的基波阻抗，因此串联电路所承受的工频电压远高于并联电路。此外由于并联电路中电容 $C_2$ 容量一般不大，基本上只有谐波无功容量通过。双调谐滤波器近年所获投资较少，因此只应用在国内外一些高压直流输电工程中。双调谐滤波器由于其调谐困难、结构比较复杂等缺点而制约了其广泛应用。

（2）有源电力滤波器（Active Power Filter，APF）

有源电力滤波器（APF）是一种补偿无功、动态抑制谐波的电力电子装置，能补偿变化的无功功率以及抑制大小和频率都变化的谐波。通过控制主电路中的可控开关，该装置向电网输入与原来谐波电流等幅值、反相位的电流，从而使电源中的谐波电流为零，进而达到消除抑制谐波的目的。相比无源电力滤波器，有源电力滤波器有着动态补偿、受电网阻抗的影响小等优点。因而随着有源滤波技术的发展与完善，该方法广泛地应用于谐波抑制中。

有源电力滤波器系统的基本构成如图 6-17 所示。图中 $e_s$ 表示交流电源，负载产生谐波并消耗无功。有源电力滤波器系统由指令电流运算电路和补偿电流发生电路两大部分组成，其中，补偿电流发生电路由电流跟踪控制电路、驱动电路和主电路三个部分构成。对于上述两大部分来说，前者的核心是检验与测量出补偿对象电流中存在的谐波和无功等电流分量信号，因此有时该电路也被称为谐波和无功电流检测电路。而后者的作用是根据前面的指令电流运算电路得出补偿电流的指令信号，从而产生对应的实际补偿电流。目前该滤波器主电路均采用 PWM 变流器。

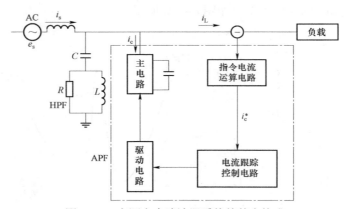

图 6-17 有源电力滤波器系统的基本构成

该装置主电路上的 PWM 变流器，在产生向电源输入的补充电流时作为逆变器工作，因此部分文献中直接将其称为逆变器。但仅称其为逆变器是不准确的，因为在电网向有源电力滤波器直流侧储能元件充电时，该装置起着整流器的作用。简而言之，该装置可能工作在整流器或者逆变器两种状态下。所以，本书中以变流器作为该装置名称。

如图 6-17 所示，有源电力滤波器的基本工作原理是首先对补偿对象的电压和电流进行检测，然后经由指令电流运算电路对所需的补偿电流的指令信号进行计算，最后该信号通过补偿电流发生电路放大产生补偿电流。而产生的补偿电流能够抵消负载电流中的谐波及无功等电流，从而得到期望的电源电流。

例如，当负载产生谐波电流需要补偿时，有源电力滤波器通过检测得出负载电流的谐波分量 $i_{Lh}$，将其谐波分量反极性后作为补偿电流的指令信号 $i_c^*$，再由补偿电流发生电路产生与负载电流中的谐波分量 $i_{Lh}$ 大小相等、方向相反的补偿电流 $i_c$，使得补偿电流与谐波电流互相抵消，从而去除了电源电流 $i_s$ 中的谐波分量。这样就能够实现抑制电源电流中谐波的功能。式（6-36）～式（6-39）很好地描述了上面的滤波原理：

$$i_s = i_L + i_c \tag{6-36}$$

$$i_L = i_{Lf} + i_{Lh} \tag{6-37}$$

$$i_c = -i_{Lh} \tag{6-38}$$

$$i_s = i_L + i_c = i_{Lf} \tag{6-39}$$

式中，$i_{Lf}$ 为负载电流的基波分量。

如果要让有源电力滤波器能同时补偿谐波与负载的无功功率，只需将与负载电流的基波无功分量反极性的成分增加到补偿电流的指令信号中即可。如此，补偿电流就能同时抵消掉负载电流中的谐波和无功成分，使得负载电流与电源电流的基波有功分量相等。

利用上述原理，不对称三相电路的负序电流等也可通过有源电力滤波器补偿。

当电动汽车充电站供电系统采用有源滤波器时，2～50 次的谐波将得到有效的抑制。根据电网的情况，该装置能够对电压与电流波形的相位角进行调整，并且提高负载功率因数、修正电流波形，对谐波干扰进行抑制。有源滤波器除了滤除谐波外，同时还可以对无功功率进行动态补偿，该装置的优点是反应动作迅速，滤除谐波可达到 95% 以上。图 6-18 和图 6-19 所示分别为有源滤波器补偿前和有源滤波器补偿后的供电系统的电流波形。

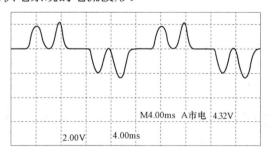

图 6-18　有源滤波器补偿前的供电系统的电流波形

总而言之，有源电力滤波器主要具有以下特点：

① 能够对大小变化的无功功率和频率与大小均发生变化的谐波进行补偿，实现动态补偿，并且能极快地响应补偿对象的变化。

② 无须储能元件，储能元件容量在补偿谐波时要求较小。

③ 能够同时对谐波和无功功率进行补偿，并且能够连续调节补偿无功功率的大小。

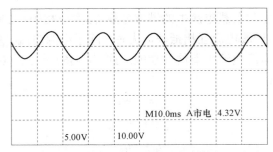

图 6-19 有源滤波器补偿后的供电系统的电流波形

④ 在补偿对象电流过大时依然可以正常对电路发挥补偿作用。

⑤ 该装置工作时能跟踪电网频率的变化，故电网频率变化对其补偿性能无影响。

⑥ 电网阻抗对其影响不大，不易与电网阻抗产生谐振。

⑦ 可实现一个谐波和无功源单独补偿与多个谐波和无功源集中补偿两种补偿方式。

（3）混合型有源电力滤波器（Hybrid Active Power Filter，HAPF）

混合型有源电力滤波器（HAPF）能兼顾 APF 性能优越和 PPF 成本低廉的优点，工程上应用广泛。注入支路的存在使得注入式 HAPF 能大大降低有源部分的容量，因此该装置对高压配电网特别适用，并且无功补偿和谐波治理也能同时实现。图 6-20 所示为注入式混合型有源电力滤波器的拓扑结构。

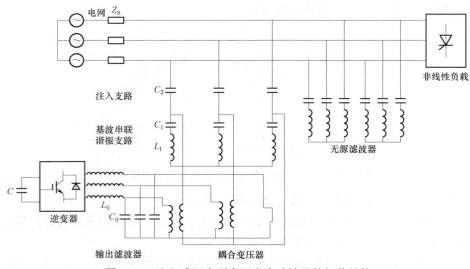

图 6-20 注入式混合型有源电力滤波器的拓扑结构

## 6.7 充电站运行维护与安全管理

《电动汽车充电基础设施发展指南（2015—2020）》明确提出，到 2020 年我国将建成集中式充换电站约 1.2 万座，分散式充电桩约 480 万个，用以满足全国 500 万辆电动汽车的充电需求。

面对众多即将建设的充换电站，其运行过程中的效率和安全性显得极其重要。为了保证人员和设备安全，提高充电站使用效率，必须制定一套完善的管理制度和安全规范，例如定期对设备进行维护与故障鉴定，防火、防汛等工作预案等。接下来将从六个方面介绍充电站运行维护与安全管理的相关注意事项。

### 6.7.1 设备定期维护与评价

充电设备是运行维护工作的重点对象。在每个充电站投产之前或者在每次设备检修之后，应建立完善的设备台账，妥善保存各类技术资料。充电站内的各类设备需按照有关规定定时地进行维护和检修。

需要定时检查充电站内设备室的通风和照明等基础设施，保证其处于一个良好的运行状态。同时根据不同地区、不同季节天气特点及时做好站内设备的防尘、防潮、防风、防汛、防污等工作。

### 6.7.2 设备缺陷管理

设备缺陷管理的目的是保障充电设备能够平稳地运行，确保人员和设备的安全，提高运行效率。一般情况下，按紧急程度可将设备缺陷可分成三个等级：

（1）危急缺陷

设备或者建筑物发生了直接威胁到运行安全、需要即刻处理的缺陷。该类型缺陷可能造成人员伤亡、设备损坏、着火、爆炸等一些恶性安全事故。

（2）严重缺陷

对人身安全或者设备有严重威胁，暂时能够运行但必须尽快进行处理的缺陷。

（3）一般缺陷

除了上述的危急、严重缺陷以外的设备缺陷，一般其情况较为缓和，对安全运行的影响不大。

当发现存在危急、严重缺陷时，应当着手解决处理，并立刻上报相关部门。一般缺陷则应当按月进行定期上报，协调安排处理。除此之外，每年应当结合相关的设备评价工作对存在的设备缺陷进行综合性分析评估，分析出现缺陷的原因与规律，并提出相应的预防措施且上报给相关主管部门。充电站内的运行设备必须具有标志牌，以便于统一标志、统一管理。

### 6.7.3 消防安全保障管理

充电站的整体运行和维护工作中最重要的一项内容就是保障人员和设备的安全。其中，消防安全是最应当引起重视的一项内容。

站内工作人员应当按照《中华人民共和国消防法》和《机关、团体、企业、事业单位消防管理规定》，逐步拟定和完善消防安全保障制度和相关的操作流程并严格执行。此外，还应严格执行 GB/T 29781—2013《电动汽车充电站通用要求》中对于防火的相关要求。

充电站站内、站外建筑物的燃烧性能和耐火极限，以及充电站与站外民用建筑物之间的防火间距应符合 GB 50016—2006《建筑设计防火规范》的规定。变压器室、蓄电池室、配电室等设备室的门应向疏散方向开启，并采用防火门；监控室、办公室、休息室的门应采用不燃材料；所有非抗爆结构的窗应朝无爆炸、无火灾危险的方向设置。

对于电缆进入口处、电缆处、接头处、电缆夹层与监控室之间，长度超过 100m 的电缆隧道或电缆沟，均应采取阻燃或分隔措施以防止电缆火灾蔓延。并根据充电站的规模及重要性采用隔墙或防火隔板，以防火材料封堵电缆通过的孔洞，或是在局部采用防火带、防火槽盒、在电缆局部涂覆防火涂料这两种措施中的一种或两种。

充电站设备室或者设备区域不能存放易燃、易爆的物品。充电站的电缆隧道和夹层内应设置消防设施，控制盘、配电盘和开关场区的端子箱等处的电缆孔应用防火材料封堵。

对于充/放电区域、监控室、通信机房、配电室、档案室等防火重点区域应当更加严格地进行监管，排查隐患。确立各个区域的消防负责人，签订消防安全责任书，实行责任制，在上述区域设置明显的防火标志，严格管理。

充电站内消防器具的设置应当符合消防部门的规定。灭火器宜选用 ABC 干粉灭火器，应当放置在显眼并容易取用的位置，定期进行完好性检查、数目的清点并记录在案。站内运行人员应当掌握消防知识和消防器具的使用方法，定期进行消防安全演练。

### 6.7.4 防汛、防寒、防高温工作管理

不同地区的充电站应当根据本地区的气候特点和站内设备的实际情况来制定相关的设备防护措施。

充电站内应当根据本站的实际需要来配备相应数量的防汛设备和防汛物资，防汛设备在每年的汛期前都需要进行全面的检查、测试，保证其处于能够运行的

状态。防汛物资要专门设置地区保管并做好相关数目的记录。汛期来临之前需要对道路和场区的排水设施进行全面的检查和疏通,做好相应的防积水和排水措施。下雨时需要对房屋渗漏和下水管排水的情况进行检查确认,雨后应当检查地下室、电缆沟、电缆隧道等地方的积水情况。对于潮气较大的设备应当及时对其进行通风。

气温较低时需要检查开关机构内的加热器是否运行良好,积极实施机构箱的防寒保温措施。气温较高时则应检查站内设备以及机房内设备的运行温度状况,如过高则应采取相应的降温措施或者适当停止运行。

### 6.7.5 安全标识及交通标志的规范化管理

充电站内的设备和设施应该根据国家有关规定设置符合现场情况和安全规程要求的指示牌。其中,安全标识应当符合 GB 2894—2008《安全标志及其使用导则》及 Q/GDW 434.1/2—2010《国家电网公司安全设施标准 第 1 部分:变电》的规定,保证其清晰醒目、规范统一、安装可靠、便于维护,适应使用环境的要求。

充电站内应在醒目的位置设立相关警示线或警示牌,入口和出口处应设立相应的减速带和限速标志。所有的安全标志牌都需要定期进行检查,一旦发现标志牌出现破损、模糊、变形等不符合相关规定的情况,应及时修补或者更换。将替换的标志取下时,应当马上换上临时标志,以防出现意外。

### 6.7.6 文件档案管理

充电站的运营人员必须收集并保存好必要的文件档案信息,特别是充电站建设完成并移交运营时的相关交接资料。

充电站主管应当要求其建设单位提供充电站竣工图纸等相关验收资料。其中必须包含建设资料,大致包括全站平、断面图,充电站用电主接线图,全站照明接线图、消防设置布置图,地下隐蔽工程竣工图等。除此之外,充电站还需持有相关的技术文件,包括充电站设备的说明书、设备检修报告、交接验收报告等。

充电站的竣工图纸和相关文件需要存放于本站特定的档案室,并且给上级机构提交一份备份,图纸应当有专门的管理人员进行管理和维护。图纸和文件管理人员还需列出本站的图纸和文件清单,及时登记借阅人员信息及归还图纸和文件的时间。

# 第 7 章

# 充电站监控系统

锂离子电池是当前应用最普遍的电动汽车动力电池。锂离子电池对充电的要求较高，一旦充电过程控制不好，就可能造成动力电池永久性损坏，甚至出现起火、冒烟、爆炸等严重事故，对充电站的运行安全造成极大威胁。充电站监控系统可以实时监测电池及充电机的电流、电压等参数，并配合一定的控制功能，确保充电过程的安全。另一方面，电动汽车充电站作为保障电动汽车正常使用的能源基础服务设施，因其构成设备数量多，有必要利用先进的信息技术实现其运行和管理自动化，降低工作人员的劳动强度，提高充电站运行和管理水平。

充电站监控系统主要实现每个充电电池组的实时状态监测，充电机充电方式和相关参数控制，对电池更换设备、烟雾报警状态、配电设备、安防设备等的监控功能，同时为网络调度等管理信息系统提供良好的数据接口。

## 7.1 充电站监控系统的构成及配置原则

充电站监控系统是整个充电站的监控、管理中心。充电站监控系统设计原则应遵循各项国家和行业标准，具有安全性、可靠性、实用性、扩展性、开放性、容错性，满足充电实际业务对实时性的要求，具有较高的性能价格比。充电站监控系统的硬件和软件配置应对后续充电站的扩展给予充分考虑。

充电站监控系统可以分为监控主站、监控终端及通信网络三个组成部分。

监控站主站是整个充电监控系统的监控、管理中心，完成所有充电机信息的采集和显示，充电机的控制和管理，以及整个充电站监控系统数据的存储、管理和统计。

监控终端（充电机）具有与监控主站的通信接口和与蓄电池管理系统的通信接口，负责采集充电机自身状态数据和充电过程中蓄电池管理系统传来的蓄电池数据，将数据传送至监控主站，并接收和执行来自监控主站的控制命令。

通信网络实现了充电设备之间、充电设备与监控计算机之间的数据传输。在充电设备之间采用 CAN 协议，充电设备通过通信转换器进行协议转换（CAN-TCP），与监控计算机通信采用 TCP/IP，不仅提高了充电站监控系统的兼容性和适用性，而且确保了与其他系统的互联能力。

### 7.1.1 充电站监控系统的基本功能

电动汽车充电站监控系统主要完成对与充电设施有关的配电设备、充电设备、电池更换设备、安全防护设备的实时监控与管理，确保充电设施安全、可靠、高效地运行。

充电站监控系统根据监控对象的不同，其功能可以分为：

（1）配电监控

配电监控子系统用于完成配电网自动化数据采集、数据计算处理、控制操作、保护信息处理、事件报警以及向上级配电调度系统转发等功能；另外，配电监控对有源滤波及无功补偿装置进行实时监控，设置运行参数，采集其投、切前后电网谐波相关数据，了解当前电网的电能质量。

（2）充电监控

充电监控子系统的主要功能是采集、处理、存储来自直流充电机或交流充电桩的实时运行数据以及电动汽车动力电池的实时参数；对充电机进行控制调节，与电池管理系统进行通信来获取电池的状态和运行信息；获取电能计量表中的信息，对充电过程进行计费和联动控制；完成对充电事件的记录、报警的处理、充电设施的智能负荷调控、转发到上级监控等。它们为充电设施以安全、可靠、经济的方式运行提供了有效保障。

按照充电机配置方式的不同，可以将充电监控子系统的通信功能分为非车载充电机监控单元与电池管理系统之间的通信、车载充电机与交流充电桩之间的通信两类。

（3）安全防护监控

安全防护监控子系统用于完成对充电站的视频监控以及对消防、门禁和周界安全的监控，当充电设施、配电系统或其他人员设备发生预定事件或异常事件时，可以实时控制安全防护监控子系统，把现场情况传送回监控室，实现安全防护联动监控，使用户能够及时响应，确保人员与设备的安全。

（4）烟感监控

电动汽车内的电池管理系统可以检测电池单体及电池包的电压、电流和温度等信息。为了进一步保障电池包在充电过程中的安全性，防止自燃现象的发生，在电池充电架中安装了数量众多的烟雾传感器，用于探测锂离子动力电池因过充电导致电池自燃而释放出的烟雾。这些传感器接入充电站监控系统后，和充电监控功能（特别是在电池管理系统失效时）一起保障电池充电的安全。

（5）换电监控

换电监控子系统主要对电池更换设备、电池箱和充电架进行实时监控。根据电池箱的参数指标和充电情况发现需要更换电池的电动汽车，并为其动态选择电池成组配置方案，进而实时监控电池更换设备对每个电池箱的更换操作，确保安全完成电池更换。

（6）设备管理

充电站监控系统涉及类型众多的相关设备，对这些设备的管理和维护是监控系统不可缺少的功能。设备管理子系统主要完成配电设备、充电设备、充电架、电池、电池更换设备、电池箱、电动汽车等设备的台账管理、运行记录、维护更换记录等。其中，充电信息管理完成整车与电池组充电记录、充电设备运行数据的存储与统计分析；电池信息管理完成对电池组的型号参数、使用时间、电池成组记录、电池组更换记录、维护记录等信息的存储统计；车辆台账信息管理完成对车型配置信息、配备电池组型号参数、更换维护电池组的记录等信息的存储统计。

### 7.1.2　充电站监控系统的基本要求

为满足充电站监控系统的各项功能，并确保充电站运行使用安全，充电站监控系统必须满足以下几项基本要求：

① 保证通过监控网络对充电机与监控系统间数据交换的实时性、准确性和可靠性，并满足动力电池的安全要求。

② 系统局域网必须具有有效的防病毒措施，与其他信息系统互联时，必须采取可靠的安全隔离措施。

③ 监控主站设备应符合标准化要求，配置必须满足系统功能要求性能指标，具有一定的可扩展性，并且易于升级和维护。

④ 应具备充电站环境监控，设备安全、防火、防盗及视频监控等安全监控系统。

⑤ 应在发生危及安全的事件时发出声光报警，并保证发生事件后 1h 内传出详细事故信息。并对系统运行过程中所有发出的信号和操作记录进行存盘，至少保存 3 年，以便工作人员进行分析和查询。

### 7.1.3　充电站监控系统的基本构成

充电站监控系统是电动汽车充电站自动化系统的核心，主要由充电监控后台、充电机控制系统、配电监控系统、计量计费系统、安防系统及通信管理机等组成。按照结构划分，系统可以分为站控层、通信层和采集/设备层，其结构如图 7-1 所示。

# 第 7 章
## 充电站监控系统

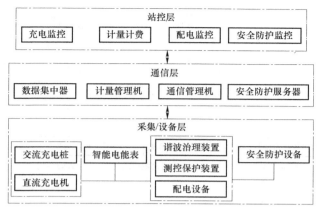

图 7-1 充电监控系统的结构

站控层主要包括数据服务器、前置通信服务器以及充电监控、配电监控、安全防护、计量计费工作站，主要完成数据的采集、处理、存储，图形化数据展示以及遥控、负荷调控等控制功能。

通信层主要由通信管理机、数据集中器、安全防护服务器等组成，主要完成数据转发与控制命令的下达。

采集/设备层主要由充电机、充电桩、测控保护装置、安全防护设备等组成，实现原始数据采集、就地操作执行等功能。

为实现多系统的充分集成和高度融合，系统采用分层融合方法，采集/设备层、通信层及站控层分别只对相关异构数据进行整合及模型转换，减少了异构数据融合的工作量以及层与层之间交互的信息量。通过对站内各类数据的特征分析，建立统一的信息模型，实现数据的一致性解释，实现充电监控系统、计量计费系统、配电监控系统和安全防护监控系统之间的融合。

## 7.2 充电站监控系统的监控网络

### 7.2.1 充电站监控系统网络的结构

充电站监控系统的网络结构共有三层：第一层为充电站中央监控管理系统，包括数据服务器、Web 服务器、监控主机等设备；第二层为配电监控、充电监控、烟雾监控和视频监视 4 个子监控系统；第三层为现场智能设备。各子监控系统之间通过局域网和 TCP/IP 与中央监控管理系统连接，从而实现对整个充电站进行数据汇总、统计、故障显示及监控的目的，如图 7-2 所示。

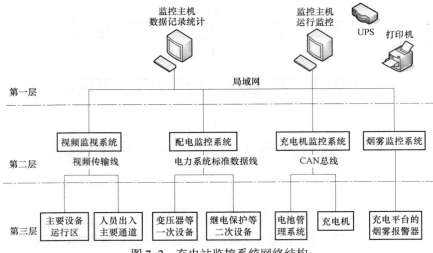

图 7-2 充电站监控系统网络结构

将上述第一层细分为系统平台层和支撑服务层，则充电站监控系统按照软件结构可以分为系统平台层、支撑服务层、公共服务层和应用层 4 层，如图 7-3 所示。

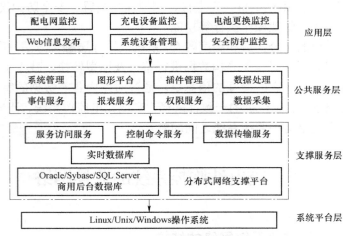

图 7-3 软件体系结构

（1）系统平台层

为适应不同地区、不同用户的要求，电动汽车充电站监控系统的开发需兼容 Unix、Linux、Windows 等多种主流操作系统，支持跨平台和混合平台操作。

（2）支撑服务层

支撑服务层主要为系统提供实时、历史数据库服务和通用的网络通信支撑平台，通信平台应基于标准的网络互联协议（TCP/IP），以提高网络通信及多种操作系统平台数据交换的可靠性。在此基础上，提供统一的数据传输接口、数据库访问接口以及控制命令接口等，使上层的应用服务开发可以专注于业务功能的实现，而无须考虑底层的通信和交互细节。

（3）公共服务层

公共服务层在支撑服务层的基础上实现了数据采集、数据处理、事件服务、插件管理、报表服务、图形平台、系统管理和权限服务等。把各类行业应用的共性需求抽象出来，实现并提供统一的服务接口，由各个应用系统实现共享，以提高代码复用性，也为公用服务的开发维护提供便利。

（4）应用层

应用层主要是通过公共服务层提供的各类功能模块搭建出不同的应用系统，或者通过插件服务来根据不同应用进行相关的功能扩展，最终实现不同业务数据的浏览、分析处理、报表统计、图形化展示和控制交互操作等。

### 7.2.2 充电站监控系统网络的功能

（1）配电监控系统

配电监控系统通过以太网、串口等实现充电站供电系统信息的交换和管理，除实现一次开关设备、变压器等供电设备检测和控制，以及常规二次保护、测量、控制、信号等功能外，该系统与充电站中央监控管理系统通信，保证在充电系统出现故障时，配电监控系统能采取适当的措施进行安全处理。比如在充电机因为失控而不能停止充电时，配电监控系统将会自动切断动力电源。即配电监控系统可以对整站的总功率、总电流、总电量、功率因数、主变状态、开关状态、无功补偿及谐波治理设备进行监视和控制。

（2）充电监控系统

充电站监控系统的核心功能就是它的充电监控功能，利用充电监控功能可以对充电桩和充电机进行监视和控制。对充电桩进行监控，监视充电桩交流输出接口的状态，如电流、电压、开关状态、保护状态等；对与充电桩相连接的电动汽车的基本信息进行采集；对充电桩交流输出接口的开断进行控制。在对充电机的监控中，充电机作为被监控对象，上传给监控系统的数据主要分为两类：充电机状态信息，即输入输出电压、电流、电量、功率因数、充电时间、当前充电模式、充电机故障状态等；电池状态信息，即电池包的基本信息、电压、温度、故障状态、电池管理系统设置信息等。

此外，在电池包的状态信息部分，系统还需根据采集到的电池单体电压、温度等计算出电池包内单体最高电压、最低电压、最高温度、最低温度等统计信息，供限值统计、报警系统使用。它对充电机的控制主要包括：控制充电机充电的开始、停止、紧急停止；调整充电机的充电模式，即根据充电机连接电池的类型及其充电特性，操作人员可通过图形画面调整各阶段充电参数，并下发给充电机；下发对时命令给充电机及其连接的电池管理系统。

充电监控系统是由一台或多台通过网络连接的工作站或服务器组成的，包括监控工作站、数据服务器等。通过监控工作站提供的充、放电监控人机交互界面，可以实现对充电机的监控和数据收集、查询等工作；数据服务器对整个充电系统的原始数据和统计分析数据等进行存储，提供数据服务及其他应用服务。监控工作站实时接收来自充电机的充电机自身运行数据和动力电池的充电数据，也可以通过网络通信对充电机启动、停止及充电电压、充电电流进行控制。

当充电站的规模较小、充电机数量不多时，采用单台监控工作站即可满足监控要求；当充电站的规模较大、充电机数量较多时，可以采用两台或两台以上监控工作站，并根据需要选择配置数据服务器。充电监控系统是充电站监控系统的核心，它具备以下功能：

① 通信功能。通过CAN或以太网方式与充电机通信，能够通过以太网、串口等方式与上级进行通信。

② 数据采集。对充电机的工作状态、运行参数、故障信息数据，以及动力电池的基本信息、电压、温度、SOC、充电量、故障信息等数据进行实时采集。

③ 控制功能。对充电机的启停、紧急停机、远方设定充、放电参数等进行远程控制。

④ 充电模式控制。依照上级系统指令以及BMS提供的动力电池信息，对充电机的充电模式及充电运行参数进行调整。

⑤ 数据处理。能够完成充电机越限报警、故障统计、充电数据存储、动力电池数据存储等数据处理功能。

⑥ 事件记录。能够完成对事件顺序、充电运行参数、操作、故障、动力电池参数等的记录的功能。

⑦ 人机操作。能够完成画面的显示与操作以及对报表的管理与打印。

⑧ 系统维护。能够对数据库、界面及图形、系统参数进行维护以及完成系统自诊断等。

（3）烟雾（火灾报警）监控系统

烟雾（火灾报警）监控系统主要监控充电架上的电池状态或其他重要区域的设备状态。当动力电池或其他设备发生冒烟、燃烧等危险时发出报警，并立即通知中央监控系统进行相应的安保处理。

为了保障电池充电安全，除了通过电池管理系统监视电池电压和温度外，还在电池充电架中安装了数量众多的烟雾传感器，用于探测锂离子动力电池因过充导致电池自燃而释放出的烟雾。这些传感器接入充电站监控系统后，和充电监控功能（特别是在电池管理系统失效时）一起保障电池充电的安全。

（4）视频监视（安防）系统

视频监视（安防）系统对整个充电站的主要设备及人员进行安全监视，通过摄像头、室外快球、温湿度探测器、门禁控制器等设备完成对站内设备与人员、站外环境的实时监控，并将意外情况及时传递给控制室，以便快速采取应对措施，防止发生重大事故。

（5）电池维护监控功能

在大型充电站中，对电池进行定期维护的工作需要通过专门的电池维护设备来完成。在维护过程中，系统将采集到的维护数据存入充电站监控系统数据库，形成电池的完整数据档案，便于对电池进行整体评估。

（6）快速更换设备监控功能

如果充电站具备电池快速更换设备，就可以通过充电站监控系统对电池快速更换设备下发具体电池更换命令；快速更换设备收到命令后，会在指定轨道位置更换电池架上指定位置的电池包。充电站监控系统能够采集到快速更换设备的当前轨道位置和设备状态等信息。

（7）数据交换与转发功能

充电站要与上级集中监控系统进行数据交互，上传本地总加数据等实时信息以及电池系统充电历史数据信息，以便对电池数据进行集中分析和评估。

### 7.2.3 充电站监控系统网络的设置模式

目前，交流充电、直流充电和电池组快速更换是电动汽车电能供给的三种典型方式。而从充电站建设的角度分类，则可以分为以下三种典型模型：

（1）模式 A

在住宅小区和车辆密集的商场、写字楼等现有的专用停车场安装一定数量的交流智能充电桩和少量的直流地面充电机。智能充电桩提供 220V 或 380V 交流电源接口，而智能地面充电机则为电动汽车提供大功率的直流快充功能。该模式适用于小型纯电动汽车、PHEV 等。

（2）模式 B

在专用停车场安装一定数量的智能地面充电机，直接连接电动汽车上的专用充电接口，利用便携式车载充电机为车载电池充电。该模式适用于具有专用停车场的车辆，如纯电动公交车和纯电动环卫车等。

（3）模式 C，即电池更换站模式

站内安装有直接为电池包充电的充电机和直接为电动汽车充电的应急充电机，配备电池快速更换设备和电池架，配有专用配电系统（含电能谐波集中治理装置），能为纯电动汽车提供电池更换服务。该模式适用于频繁充电的车辆，如大型纯电动公交车和纯电动环卫车等。

结合电动汽车的发展趋势以及上述电动汽车电能补给的不同方式，按充电站不同的建设方式，其监控系统也采用不同的模式进行设置。

（1）模式 A 的充电站监控系统

模式 A 充电站是在住宅小区或商业大厦的专用停车场安装一定数量的智能充电桩和少量的地面充电机。其监控系统结构如图 7-4 所示。监控系统的主要监控对象包括大量具备交流接口的充电桩和少量充电机，并与电动汽车进行部分信息交互，将相关数据上传给上级集中监控系统。

（2）模式 B 的充电站监控系统

模式 B 充电站适用于具有专用停车场的车辆，如电动公交、环卫、企业、公务等车辆。在专用停车场安装一定数量的地面充电机，利用车载充电机来为车载电池充电。

该建设模式下的监控系统结构如图 7-5 所示。大量的充电机和站内配电装置是被监控的对象，充电站监控系统需要采集电动汽车和电池模块充电过程中的数据，并与上级集中监控系统进行信息交互。

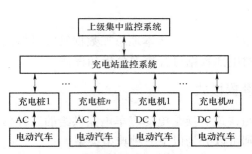

图 7-4　小区或商厦的专用停车场的充电站监控系统结构

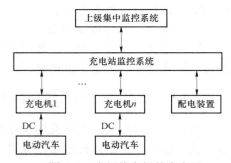

图 7-5　专用停车场的充电站监控系统结构

（3）电池更换站的监控系统

电池更换站由直接为电池模块充电的充电机和直接为电动汽车充电的应急充电机、电池更换设备、充电架和专用供电系统组成，能为电动汽车提供电池更换服务。

在这种模式下，充电机及其连接的电池模块、应急充电机及其连接的电动汽车、配电设备、烟感装置、电池维护设备和快速更换设备等是监控系统的主要监控对象。监控系统除监控外还与上级集中监控系统进行信息交互，其结构如图 7-6 所示。

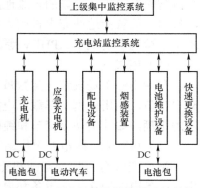

图 7-6　电池更换站的监控系统结构

## 7.3 充电机监控单元与外界的通信协议

### 7.3.1 非车载充电机监控单元与电池管理系统的通信协议

1. 遵循的原则

非车载充电机主要为地面充电机,其主要功能是对电动汽车电池包进行快速充电。在非车载充电机对电池包的充电过程中,充电机监控系统需要和电动汽车 BMS 进行通信,以确保充电时的效率和安全性。电动汽车非车载充电机监控单元与电池管理系统(BMS)的通信协议遵循的原则主要有以下几点:

① 为了与道路车辆控制系统的网络兼容,在充电机监控单元与电动汽车 BMS 之间的通信系统中,采用 CAN 通信协议。

② 通信协议的物理层和数据链路层应符合 ISO 11898《道路车辆控制局域网 CAN》、SAE J1939《商用车控制系统局域网 CAN 通信协议》的规定。数据帧格式应遵循 1991 年 9 月发布的"CAN 总线 2.0B 版本"的规定。

③ 在充电过程中,充电机监控单元与车载 BMS 协同工作,检测电池的电压、电流和温度等参数。BMS 通过充电控制算法决策出最佳充电过程的控制方案。

2. 网络拓扑架构

充电机监控单元与电动汽车 BMS 之间的通信网络由 CAN 总线构成,其网络拓扑结构图如图 7-7 所示。

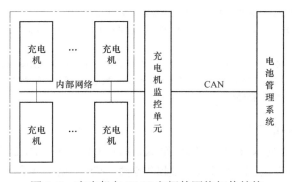

图 7-7 充电机与 BMS 之间的网络拓扑结构

3. 物理层

电动汽车充电机通信协议采用的通信物理层应符合国际标准 ISO11898、SAE J1939-11《商用车控制系统局域网 CAN 通信协议—物理层》的规定。BMS 与充电机的通信使用独立于动力总成之外的 CAN 接口,位时间推荐采用 4μs,对应的位速率为 250kbit/s。

4. 数据链路层

数据链路层处于物理层和网络层之间。其功能是在物理层的基础上向网络层提供服务。充电机监控单元与 BMS 之间的数据帧格式应符合"CAN 总线 2.0B 版本"的规定。

(1) 帧格式

充电机监控单元与 BMS 之间通信协议的帧格式必须使用 CAN 扩展帧的 29bit 标识符。每个位分配的相应定义应符合 SAE J1939–21《商用车控制系统局域网 CAN 通信协议—数据链路层》的规定。

(2) 协议数据单元 (PDU)

每个 CAN 数据帧包含一个单一的协议数据单元 (Protocal Data Unit, PDU), 见表 7–1。协议数据单元由 7 部分组成, 分别是优先级、保留位、数据页、PDU 格式、特定 PDU 格式、源地址和数据域。

表 7–1 协议数据单元 (PDU)

| P | R | DP | PF | PS | SA | DATA |
|---|---|---|---|---|---|---|
| 3 | 1 | 1 | 8 | 8 | 8 | 0~64 |

注: 1. P 为优先级, 0 级为最高, 7 级为最低; 充电应答信息、充电状态信息、充电阶段报警信息优先级设为 5, 其他信息缺省优先级设为 6。
2. R 为保留位, 后续开发备用, 设为 0。
3. DP 为数据页, 用来选择参数组描述的辅助页, 设为 0。
4. PF 为 PDU 格式, 用来确定 PDU 的格式以及数据域对应的参数组编号。
5. PS 为特定 PDU 格式, PS 值取决于 PDU 格式, 采用 PDU1 格式时, PS 值为目标地址。
6. SA 为源地址。
7. DATA 为数据域, 若给定参数组数据长度小于或等于 8B (字节), 可使用数据域全部的 8B; 若给定参数组数据长度为 9~1785B 时, 数据传输需多个 CAN 数据帧, 通过传输协议功能的连接管理能力来建立和关闭多包参数组的通信。

(3) 协议数据单元格式

SAE J1939–21 定义了两种 PDU 格式: PDU1 格式和 PDU2 格式。PDU1 格式实现 CAN 数据帧定向到特定目标地址的传输; PDU2 格式仅用于不指向特定目标地址的传输。为了充电机与 BMS 之间的点对点方式通信的安全性考虑, 可选用 PDU1 格式。

(4) 参数组编号 (PGN)

参数组编号 (PGN) 是一个 24bit 的值, 用来识别 CAN 数据帧的数据域属于哪个参数组, 包括保留位、数据页位、PDU 格式域 (8bit) 和组扩展域 (8bit)。

# 第 7 章
## 充电站监控系统

若 PF 值小于 240，则 PGN 的低字节置 0；否则，将其值设为组扩展域的值。PDU 采用 PDU1 格式时，PGN 的第二个字节即为 PDU 格式（PF）值，高字节和低字节均为 00H。

（5）传输协议功能

传输协议为传送数据在 9B 或以上的 PGN 提供的一种机制。传输协议功能可分为消息的拆装和重组以及连接管理。在使用多包数据传输机制的数据为 BMS 向充电机监控单元发送的各电池单元数据时，具体连接初始化、数据传输、连接关闭遵循 SAE J1939–21 的规定。

（6）网址的分配

网络地址的功能是保证消息标识符的唯一性以及表明消息的来源。充电机与 BMS 的地址固定在 ECU 的程序代码中，是不可配置地址，包括服务手段在内的任何手段都不能改变其源地址。充电机的首选分配地址是 229（E5H），而 BMS 的首选的分配地址为 244（F4H）。

（7）消息类型

"CAN 总线 2.0B 版本"支持五种类型的消息，分别为命令、请求、广播/响应、确认和组功能。

在电动汽车充电机监控单元与 BMS 的通信协议中，最常使用的有两种，即请求和确认。具体定义遵循 SAE J1939–21 的规定。

5. 应用层

① 应用层是充电机监控单元与 BMS 之间数据通信的核心。电动汽车充电机监控单元的通信协议应用层的定义主要遵循 SAE J939—71《商用车控制系统局域网 CAN 通信协议–应用层》，采用参数和参数组定义的形式。

② 采用 PGN（Parameter Group Number）对参数组进行编号，各个节点根据 PGN 来识别数据包内容。

③ 使用"请求 PGN"来主动获取其他节点的参数组。

④ 采用周期发送和事件驱动的方式来发送数据。

⑤ 如果需发送多个 PGN 数据来实现一个功能，需同时收到该定义的多个 PGN 报文才判断此功能发送成功。

⑥ 定义新的参数组时，若有一些参数彼此功能相近，或是有相同或相近的刷新频率，或它们属于同一个子系统，则应将这类参数放在同一个参数组中；同时，新的参数组既要尽量把相关的参数放在同一个组内以充分利用 8B 的数据宽度，又要尽量预留出一部分字节或位，以便将来扩展时使用。

⑦ 在修改已定义的参数组时，已经定义的字节或位的定义不应进行修改，新增加的参数要与参数组中原有的参数相关，不应为节省 PGN 的数量而将不相关的参数加入到已定义的 PGN 中；对于功能相近的 ECU，应充分利用已定

义参数,利用原来已定义的 PGN 中的未定义部分来增加识别位判断出 ECU 的功能。

### 7.3.2 车载充电机监控系统与交流充电桩的通信协议

1. 总体流程

交流充电桩为车载充电机充电的通信过程包括握手阶段、配置阶段、充电阶段和充电结束共 4 个阶段,总体流程图如图 7-8 所示。在各个阶段,若交流充电桩和车载充电机没有在规定时间内收到对方的报文,即判定为超时。出现超时后,交流充电桩和车载充电机发送错误报文,并进入错误处理状态。这时,可以重新进行物理连接并上电。

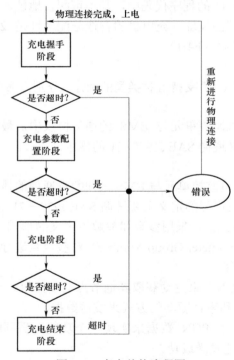

图 7-8 充电总体流程图

2. 报文分类

(1)握手阶段

当交流充电桩和车载充电机物理连接完成并上电后,交流充电桩和车载充电机进入握手阶段。握手阶段的目的是确定交流充电桩和车载充电机之间的双向通信正常,报文分类见表 7-2。该阶段的工作状态转换流程如图 7-9 所示。

## 第 7 章 充电站监控系统

表 7-2 握手阶段的报文分类

| 报文代号 | 报文描述 | 报文 ID | 源地址 | 目的地址 | 触发方式 |
| --- | --- | --- | --- | --- | --- |
| AIM | 交流充电桩辨识信息 | 1 | 交流充电桩 | 车载充电机 | 周期发送，事件触发 |
| CIM | 车载充电机辨识信息 | 2 | 车载充电机 | 交流充电桩 | 周期发送，事件触发 |

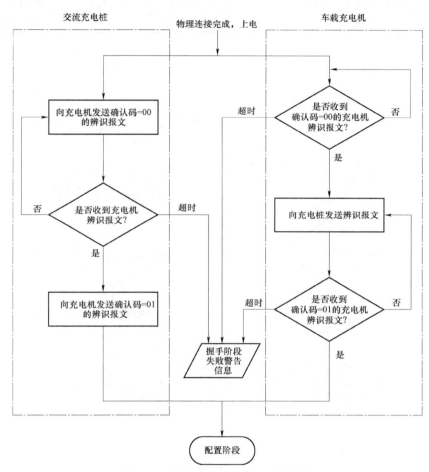

图 7-9 握手阶段工作状态转换流程

（2）配置阶段

握手阶段完成后，交流充电桩和车载充电机进入配置阶段。在此阶段，交流充电桩可以向车载充电机发送充电桩的最大输出能力或充电所需参数的报文。同时，车载充电机读取 BMS 中的电池参数，发送给交流充电桩，并选择是否接受有序充电调控。若不接受，则交流充电桩按照车载充电机的要求进行充电。配置阶段的报文分类见表 7-3。工作状态流程如图 7-10 所示。

表 7–3　配置阶段的报文分类

| 报文代号 | 报文描述 | 报文 ID | 源地址 | 目的地址 | 触发方式 |
|---|---|---|---|---|---|
| AOP | 交流充电桩输出参数 | 17 | 交流充电桩 | 车载充电机 | 周期发送，事件触发 |
| CBP | 车载充电机及电池参数 | 18 | 车载充电机 | 交流充电桩 | 周期发送，事件触发 |
| ASM | 交流充电桩充电开始标识 | 19 | 交流充电桩 | 车载充电机 | 事件触发 |
| CSM | 车载充电机充电开始标识 | 20 | 车载充电机 | 交流充电桩 | 事件触发 |

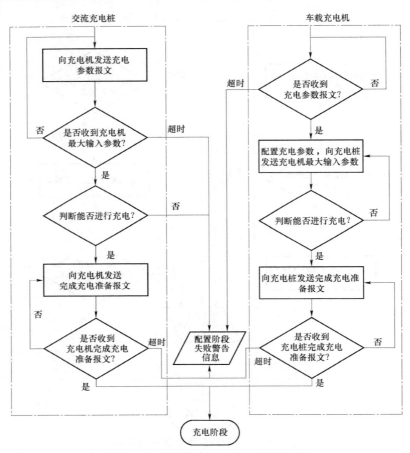

图 7–10　配置阶段工作状态转换流程

（3）充电阶段

配置阶段完成后，即进入充电阶段。在此阶段，交流充电桩向车载充电机发送实时的充电电流、电压、功率等信息。若车载充电机接受有序充电调控，车载充电机将根据交流充电桩发送的实时功率进行调整，以弱化充电过程对电网的影响。在充电过程中，充电机将车载电池 SOC 信息和故障信息发送给交流充电桩。

交流充电桩决定是否停止充电的条件主要有以下几点：电网有序充电要求，充电过程是否正常，是否达到人为设定的时间或电量，当收到车载充电机终止充电报文时也将结束充电。充电阶段报文分类表见表7–4。工作状态转换流程如图7–11所示。

表7–4 充电阶段的报文分类

| 报文代号 | 报文描述 | 报文ID | 源地址 | 目的地址 | 触发方式 |
|---|---|---|---|---|---|
| APT | 实时功率门限信息 | 33 | 交流充电桩 | 车载充电机 | 周期发送 |
| ARD | 充电实时数据 | 34 | 交流充电桩 | 车载充电机 | 周期发送 |
| CRF | 实时故障信息 | 35 | 车载充电机 | 交流充电桩 | 周期发送，事件触发 |
| CRB | 电池实时数据 | 36 | 车载充电机 | 交流充电桩 | 周期发送 |
| ATM | 交流充电桩终止充电 | 37 | 交流充电桩 | 车载充电机 | 事件触发 |
| CTM | 车载充电机终止充电 | 38 | 车载充电机 | 交流充电桩 | 事件触发 |

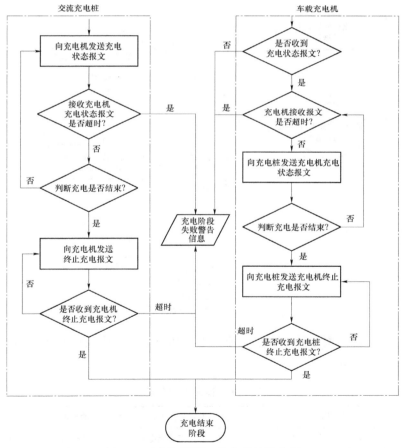

图7–11 充电阶段工作状态转换流程

（4）充电结束阶段

当交流充电桩和车载充电机终止充电后，双方进入充电结束阶段。在此阶段，交流充电桩向车载充电机发送整个充电过程中的输出电量、累计充电时间等信息，而车载充电机向交流充电桩发送全过程中的充电统计数据，如初始 SOC、终了 SOC 等。充电结束阶段的报文分类见表 7-5。工作状态转换流程如图 7-12 所示。

表 7-5  充电结束阶段的报文分类

| 报文代号 | 报文描述 | 报文 ID | 源地址 | 目的地址 | 触发方式 |
| --- | --- | --- | --- | --- | --- |
| AST | 交流充电桩统计数据 | 49 | 交流充电桩 | 车载充电机 | 事件触发 |
| CST | 车载充电机统计数据 | 50 | 车载充电机 | 交流充电桩 | 事件触发 |

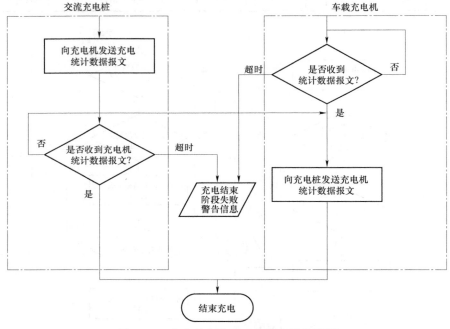

图 7-12  充电结束阶段工作状态转换流程

错误报文是指整个充电阶段交流充电桩和车载充电机发送的错误信息。错误报文分类见表 7-6。

表 7-6  错误报文分类

| 报文代号 | 报文描述 | 报文 ID | 源地址 | 目的地址 | 触发方式 |
| --- | --- | --- | --- | --- | --- |
| AEM | 交流充电桩错误数据 | 65 | 交流充电桩 | 车载充电机 | 事件触发 |
| CEM | 车载充电机错误数据 | 66 | 车载充电机 | 交流充电桩 | 事件触发 |

# 第 7 章
## 充电站监控系统

## 7.4 案例分析

以国内某公司自主研发的充电站后台监控自动化系统为例进行分析和说明。

该系统具有调度中心/集控中心和运行人员实现电动汽车充电监视、控制的人机界面，同时具有计算、统计、历史数据信息保存检索、报表处理和曲线查看、统计分析、事故报警等应用功能。自动化信息的最终处理、显示和监测都由监控平台来完成，是一套多窗口、多任务系统，采用流行、简单易用的画面输出和操作方式，结构化设计，通用数据库访问方式，多进程、多线程模式，使系统具有高可靠性、方便的人机交互操作，高质量的画面显示及灵活的可扩展性。

### 7.4.1 系统架构

1. 整体架构

如图 7-13 所示，充电站监控管理系统可以分为三层，即设备层、网络层和监控层。充电站监控管理系统是充电站本地控制中枢，负责监控整个充电系统的运行状态，保证充电系统处于最优的工作状态。它既可以充当站内充电站调度任务的角色，也可以是连接站内调度和充电系统的桥梁，同时也可以监控站内各类辅助设施，如配电保护、防雷、热管理系统、三防系统（防尘、防潮、防腐）、消防和监控计量装置等。

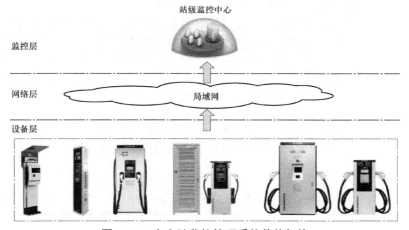

图 7-13 充电站监控管理系统整体架构

2. 硬件架构

如图 7-14 所示，充电站监控管理系统由应用服务器、数据库服务器、监控管理工作站、充电卡管理工作站、打印机读卡器等硬件设备组成。

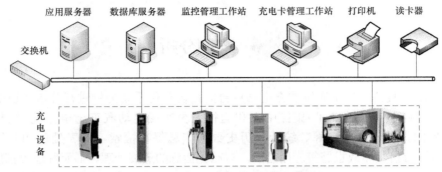

图 7-14　充电站监控管理系统硬件架构

数据库服务器：主要部署监控管理系统应用程序及数据库管理软件，用于各充电桩（机）运行数据的采集及处理等，实现充电桩（机）运行情况的管控功能。

通信服务器：主要部署通信管理软件，负责监控管理系统下行命令的发布及充电桩（机）上行数据的接收。

监控管理工作站：部署客户端相关程序，主要用于对各充电桩（机）运行情况的监管操作，系统采用 C/S 架构，可扩容多台工作站。

充电卡管理工作站：主要部署充值业务管理软件，通过与读卡器连接，读取充电卡信息，实现充值业务管理功能。

3. 软件架构

图 7-15 所示为充电站监控管理系统软件架构。

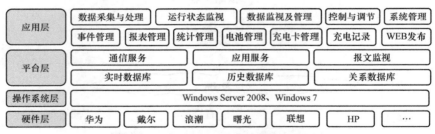

图 7-15　充电站监控管理系统软件架构

（1）硬件层

该系统软件可在主流 PC 服务器上运行，包括华为、戴尔、浪潮、曙光、联想、HP、IBM 等。

（2）操作系统层

该系统软件支持 Windows Server2008、Windows7 等操作系统。

（3）平台层

平台层主要给应用功能提供基础应用服务及数据管理服务，包括通信服务、应用服务、报文监视等基础应用服务，实时数据库、历史数据库及关系数据库等数据管理服务。

（4）应用层

系统应用采用模块化设计，任一功能应用停止或故障，不影响其他功能应用的正常运行。

### 7.4.2 技术参数

表 7-7 为充电站监控管理系统的技术参数。

表 7-7 技术参数

| 序 号 | 技术参数 | | 单 位 | 数 值 |
|---|---|---|---|---|
| 1 | 模拟量测量综合误差 | | % | ≤1.5 |
| 2 | 遥测信息响应时间 | | s | ≤3 |
| 3 | 遥信变化响应时间 | | s | ≤2 |
| 4 | 控制命令从生成到输出时间 | | s | ≤2 |
| 5 | 画面实时数据更新周期（模拟量） | | s | ≤3 |
| 6 | 画面实时数据更新周期（开关量） | | s | ≤2 |
| 7 | 遥控动作成功率 | | % | ≥99.99 |
| 8 | 遥测合格率 | | % | ≥98 |
| 9 | 事故时遥信年正确动作率 | | % | ≥99 |
| 10 | 系统可用率 | | % | ≥99.9 |
| 11 | 系统平均故障间隔时间（MTBF） | | h | 20 000 |
| 12 | 充电机控制器平均故障间隔时间 | | h | 30 000 |
| 13 | 工作站平均负荷率 | 正常时（任意 30min 内） | % | ≤30 |
| | | 事故时（10s 内） | % | ≤50 |
| 14 | 历史曲线日报、月报储存时间 | | 年 | ≥2 |
| 15 | 热备用计算机的切换时间 | | s | ≤10 |
| 16 | 双击故障切换时间（人工） | | s | ≤5 |
| 17 | 全系统最长恢复时间 | | min | ≤5 |
| 18 | GPS 对时精度 | | ms | ≤1 |

### 7.4.3 主要功能

**1. 数据采集与处理**

（1）充电设备信息采集与处理

系统可实时采集与处理充电设备的工作状态和故障信号等遥信信息，以及电压、电流、电量、时间和充电交易信息等遥测信息。

### (2) 车载电池信息采集与处理

系统可实时采集与处理充电车辆的电池状态信息、报警信息等遥信信息，以及端电压、SOC、单体电压、采样点温度等遥测信息。

### (3) 换电站电池信息采集与处理

系统可实时采集与处理换电站内电池箱状态信息、报警信息、编号信息、充电就位状态信息等遥信信息，以及端电压、单体电压、采样点温度等遥测信息。

### (4) 充电站其他信息采集与处理

系统可以实现烟雾报警信息采集与处理，以及视频监视信息采集与处理。

## 2. 运行状态监视

通过系统运行状态监视界面，可实时监控充电站各充电设备的充电状态，包括电池当前 SOC、输出电压和输出电流等信息，并用带有不同颜色的文字提示充电机处在充电状态或停止状态。此外，该系统还设有急停按钮，可以远程控制关停充电桩，如图 7-16 所示。系统界面配置灵活，响应及时，实时动态更新各充电设备的状态数据。系统具备二级界面功能，单击图中任一充电设备，全屏将全面显示该充电设备相关状态信息，如图 7-17 所示。在这个界面下，可以同时查看充电机两个通道的详细状态，不仅包括输出电压、电流、已充电量、充电卡余额，还可以监控是否出现电压异常、电流过大或 BMS 异常等情况。

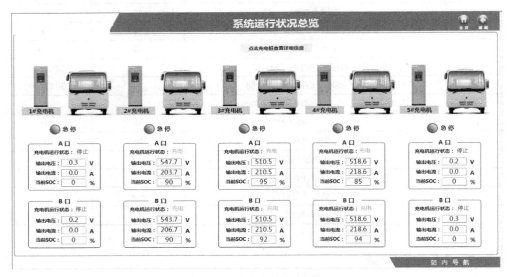

图 7-16 运行状态监视界面

系统具有自动异常报警功能，当系统检测到异常时，弹出窗体报警，故障点闪烁，便于管理员快速定位报警点位置，采取有效措施，也可以选择发送报警信息给管理员。

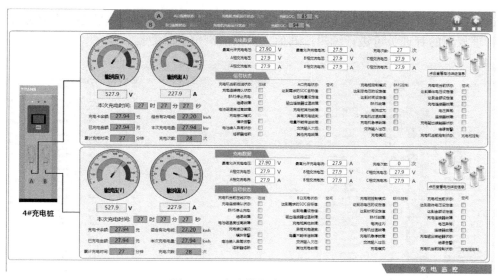

图 7-17 充电桩信息查看界面

单击界面右上角的"查看电池详细信息"按钮,进入图 7-18 所示的界面。在此界面中,电池数据检测可以精确到单体电池,监控内容包括单体电池电压、温度等,电池数据可根据客户需要保留数年,形成大数据。

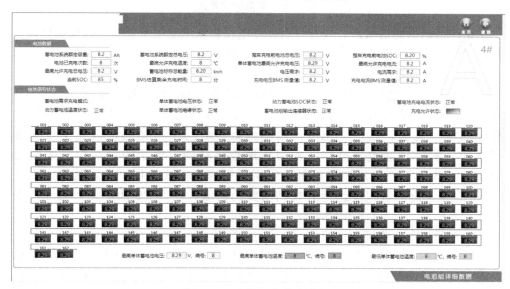

图 7-18 电池运行状态监控

3. 数据监视及管控

图 7-19 所示为充电管理系统的后台数据管理界面,通过此界面对通道、设备、

遥信、遥测、电度等进行集中管理，可直观查看各类数据的通信状态。具备系统管理权限的管理员可进行编辑，其他人员只能浏览实时数据。

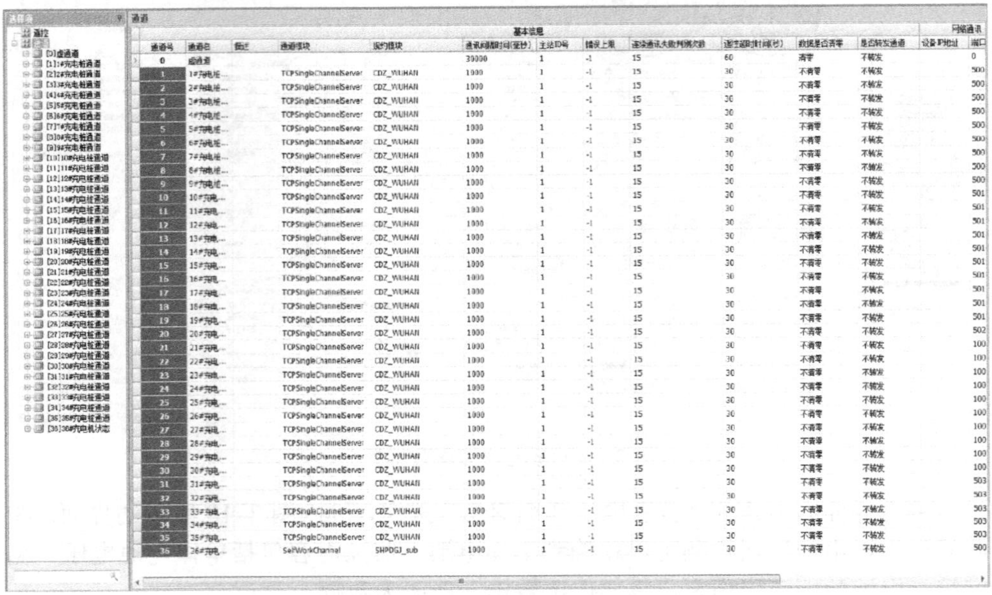

图 7-19　数据管理界面

系统有数据通道状态监视及管理、充电设备状态监视及管理、电度信息监视及管理的功能，并具有遥信、遥测、遥控、遥调的"四遥"功能。

（1）数据通道及充电设备状态监视及管理

通道和各充电设备的状态分为两种，"红色方框"代表通道处于工作状态；"绿色方框"代表通道处于休整状态。可查看该通道下的测点数量信息，统计整个通道的遥测、遥信、电度的总测点数量。可对数据通道或充电设备进行添加、删除、修改等操作，实现快速查询功能，便于用户在大量的通道中快速查找到需要的通道或设备，采用模糊检索方式，也可输入数字、拼音（汉字的首字母）或汉字快速查找到需要的通道。图 7-20 所示为数据通道监视界面。

（2）遥信状态监视及管理

遥信状态查看可查看通道下的全部遥信测点状态信息，也可以查看某个设备的遥信测点状态信息。遥信状态分两种："红色方框"代表处于在线状态；"绿色方框"代表通道处于离线状态。该功能主要是对遥信数据进行插入、删除等操作，可在任意位置插入一个或多个遥信点数据，也可任意删除一个或多个遥信点数据。系统会根据实际操作情况，对遥信点数据自动排序。

# 第 7 章
## 充电站监控系统

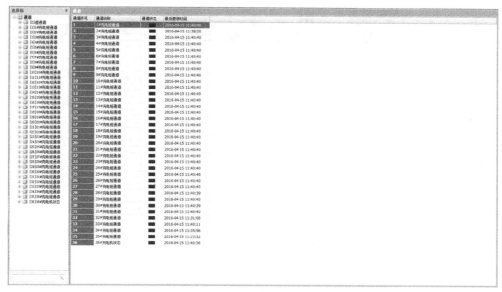

图 7-20 数据通道监视界面

（3）遥测信息监视及管理

可查看充电设备输出电压、输出电流、累计充电时间、输出功率、充电累计容量、充电累计电度等信息，包括对应遥测信息的当前值、最大值及最小值等，并可支持相关事件、历史曲线、即时走势、历史报表等查看及 Excel 导出等操作。此外，也可以在任意位置插入或删除遥测数据点。

（4）电度信息监视及管理

可查看充电设备的电度信息，包括设备名称、电度序号、电度名称、电能示值（从电能表采集上来的累计值）、最后更新时间等信息，并可支持相关事件、历史曲线、即时走势、历史报表等查看及 Excel 导出等操作。同样可以对电度数据进行插入或删除操作，系统会根据实际操作情况，对电度测点数据自动排序。

（5）遥控设置及执行

借助监控管理系统，用户可实现充电设备的远程起动、停机等动作，系统还具有操作断路器，对微机保护设备进行远程复归的能力。只有具备"遥控权限"的操作员通过密码口令和权限校验才可进入遥控编辑界面，单击系统工具栏中的"编辑工具"，便可进行"添加""修改"和"删除"操作，如图 7-21 所示。

只有具有"遥控执行"权限，才能在遥控界面和组态界面上发出遥控指令，如图 7-22 所示。

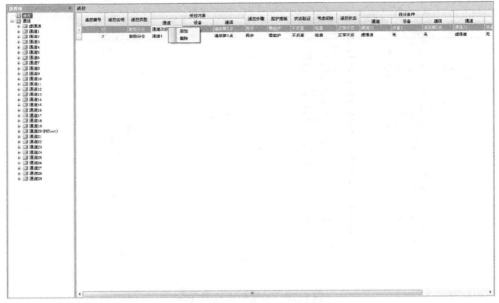

图 7-21 遥控设置界面

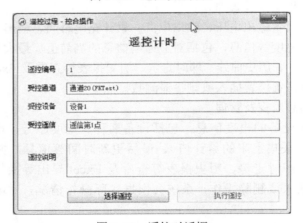

图 7-22 遥控对话框

(6) 远程调节（遥调）

借助监控管理系统，用户可实现校时信息的下发，以及充电参数的远程设置、电价信息的远程设置等动作。

4. 系统管理功能

系统具备完善的系统管理功能，可对遥信类型、遥信术语、用户权限、系统工况、短信报警进行统一管理，具备系统管理权限的管理员可进行添加、修改或删除操作，其他人员只能浏览及修改自己的密码。系统管理界面如图 7-23 所示。

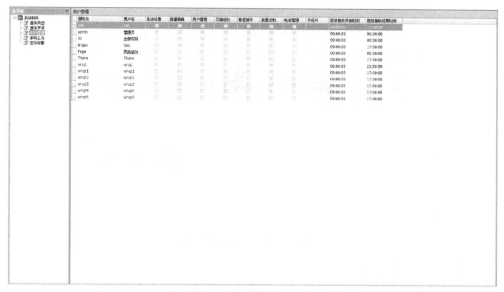

图 7-23　系统管理界面

（1）遥信类型管理

进入遥信类型管理界面，界面将以列表的形式展示全部的遥信类型，包括充电桩的工作状态、充电系统工作状态、AC/DC 控制模拟故障状态、充电枪工作状态、电池故障状态等等一系列遥信类型，并可进行添加、修改或删除等操作。

（2）遥信术语管理

进入遥信术语管理界面，可进行遥信术语的定义，如可定义"0"代表分、"1"代表合，并可进行添加、修改或删除等操作。

（3）用户权限管理

对系统操作人员的相关信息进行统一管理，具备用户管理权限的系统管理员可以添加、修改或删除用户标识，并可配置用户权限。其他人员都可修改自己的密码，但不能修改自己的权限。

（4）系统工况监视

系统工况监视功能可形象直观地显示各硬件设备的运行状态，蓝色表示为正常通信链路、灰色表示为故障通信链路，如图 7-24 所示。

（5）短信报警管理

针对遥信、遥测等测点发生异常报警时，通过手机短信发送到管理人员的手机中，便于管理人员及时掌握现场的情况。用户选择任意的测点种类，不同的测点对应不同的报警条件。在等级一列中，用户可根据该测点的重要性来选择，其中包括提示、警告、严重和紧急这四种等级。

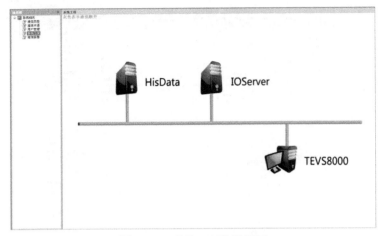

图 7-24 系统工况监视界面

（6）信息同步管理

信息同步管理功能主要是对服务器端和不同客户端之间的组态、报表、曲线文件等进行同步，一般的同步策略是下载服务器上存在但本地不存在且提交本地存在但服务器上不存在的文件或目录，并自动同步，也可根据实际需要灵活选择。

5. 事件管理功能

事件管理功能对报警、操作和系统事件进行集中管理，支持各种事件的查询、打印和导出等操作，便于对各类事件进行查找、总结分析。

（1）事件类型

① 报警事件

- 通道类：记录通道的一些事件（例如通道的投入，退出）。
- 设备类：记录设备的一些事件（例如设备的投入，退出）。
- 遥信类：记录遥信的变位报警事件（例如遥信合、分）。
- 遥测类：记录遥测的越限报警事件（例如越上限、越下限）。
- SOE 类：记录 SOE 报警事件。

② 操作事件

- 人工置数：指人工置数和取消人工置数（例如遥信置合/分、遥测置一个具体的数值）。
- 封锁：指封锁数据和取消数据封锁等事件。
- 遥控：指设备遥控事件。

③ 系统事件

- 用户登录：用户的登录、注销等。
- 系统设置：修改系统参数、用户管理新增或修改遥信术语等。

（2）事件查询

① 选择查询事件类型。在左侧的树形列表"选择项"中，勾选要查询的事件类型或者其中某个子类型，也可选中"全部事件"。

② 选择时间范围查询相关事件。设置查询"起始时间""结束时间"，单击"查询"按钮，如果在指定时间段内有要查询的事件，则相应事件的详细信息会依次列在显示区域。图 7-25 所示为查询"人工置数"事件的查询界面。

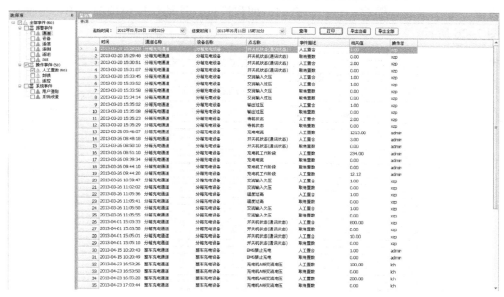

图 7-25　事件查询界面

6. 报表管理功能

报表管理功能支持多种类型的报表制作查询，包含"日报""周报""月报或旬报""年报或季报""自定义时段月报""自定义时段季、年报"及"自定义时段报表"，同时支持对报表进行编辑、浏览、打印和导出等操作。

（1）报表类型

报表类型主要有以下几种：日报、月报、年报、周报、季报、旬报、自定义时段月报和年报等。

- 日报：以秒为单位，最大范围不超过 24h，可跨天查看。
- 周报：以天为单位，最大查询范围不超过 7 天。
- 旬报：以天为单位，每月分为上旬、中旬和下旬，最大查询范围不超过 11 天。
- 月报：以天为单位，最大查询范围不超过 31 天。
- 年报：以月为单位，查询时间为 12 个月。
- 季报：以月为单位，一年四季，每个季度查询时间为 3 个月。

- 自定义时段月报：以天为单位，最大范围不超过一个月，可实现跨月报表。
- 自定义时段年报：以月为单位，最大范围不超过一年，可实现跨年报表。
- 自定时段报表：以天为单位，最大范围不超过一年，可实现跨月报表和跨周报表。

（2）报表浏览

报表浏览提供的查询功能主要包含停止呈现、刷新、打印、打印布局、页面设置、导出报表、缩放、查找、查询日期和换页。移动鼠标至顶部菜单，界面如图7-26所示。

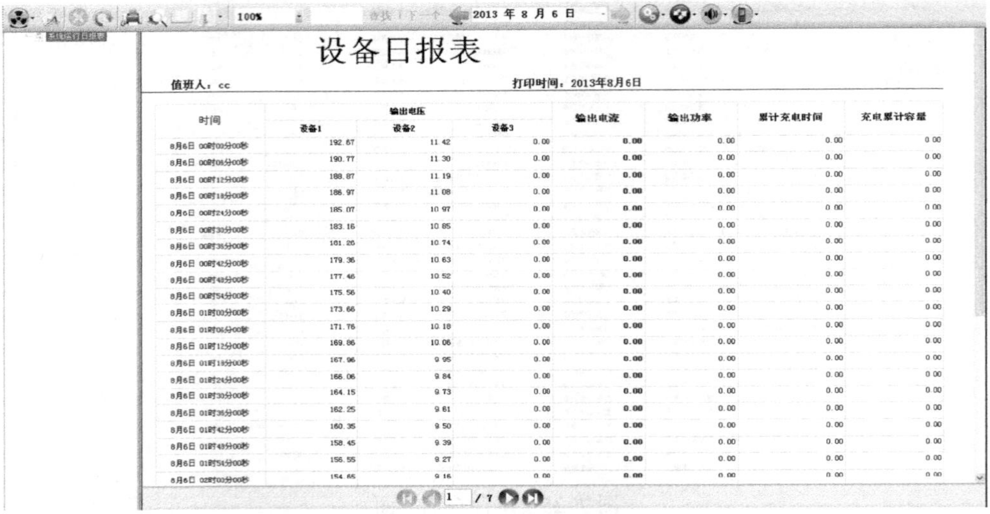

图7-26 报表浏览界面

### 7. 统计管理功能

统计管理功能主要是对遥测和遥信数据进行统计。可以对遥测点进行某个时间段内的最大、最小、平均值、合格率和越限次数等类型的统计；对于遥信点，则主要是从合到分次数、从分到合次数、合位时间和分位时间的统计。统计管理界面如图7-27所示。

（1）遥测统计

选择"统计数据类型"下的"遥测"，单击系统工具栏上的"高级查询"按钮，弹出遥测统计界面，可对遥测点号、遥测类型及遥测历史数据时间进行统计，如图7-27中"遥测统计"窗口所示。用户可根据需求选择遥测统计类型，如下：

- 最大值统计：指在查询时间范围内的最大值。
- 最大值出现时间统计：指在查询时间范围内最大值对应的时间，当查询范围内出现两个及两个以上相同最值时，显示第一个最值对应的查询时间。

# 第 7 章
## 充电站监控系统

图 7-27 统计管理界面

- 最小值统计：指在查询时间范围内的最小值。
- 最小值出现时间统计：指在查询时间范围内最小值对应的时间，当查询范围内出现两个及两个以上相同最值时，显示第一个最值对应的查询时间。
- 平均值统计：查询时间范围内所有数据和的平均值。
- 合格率统计：设定遥测点的上、下限值，在上、下限值范围内的数据属于合格数据，合格的数据个数比上总的统计数，即为合格率。
- 越限时间统计：设定遥测点的上、下限值，遥测点越上限的时间和越下限的时间总和。
- 越限次数统计：设定遥测点的上、下限值，遥测点越上限的次数和越下限的次数总和。

（2）遥信统计

选择"统计数据类型"下的"遥信"，单击系统工具栏上的"高级查询"按钮，弹出遥信统计界面，可对遥信点号、遥信类型及遥信历史数据时间进行统计，如图 7-28 所示。

用户可根据需求选择遥信统计类型，具体如下：

合→分变位次数统计：遥信点从合变位为分的次数之和。

分→合变位次数统计：遥信点从分变位为合的次数之和。

合位时间统计：遥信点处于合位的时间之和。

分位时间统计：遥信点处于分位的时间之和。

8．电池管理功能

系统可对电池组和电池箱的智能化管理，包括实现对电池组和电池箱的相关参数进行查找、修改、新增、删除，此外还包括电池曲线和电池报表的读取等。

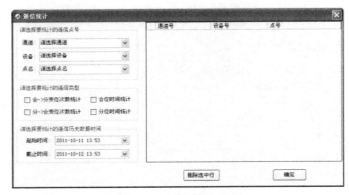

图 7-28　遥信统计界面

（1）电池组管理

进入电池组管理界面，可浏览全部电池组信息，并支持电池组添加、修改或删除等操作，如图 7-29 所示。

图 7-29　电池组管理界面

（2）电池箱管理

进入电池箱管理界面，可浏览全部电池箱信息，并支持电池箱添加、修改或删除等操作，如图 7-30 所示。

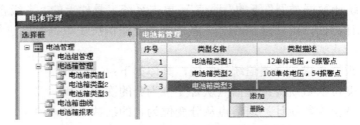

图 7-30　电池箱管理界面

（3）电池箱曲线

进入电池箱曲线管理界面，可浏览全部电池箱曲线信息，并支持电池箱曲线添加、修改或删除等操作，如图 7-31 所示。

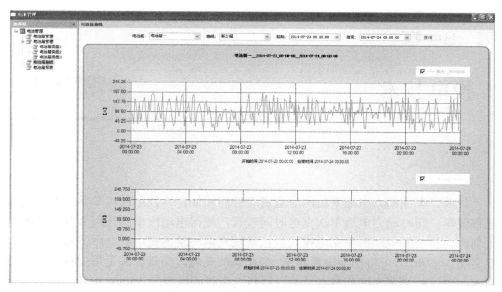

图 7-31 电池箱曲线管理界面

（4）电池箱报表

进入电池箱报表管理界面，可浏览全部电池箱报表信息，并支持电池箱报表添加、修改或删除等操作，如图 7-32 所示。

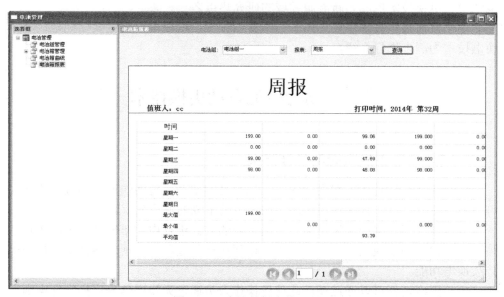

图 7-32 电池箱报表管理界面

# 第 8 章 换电技术

目前，车载动力电池系统的能量密度仍然较低，导致电动汽车单次充电续驶里程较短；同时动力电池单次充电时间较长，使得电动汽车的使用和推广受到严重制约。传统的电动汽车充电模式包括常规充电与快速充电。其中，常规充电一般需要 3~10h 方可将电池电量充满。如此长的充电时间难以满足用户持续驾驶的需求。而目前快速充电技术水平虽可以将充电时间减少至 15min 左右，但这种充电方式对电池寿命有着很大的影响。针对上述充电技术的弊端，换电技术可以给用户带来更加方便的服务：当用户发现车辆电量不足时，直接驶入就近的换电站即可实现对低电量电池的更换；被换下来的低电量电池将会被充电和保存。换电方式将大大节省用户时间，是一种便捷、快速的电池电能补充方式。因此，动力电池快速更换技术也成为新能源领域的研究热点之一。

由于目前换电技术主要运用于公共交通领域，所以本章将主要以纯电动客车换电技术为例来进行介绍。

## 8.1 动力电池自动更换技术

### 8.1.1 自动更换系统的总体方案

自动更换系统总体方案设计的主导思想是实现动力电池快速、高效、安全、可靠和便捷的更换，合理使用能源，增加电动车辆的使用效率。

通常情况下，采用快换机器人自动更换的方式进行电动车辆动力电池更换，需要安排额外的快换机器人作为备用，以便在运行过程中出现设备故障的情况时持续换电功能。

自动更换过程可以通过调度或现场操作人员通过无线通信来遥控指挥电池的装卸，通过多种定位技术集成来提高更换机器人对车辆的定位精度。

机械臂在工作时，需要接收来自电动车辆的信号，用于确认电池箱的送装或者拉取是否到位，动力线、信号线及低压电源线插接是否正常。机械臂采用中央控制的方式，各传感器取样采集的信号经过中央处理器处理后，发出相关指令进行操作。

同时还应该设计手动更换方案，作为换电站停电或者其他意外情况下的备用更换方式。

### 8.1.2 自动更换系统的组成及工作原理

自动更换方式是动力电池快速更换的主要方式，由更换机械装置和控制系统共同构成的更换机器人来完成。更换机器人由底盘、垂直升举装置、托盘、充电架、电磁吸取装置和液压传动等组成，如图8-1和图8-2所示。

图 8-1　电池更换机器人

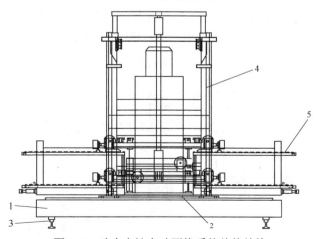

图 8-2　动力电池自动更换系统总体结构
1—平行移动平台　2—旋转平台　3—轨道　4—垂直升举装置　5—电池托盘

## 1. 底盘

如图 8-2 所示,底盘部分包括平行移动平台 1 和旋转平台 2 两部分,可实现直线运动和回转运动。更换设备整体是一个可独立行走的水平移动轨道车,在移动的同时实现设备沿电动客车车身方向对电池系统的定位。其中,直线移动方式采用钢轨和槽轮组成的轨道 3 定位方式,并采用伺服电动机驱动,保证了平移的稳定性和定位的准确性。旋转平台可以实现车上电池与存储架电池的更换,并且可以通过回转角度的调节来调整更换设备和车的平行度。该平台采用了回转支撑与伺服电动机配套驱动方式,可以利用回转轴承高精度、低间隙以及伺服电动机的恒扭矩等特性,来保证旋转平台的水平回转及定位的准确性。

## 2. 垂直升举装置(升降臂)

垂直升举装置(图 8-2 中部件 4)可以实现电池组垂直方向的运输和定位调整,并且具备在电池更换过程中,随着车辆悬架刚度变化来随动调整电池搁置平台高度的功能。该装置采用了内外门架以及滑架组合套嵌的方式,在保证举升行程的前提下,降低了设备自身的重心高度,从而提高了稳定性。同时在各个部件之间设置轴承滚轮和间隙调整装置,保证了各部件运动的灵活性,提高了运动精度。

## 3. 电池托盘与充电架

电池托盘(图 8-2 中的部件 5)用于存放电池,通过与门架的连接可以保证其拥有足够的刚度。采用直线导轨的连接方式,可以保证托盘伸缩的灵活性、方向性和稳定性。直线导轨通过液压驱动的方式来实现更换机械在水平方向靠近电动客车或电池存储平台,保证了更换过程中车与设备的无缝连接。电池架安装在电池托盘上,可以随托盘的伸缩而运动。

## 4. 电磁吸取装置

电磁吸取装置可以实现电池箱在存储平台和车辆电池舱的推入和拉出。如图 8-3 所示,电磁吸取装置包括电磁吸盘 1 和电动缸 2。电磁吸盘通过电动缸,

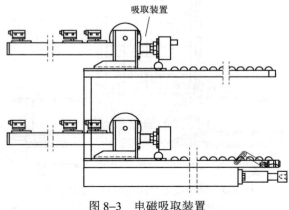

图 8-3 电磁吸取装置

在电池托盘 4 上前后移动。当移动到电池托盘前端时，通过行程开关控制系统 3 向电磁吸盘供电，将电池箱吸附在电磁吸盘上，然后电动缸驱动电磁吸盘向后移动，将电池箱从电池架上或车辆电池舱内拉至电池托盘上。

### 8.1.3 更换动作的基本准则与过程

为了能够使用换电技术来实现纯电动客车电池箱的快速更换，纯电动客车通常采用车身两侧对称式电池仓布局。由于电池位于车身两侧，换电设备可以从两侧同时进行电池更换。这种方式提高了电池更换的总体效率，各个单元在更换过程中均采用独立控制。为了兼顾效率和设备复杂度，将电池进行分箱组合，以箱体为单位进行整车电池的更换。更换时可以沿车身方向按照从前往后的顺序进行。换电设备需要在电池存储架上吸取电池，在保证电池处于充满电的情况下，应该优先取用位于存储架上端的电池进行更换（下端电池一般为手动更换备用）。

在满足上述换电动作基本准则的情况下，可以采取以下的换电流程：

当电动车辆进站停到指定区域（由车辆定位系统完成）后，通过手动或机械自动打开电池舱门。更换机器人自动循迹找到车体一侧电池箱的位置，同时平衡式机械臂的两个伸缩臂也分别对正车体上的电池箱吊架和充电架上的电池舱架。伸缩臂通过在托架上伸出的一段距离，使得其上的搭桥柱分别插入吊架和舱架的搭桥柱孔上，使伸缩臂上的滚轮平面分别和吊架及舱架上的滚轮平面保持一致。然后伸缩臂上的推拉装置将电池箱拉至伸缩臂上，此时举升臂将根据拉伸电池箱时车体高度的变化来调整托架的高度，使伸缩臂滚轮平面始终与吊架上滚轮平面保持一致，保持电池箱拖出过程的平稳性。

拉出电池箱后，伸缩臂和电池箱一同回到伸缩臂所在托架的原始位置上。此时另一侧的伸缩缩臂以同样的方式从充电架上取出已充好电的电池箱。通过回转平台进行 180°旋转使得充电架上充好的电池箱与车上取下的电池箱换位。完成新、旧电池箱换位后，就可以按照电池箱拖出过程的逆过程来进行电池箱的安装动作，即伸动伸缩臂，将搭桥柱插入搭桥柱座上，再将电池箱推入车辆电池舱内。另一侧伸缩臂也同时将更换下来的电池箱放入充电架上。最后伸缩臂缩回到托架上的原始位置从而完成了整个换电的过程。整个换电过程用时通常可以控制在 6min 以内。

整个更换过程的大致示意图如图 8-4 所示，整个自动换电过程的关键动作见表 8-1。

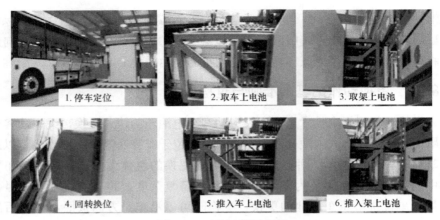

图 8-4 更换过程示意图

表 8-1 自动换电过程的关键动作

| 序 号 | 工作内容 |
| --- | --- |
| 1 | 抽取电动车辆前部电池 |
| 2 | 移动并旋转 |
| 3 | 安装电动车辆前部电池 |
| 4 | 将电池输送并放置到充电架上 |
| 5 | 取充电架上充满电的电池 |
| 6 | 取电动车辆上后部电池 |
| 7 | 移动并旋转 |
| 8 | 安装电动车辆后部电池 |

### 8.1.4　更换系统的其他关键技术

1. 更换设备的定位与锁止机构

（1）定位机构

更换设备对电池箱的多种自动精确定位可以让其快速地找到车辆电池箱的具体存储位置，保证车辆与更换设备的无缝连接以及更换动作的准确度，是完成后续一切更换动作的前提和保障。

更换设备对电动车辆动力电池系统的定位通常采用了多种定位技术集成和多重多层次定位的方案来保证精度。定位系统一般包括接近开关定位系统、红外定位控制系统、搭桥柱定位系统、霍尔开关定位系统和电池箱到位控制系统。各个定位系统及其作用见表 8-2。

表 8-2 定位系统及其作用

| 定位系统 | 作用 |
| --- | --- |
| 接近开关定位系统 | 保证更换机器人在轨道上前后移动过程中对电池充电架或车辆电池舱的初定位 |
| 红外定位控制系统 | 保证机械臂与电池充电架或车辆电池舱部分的精确定位 |
| 搭桥柱定位系统 | 修正机械误差,将机械臂与被取电池的承载部件连在一起,从而保证更换过程中电池箱的平稳移动 |
| 霍尔开关定位系统 | 实现旋转部分的定位,保证旋转角度的精确性 |
| 电池箱到位控制系统 | 准确传达电池箱在车上、存储平台以及存储架的到位信息 |

(2) 锁止机构

更换设备对电池箱的锁止和解锁操作可以完成电池箱在车上的固定与分离,使得电池的换电过程更加简便快速。

电池箱的锁止是依靠电磁锁结构来完成的,锁止和解锁过程通过机械式触点来传递电池箱的位置信息,并提供锁止和解锁信号。整个结构具有简单、安全、可靠等优点。

如图 8-5 所示,A 部分为电池箱锁止结构,电磁锁由整车低压供电;在解锁结构 B 触电接触后,电磁锁供电处于打开状态,依靠电磁吸取装置的电动缸推力来解除锁止预紧力,从而实现电池箱的顺利解锁。

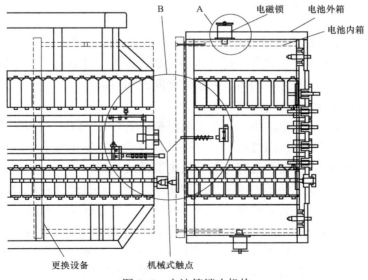

图 8-5 电池箱锁止机构

为保证应急工况下或非快速更换工况下电磁锁能够顺利打开，锁止结构应该还需具备其他的开锁方式，例如：

① 手动更换电池时，通过手动解锁装置打开。
② 在非正常情况下，手动控制机构供电，使电磁锁打开。
③ 在非正常情况下，使用专用工具在电池箱侧面拨开电磁锁。

2. 适应于快速更换的电池箱快速定位技术

为了适应动力电池自动快速更换的需要，可以采用电池箱多级渐进定位方式和结构来保证电池内箱与电池外箱的迅速准确定位，如图8-6所示。

（1）一次定位

电池内箱进入外箱时，通过内箱底部凸缘与外箱滚轮凹槽滑道配合，可以实现一次电池箱定位导向，并可以通过单侧滑道来防止电池箱的错箱或倒置。这种方式的定位精度为2mm。

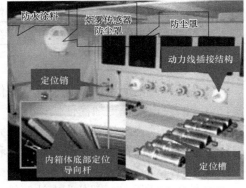

图8-6 电池箱内、外箱体间定位结构

（2）二次定位

内箱推入至外箱纵深9/10的深度后，外箱上的定位销与内箱的定位孔之间进入相互配合状态，可以实现内、外箱体的二次定位，这种方式的定位精度为0.5mm。

（3）浮动定位

动力线连接件及通信线连接件均采用浮动定位的方式，其浮动误差范围为2mm。通过这种方式可以消除装配过程中的累计误差，并且可以在车辆运行的过程中，消除由于振动所造成的内、外箱体之间的相对误差。

3. 电池箱编码方法

在换电站内存储的电池中，每个电池组整体的容量、SOC和内阻等参数都有所不同。参数不同的电池组进行串、并联装箱并换入车辆电池仓组成电池系统之后，会出现不一致性问题并且有可能导致电池系统故障。

为了保证重新成组装车的电池组能够正常工作，并且能够在电池发生故障时实现快速定位，可以将检测模块、电池箱和电池箱门进行统一编号。

通过这种编码方式，当电池箱重新成组装车后，控制系统就可以根据从检测模块那里获取的编号信息来判断电池箱编号是否发生冲突。当发生冲突时，控制系统能够指出存在冲突的电池箱编号，从而方便重新成组。

当不存在编号冲突后，为了避免将容量、SOC和内阻不一致的电池箱混用，需要判断成组装车后各个电池箱性能是否匹配。电池组重新装车后，车载电池管理系统可以通过内部总线来获取各个电池箱检测模块估算得到的电池容量、SOC和内阻信息，通过与预先设定的差异阈值进行比较，从而可以判断成组的电池是否匹配。

## 8.2 动力电池手动更换技术

动力电池手动更换方式完全由人工控制工具操纵完成，无需各种大型机械设备，具有简单、可靠、经济等优点。手动更换方式可以作为自动更换方式的应急备用措施，需要在每个换电站内配备。在电动汽车小规模应用时也可以采取手动更换的方式来降低换电的成本。

手动更换装置通常由叉车经过改装而成，同时在装置上集成托架式电池存取平台、锁止机构和定位机构。进行手动更换操作时一般需要3个人共同配合完成：当客车到达充电站后，通过人工手推的方式将叉车（见图8-7，可承载一盒电池）推至电动车辆的电池舱门处，其中1人控制小车，其他2人手动解锁电池箱，拔取电池，放到预定的位置（充电架或运转车上），然后将充好电的电池箱从存储平台上卸下并安装到车辆上。如此循环往复直到将车上的全部电池更换完毕。一般需要大于 15min 的更换时间来完成整个手动换电流程。

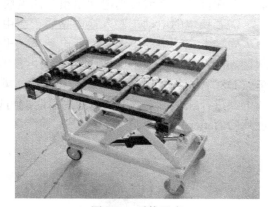

图8-7 手推叉车

手动更换过程的关键动作见表8-3。

表8-3 手动更换过程的关键动作

| 序 号 | 工作内容 |
| --- | --- |
| 1 | 从电池架上取电池5块放置在周转车架上 |
| 2 | 电动车左前部分（2块电池）取、装 |
| 3 | 电动车左后部分（3块电池）取、装 |
| 4 | 给充电架上装电池 |

虽然手动更换的效率相比于自动更换低了许多，而且需要付出更多的人力，但是，手动更换作为每个更换站内的应急保障措施是必不可少的。

## 8.3　换电模式的应用与分析

换电模式以其便捷性曾经在全球范围内掀起了一波热潮。下面将以国外的以色列 Better Place 公司换电模式、美国特斯拉公司换电模式以及国内一些典型换电站换电模式为例，简单介绍换电模式的应用与案例分析。

### 8.3.1　国外换电模式应用

**1. 以色列 Better Place 公司换电模式**

以色列 Better Place 公司是一家致力于开发电动汽车充（换）电相关技术及服务体系并投资电动汽车发展所需基础设施的跨国企业，该公司研制开发的换电机器人曾在世界多个城市为电动出租车提供快速换电服务。

需要换电的电动车驶入换电站后，会由一个平台托起，车上的动力电池被卸下，安装上充满电的电池，然后电动车被平台放回地面，驶出车道，整个过程不超过 5min。整个换电的动画过程以及电量的变化可以在 Better Place 公司研发的车载 OSCAR 系统上看到。Better Place 公司采用剪式升降机构的平台对将要更换的电池进行托举，使得更换电池的总时间可以缩短至 1min。图 8-8 所示为位于以色列的 Better Place 换电站。

图 8-8　Better Place 换电站

然而，2013 年 5 月 26 日，该公司宣告停止运营。

**2. 美国特斯拉公司换电模式**

2013 年 6 月，特斯拉也发布了电池更换技术，其换电系统可以将换电时间缩短至 90s 左右。图 8-9 所示为特斯拉换电站电池的快速更换方式。

第 8 章　换电技术

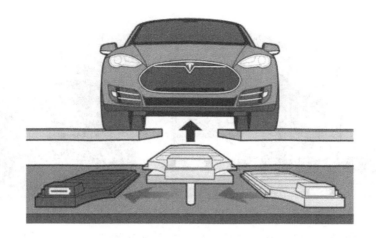

图 8-9　特斯拉换电站电池的快速更换方式

特斯拉推出换电模式的目的是为了初步了解用户对于换电模式和超级充电桩的倾向性，在 2015 年的特斯拉股东大会上，首席执行官马斯克表示消费者更加倾向于快速充电站。目前，特斯拉只在加州的 Coalinga 开放了一个换电站，并且需要用户提前预约。

### 8.3.2　国内换电模式应用

国内换电站模式的出现是在 2008 年北京奥运会期间，为了实现服务奥运的电动客车 24h 不间断地运行，相关单位设计采用了租赁模式结合集中充电、快速更换的模式和机制。经过奥运会的实践检验，快速更换电池系统得到了有效的应用，确保了奥运期间电动客车长时间的运营，为奥运服务提供了保障，也推动了国内换电模式的发展。

2011 年 7 月，由国家电网投资建设的青岛薛家岛电动汽车智能充换储放一体化示范电站正式投入运营。薛家岛充换电站集中体现了国家电网公司"换电为主、插充为辅、集中充电、统一配送"的建设运营模式。与单纯的充电站、充电桩充电不同，薛家岛站是以"换电为主、充电为辅"。其他的换电站一般需要经过专业培训的人员进行换电操作，而薛家岛换电站只需要一名普通的驾驶人即可顺利完成换电所需要的所有步骤。薛家岛站的自动多箱快换设备采用了高速机械视觉技术定位，能够自动跟踪车辆，当公交司机开车进入换电车道时，多组电池箱更换可以同步完成，每车次换电时间为 6～8min，实现了安全可靠、实用高效的电池更换，而换下的电池则由充电站自动进行充电以备下次更换使用。图 8-10 所示为薛家岛充换电站。

图 8-10 薛家岛充换电站

2016 年 10 月 29 日,由北汽新能源联手奥动新能源、上海电巴以及中石化等机构打造的首批 10 座换电站在北京正式交付使用,覆盖了北京中心城区、怀柔、顺义等 8 个地区,如图 8-11 所示。

图 8-11 北汽新能源汽车换电站

目前,北汽集团所建设的换电站仅仅用于市内出租车换电。截至 2017 年上半年,北汽新能源已经在北京、厦门、兰州三座城市投放了超过 2400 辆可供换电的出租车。其中,北京市的投放量已经超过 1200 辆,车型全部为北汽新能源 EU220。同时在北京市总共建成配套换电站 68 座,每个换电站按照标准至少需要储备替换电池 28 块。

在换电技术方面,北汽新能源最新一代采用集装箱撬装式换电站。这种新式换电站占地面积更小,建设周期更短,建设的成本也更低。

### 8.3.3 国内、外换电模式分析

国外以 Better Place 公司和特斯拉公司为典型的换电模式在经历市场投放检验后纷纷以失败告终。高昂的投资建设成本和用户使用成本、单一的换电客户群体、不断提升的快速充电效率等因素使得个体电动汽车换电模式无法在竞争中生存。

然而，对于目前国内的大多数换电站，其主要的服务对象为公交车、出租车和物流车等公共服务性质车辆。这种类型车辆的品牌与技术标准相对统一，行驶规律相对明确，能够比较好地进行换电预测与管理。这使得公共电动车辆换电模式能够持续地在市场里生存下去。

结合对国内外企业换电模式的分析，可以大致总结出换电模式的优势与劣势。

1. 换电模式的优势

（1）以电池租赁的形式代替电池购买，可以降低用户的初始购置成本

电池租赁模式即将车辆与电池进行分开销售，用户在购买电动车辆时无须支付高额比例的电池费用，电池全部由换电站统一进行匹配供应，相当于换电站将电池租给用户使用，用户只需在每次换电时支付相应的租金即可。因此，用户无须再对电池的损耗、折旧负责，不仅降低了用户购置车辆时的成本，而且也可让用户更加省心。

（2）便于集中管理电池，延长电池的使用寿命

电池成本对于纯电动汽车来说占据着较大的比例，其中对于电池容量较大的纯电动公交车来说所占的比例将更大。同时车辆长时间的运营也会对电池循环使用寿命造成较大的损害。换电模式的另一大优势是可以对换下的电池进行集中充电与管理。换电站可以采用更加科学的充电方式对动力电池进行规范化充电，并且可以采取适度浅充、浅放等方式来减小电池间的不一致性与恢复电池的使用寿命，通过一系列的规范化电池管理与保养延长电池的使用寿命。

（3）服务效率高，换电时间相比于充电站的充电时间短

目前，完成一个换电过程最快可以在 2min 内完成，而采用最快的特斯拉 120kW 超级快充给电动汽车充满电也需要超过 1h 的时间。虽然快充的速度正在逐步提升，但是换电的整体效率仍具有较大优势。

特别是对于纯电动公交车和纯电动出租车而言，一次充电的续驶里程无法满足全天线上运营的需求，而中途停车充电则会影响运营，损害用户的经济效益。采用换电方式后，公交车和出租车驾驶员只需较短时间即可迅速完成电池的更换。例如，对于公交车，可在始发站或者终点站附近的换电站内迅速完成电池的更换，不会因为充电而耽误发车时间；对于出租车，驾驶员在运营过程中路过换电站即可在站内进行短时间换电，不会耽误日常运营。

（4）可以与电网形成互动，联合可再生能源进行削峰填谷

换电站通常采取将电池集中进行充电与维护的运营模式，利用站内的大批量电池可以配合电网利用可再生能源（如风能、太阳能等）进行削峰填谷，提高能源的利用率。但是，换电站要实现这种功能需要储备足够数量的电池，通常可以采用多个换电站之间共享电池储备的方式来降低电池储备的成本。

2. 换电模式的劣势

（1）前期投资建设成本过大，收益回报较慢

在美国，一个附带 6 个超级充电桩的充电站的建设成本大约为 15 万美元，另外每年需要支付约 15 万美元的税费、土地使用费以及电费。单是建造一个换电站，仅仅建设的成本就高达约 50 万美元，而且每次只能为一辆电动汽车换电。如果算上大批量动力电池的储备费用、电池的充电与维护费用、土地费用、税费等，总体的投资与运营金额将是充电站的数倍。如果要实现像充电桩那样在整个国家或者地区范围内构成换电站网络，其难度和成本是难以估量的。因此，Better Place 公司即使在得到 8.5 亿美元融资的情况下，也无法持续填补换电设施建设的这个"无底洞"。

同时，换电站的收益回报也比较慢，大多数换电站能够进行换电的车型都非常少。例如 Better Place 公司所面向的换电群体非常单一，只有雷诺汽车公司与其合作密切。早在 Better Place 成立之初，就曾获得雷诺汽车公司的投资，用以开发电动汽车换电技术，Better Place 因此需向雷诺公司购买 10 万辆的 Fluence ZE 电动车。Better Place 也曾经计划在 2016 年前在以色列和丹麦两个国家销售这 10 万辆 Fluence ZE 电动车，但是最终这款车的销量不及计划销量的 1%，给 Better Place 带来 5.6 亿美元的亏损。除此之外，雷诺生产的 LEAF 电动车并未采取换电方式，使得 Better Place 失去了一大批潜在用户。国内的诸多公共换电站也只能对指定车型的公交车与出租车进行换电服务。虽然说换电设施是最基本的投资，但是得到的收益远远赶不上资金的付出，最终导致许多实行换电模式的企业陷入资金危机而宣告破产。

（2）模糊的安全性与责任鉴定

在换电模式中，电池作为一个流动对象，在用户与换电站之间不停地进行空间切换。一旦电池在用户使用的过程中损坏，甚至是发生着火、爆炸事故，难以理清各方的责任。

在换电模式下，电池系统损坏存在多种可能性：人为的破坏，长时间在某个恶劣的工况或环境下行驶或停放，发生意外交通事故，换电站在充电、维护和更换过程中出现失误，电池本身存在设计与匹配的问题等。其中涉及用户、换电站和汽车厂商这三者之间的责任归属变得模糊不清，无法保障各方的合法利益。

（3）行业竞争、电池标准不统一等原因导致换电站运营商与汽车生产商之间

的合作难以进行

Better Place 最初创业的理念是扮演类似电信运营商的角色，和电网一同直接控制对电动汽车电池的运营以获得电池方面的利润。但是对于全球各大车企而言，电池的续驶能力与耐久性都是其核心竞争力，不希望未来在电池领域为第三方束缚。此外，各个企业的电动汽车的技术标准不同，电池标准也千差万别，导致整车企业的技术标准不统一。

（4）快充技术的不断提升使得换电方式的优势不再突出

以特斯拉换电模式为例，虽然其换电站可以实现 90s 自动换电，即使使用手动换电，5 个人 10min 内也能完成电池的更换，目前特斯拉二代超级充电桩（见图 8-12）120kW 的充电功率基本可以满足大多数用户日常的充电需求。

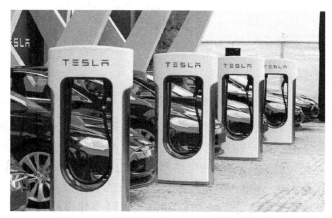

图 8-12　特斯拉二代 120kW 超级充电桩

如图 8-13 所示，特斯拉二代超级充电桩在美国是采用 480V 的交流电压为 Model S 充电，仅需要 40min 就可以充至 80%的电量，完全充满也只需 75min。

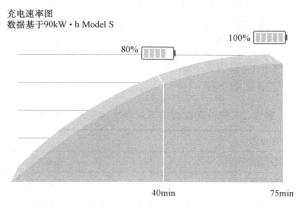

图 8-13　特斯拉二代超级充电桩充电速率图

**电动汽车**
充电技术及基础设施建设

充电 30min 可让特斯拉 Model S 汽车续驶 270km，足以满足用户的日常市内行驶需求。在美国，由于超级充电桩大致覆盖了各个州际沿线（见图 8-14），对于需要长途行驶的用户来说也非常方便。在国内，大多数用户主要是在城市范围内驾驶，基本上可以实现三天充一次电。

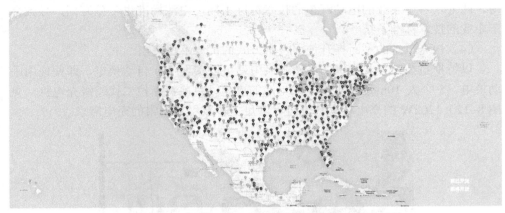

图 8-14 特斯拉超级充电桩在北美的分布情况

特斯拉预计推出第三代超级充电桩，充电功率将超过 350kW。届时，充电时间将缩短至十几分钟，用户的充电体验将和传统加油站加油相似。

2017 年 3 月初，在荷兰举行的电动汽车大功率充电国际标准第一次会议上，对充电功率提出了 350~500kW 的新要求。早在 2016 年底，大众、宝马、奔驰、福特、奥迪和保时捷联合宣布将在全欧洲范围内联手建设超级充电站，其充电功率将达到 350kW。一旦大功率充电桩全线铺开建设，将极大地缩小换电方式的时间优势。

（5）换电方式费用相比于常规充电方式费用较高，用户使用成本较大

用户在选择充电方式时不仅仅要考虑便捷性，充电费用也是主要考虑因素。同样以特斯拉公司的换电站与充电站为例，进行对比分析说明。

在 2016 年 11 月份，特斯拉开始实行新的充电收费政策。自 2017 年 1 月 1 日起，特斯拉汽车每年在超级充电站免费充电 400kW·h 后，会对超出的部分进行收费，具体充电费用见表 8-4。

表 8-4 部分国家或地区的特斯拉汽车充电费用

| 国家或地区 | 充电费用 |
| --- | --- |
| 美国加利福尼亚州 | 0.2 美元/度 |
| 美国伊利诺伊州 | 0.15 美元/度 |
| 美国纽约 | 0.19 美元/度 |

（续）

| 国家或地区 | 充电费用 |
|---|---|
| 澳大利亚 | 0.35 澳元/度 |
| 日本 | 16 日元/min（一级费率）<br>32 日元/min（二级费率） |
| 中国香港 | 1.5 港元/min（一级费率）<br>3 港元/min（二级费率） |
| 中国 | 1.8 元人民币/度 |

由表可以计算出，在美国给一辆电池容量为 85kW·h 的特斯拉 Model S 汽车充满一次电只需花费 12.75～17 美元，而用户在特斯拉换电站换一次电的费用就高达 60～80 美元。

（6）大规模的集中充电使得电网的负荷较大，电网匹配较为困难

当换电站内用户换电的频率较高时，需要马上对大批量换下来的电池进行充电。此时，换电站无法配合电网进行削峰填谷，充电的时间节点也是无序的。如果集中充电的时间正好处于电网用电高峰期附近，则会增加电网的负荷峰值，使得峰谷差加大，从而加剧了电网的负荷，也使得电网的配电变得更加困难。

综合来看，目前电动车辆的换电模式市场条件尚未成熟，但是对于公共领域电动车辆，在国家相关政策的支持下，换电模式仍可得到合理应用。

# 第 9 章

# 充电设施的布局规划与用地选址

电动汽车充电基础设施主要包括充电站和充电桩等,它们为电动汽车提供能量补给和维修等服务,是非常重要的配套基础设施。除了动力电池自身的技术研究外,电动汽车充电设施的合理空间分布也是影响电动汽车产业化的关键环节。

随着电动汽车发展阶段的不同,电动汽车保有量、用户类型和行驶覆盖范围均存在差异,电动汽车和动力电池的技术发展程度、用电需求也都有所不同,所以对于电动汽车充电设施的建设也需要按照不同的发展阶段进行合理的规划。电动汽车发展大致可以分为三个阶段:示范阶段、公益阶段和商业运营阶段。

在示范阶段,电动汽车各方面的技术条件尚未成熟,电动汽车也还未真正实现商业化。人们对于电动汽车的需求量不高,电动汽车还局限于在政府扶持的示范区域内运行和使用。因此,示范阶段的充电设施规划属于短期规划。

在公益阶段,电动汽车各方面技术有了很大的进展与突破,但是还存在一些安全和续驶能力等方面的技术尚未攻克。该阶段对于电动汽车的需求量也有所提高,但是还没有达到大规模商业化和市场普及的程度,主要还是依赖于政府的补贴政策,但是电动汽车的使用范围正在逐步扩大。因此,公益阶段的充电设施规划属于中期规划。

当电动汽车各方面的技术条件已经趋于成熟时,市场对于电动汽车的需求量也在不断扩大,市场占有率不断提高,电动汽车真正实现了产业化,进入商业运营阶段。该阶段的充电设施建设属于长期规划。

当前,我国正处于充电基础设施建设的公益阶段,国内一些大、中型城市已经率先建设了许多充电设施,基本上形成了大致的充电网络结构,同时电动汽车也正在快速发展和普及。但是全国范围内较为完备的充电设施网络还未形成,这将直接影响电动汽车实现产业化的进程。因此,加快布局规划并建设充电基础设施,对电动汽车的推广和实现市场化具有重要的现实意义。

对于电动汽车基础设施的布局规划,关键问题是对于充电站数量和容量需求的预测与充电基础设施的选址,前者对城市电力配送、负荷预测、基础设施建设规划有着重要影响;后者对于充电设施的运营效益、服务质量、运营安全性以及客户的便利性均有影响。同时,需要充分考虑已有电网的布局和规划。在尽可能降低成本的基础上,协调发展电网,提升电网的利用空间。最后,还需要考虑充电设施所处区域的总体发展规划和道路交通规划等一系列因素。因此,必须采取科学的方法进行决策。

## 9.1 充电设施布局规划的原则与思路

目前国内电动汽车基础设施建设正在陆续展开,电动汽车的市场也在不断发展,一个良好的建设规划是后续工作有序进行的前提和保障。

### 9.1.1 充电设施布局规划的原则

电动汽车充电设施的布局规划应以国家标准与相关指导意见为指导方针来进行,大致有以下几个原则:

(1)整体规划、有序推进、适当超前

充电设施的布局规划应该适应于国家和城市的电动汽车发展规划,从全局的高度进行统筹考虑和整体规划。政府各个部门应各司其职,确保规划有序推进,控制好建设的节奏。同时在时序上应遵循近远结合,近期以示范引导为主,远期根据市场反馈来做出调整。结合电动汽车未来的发展趋势,采取"桩站先行"的策略,适当超前,选用 1:1 的车桩比进行充电设施的配置与建设,使之适应不断增长的电动汽车数量的需求。

(2)标准化、网络化、充电模式多样化

严格按照国家标准进行建设,坚持国家法律法规和节能环保政策,做到安全可靠、使用方便、经济合理、技术先进。所建设的充电设施应当形成一个网络,保障车辆在行驶范围内能够及时地找到充电设施进行充电。对于不同应用领域的电动车辆应当配套建设相应的充电设施来满足不同种类用户的需求,尽最大可能方便用户。

(3)协调发展、资源共享

充电设施规划是城市规划的一部分,在满足自身建设利益的同时,必须与城市其他相关专项规划相协调,例如公共交通、电网、用地、停车场和加油站等。在充分保障电动汽车充电需求的前提下,可以最大化地提升资源的整合利用率。

（4）因地制宜、结合实际

充电设施的规划应当满足安全与环保等要求，选择附近无安全隐患的场所进行建设，充分利用附近的消防、供电、给水排水、交通和防洪等公用设施。规划同时必须考虑到实际的用地情况、交通组织状况、当地输配电网能力和建设顺序等，保障规划的可行性。

### 9.1.2 充电设施布局规划的思路

在进行布局规划之前必须要大致理清整个过程的思路与主要节点顺序，充分做好前期现状调研与分析，结合当地的实际需求进行科学布局与选址。在方案确定后应当积极地与当地有关部门协调并对方案进行相应调整。

通过对国内充电设施的建设规律分析以及结合国家相关政策的要求，大致可以通过"建设现状分析研究—需求预测与总量分配—布局确定与选址—用地控制与及时修编"这一规划思路进行充电设施的布局规划，如图9-1所示。

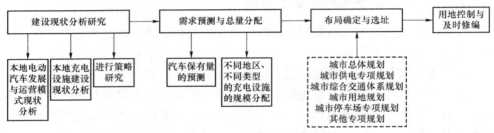

图9-1 充电设施布局规划思路图

（1）建设现状分析研究

结合城市发展规划以及相关专项规划，对本地电动汽车产业发展现状以及电动汽车充电设施的技术性能等进行实地考察与调研。统计本地现有的充电设施数量与分布情况（包括空间点位、建设规模和使用情况等），查找并分析当地充电设施所存在的问题（包括充电设施的利用率、用户的便利性、对电网的影响、充电的技术水平、现实匹配度、设施的服务能力等）。在上述的基础之上来预测未来区域内电动汽车及充电设施的发展趋势，进行相关的策略研究（包括能源补给模式与充电设施的运营模式等）。

（2）需求预测与总量匹配

参照国家或者地区的新能源产业发展规划或者是近几年电动汽车数量增长趋势来进行电动汽车保有量的预测。按照修编要求，近期的保有量预测应当逐年进行，中、远期的保有量预测不应超过五年。在保有量预测的基础之上可以进行不同地区不同类型的充电设施（包括集中式充电站和分散式充电桩）的规模分配。根据不同地区的现状与发展情况来对充电设施总量进行分配，保障资源应用的合理性,争取最大的效益。

(3)布局确定与选址

根据充电设施布局规划的原则,结合地方实际情况来确定本地区的布局原则。在原则的指引下,针对不同类型的充电设施建立不同的空间布局理论模型。然后结合各项基础条件来确定充电设施的分布密度以及各个设施的选址定位。沿着"规划原则—布局原则—选址原则"的顺序导向,最终可以生成总体的规划方案。

(4)用地控制与及时修编

要将充电设施建设用地有效地落实至法定层面并进行预留预控用地,保障充电设施前期的有序建设与后期的有效管理,除了设施空间布局规划外还需要同步考虑充电设施用地修改工作。规划编制完成后应及时根据电动汽车产业的发展、国家政策调控、设施建设现状来进行滚动修编。

## 9.2 电动汽车保有量的预测方法

规划建立完善的电动汽车充电基础设施是保证电动汽车快速稳定发展的基础,而电动汽车保有量的预测对电动汽车充电基础设施发展规划、引导电动汽车有序发展以及合理布局等都具有重要意义。

### 9.2.1 基于灰色理论的预测方法

灰色预测是一种对含有不确定因素的系统进行非线性拟合外推的预测方法。灰色预测通过鉴别系统因素之间发展趋势的相异程度,进行关联分析,并对原始数据进行处理来寻找系统变动的规律,生成有较强规律性的数据序列,然后建立相应的微分方程模型,从而预测事物未来发展趋势的状况。其用等时距观测到的反应预测对象特征的一系列数量值来构造灰色预测模型,预测未来某一时刻的特征量,或达到某一特征量的时间。其具体的算法如下:

假设一个非负的原始时间数据序列 $D^{(0)}$ 有 $n$ 个观察值 $z^{(0)} = \{z^{(0)}(1), z^{(0)}(2), z^{(0)}(3), \cdots, z^{(0)}(n-1), z^{(0)}(n)\}$,经过一阶累加后生成 $z^{(1)} = \{z^{(1)}(1), z^{(1)}(2), z^{(1)}(3), \cdots, z^{(1)}(n-1), z^{(1)}(n)\}$,其中,$z^{(1)}(k) = \sum_{i=1}^{k} z^{(0)}(i)$,$k = 1, 2, 3, \cdots, n$。则一阶单变量的灰色微分方程动态预测模型如下:

$$\frac{dz^{(1)}}{dt} + \alpha z^{(1)} = \mu \quad (9-1)$$

式中,$\alpha$ 为发展的灰度;$\mu$ 为内生控制的灰数。

假设待估参数向量 $\boldsymbol{\theta} = (\alpha, \mu)^T$，可以通过最小二乘法算出 $\hat{\boldsymbol{\theta}} = (\boldsymbol{B}^T \boldsymbol{B})^{-1} \boldsymbol{B}^T \boldsymbol{Y}_n$，其中：

$$\boldsymbol{B} = \begin{bmatrix} -\frac{1}{2}(z^{(1)}(1) + z^{(1)}(2)) & 1 \\ -\frac{1}{2}(z^{(1)}(2) + z^{(1)}(3)) & 1 \\ M & M \\ -\frac{1}{2}(z^{(1)}(n-1) + z^{(1)}(n)) & 1 \end{bmatrix}$$

$$\boldsymbol{Y}_n = (z^{(0)}(2), \ z^{(0)}(3), \ \cdots, \ z^{(0)}(n))^T$$

将 $\hat{\boldsymbol{\theta}}$ 的值代入式（9-1）可得

$$\hat{z}^{(1)}(k+1) = \left[ z^{(1)}(1) - \frac{\hat{\mu}}{\hat{\alpha}} \right] e^{-\hat{\alpha} k} + \frac{\hat{\mu}}{\hat{\alpha}} \quad (9-2)$$

最后可以将预测累加值还原为我们所需的预测值

$$\hat{z}^{(0)}(k+1) = \hat{z}^{(1)}(k+1) - \hat{z}^{(1)}(k) \quad (9-3)$$

汽车保有量的历史数据和相关政策的影响等都属于汽车保有量预测的已知信息，这些已知信息属于灰色信息。基于灰色理论弱化信息的随机性，寻找内在的规律性，并利用差分方程和微分方程之间的互换，使用离散的数据序列建立连续的动态微分方程。灰色理论预测法的优点是不需要大量的原始数据来作为支撑，能够将复杂的情况简单化，预测的精度较高。但是由于灰色模型具有快速衰减和递增的属性，并且对历史数据的依赖性较强，如果影响电动车辆数量增长的因素过多、模型灰度较大或者是用于中长期预测时则容易出现较大的偏差，则造成预测结果的精度不佳。

### 9.2.2 基于时间序列数据的预测方法

时间序列分析是根据系统观测得到的时间序列数据，通过曲线拟合和参数估计来建立数学模型的理论和方法。通常采用曲线拟合法和非线性最小二乘法，通过观测、调查、统计、抽样等方法取得被观测系统的时间序列动态数据，然后根据动态数据做相关图，进行相关分析，求自相关函数。具体计算方法如下：

可以假设 $y_t$ 是时间变量 $t$ 的时间序列观测值；$\hat{y}$ 为第 $t$ 期的预测值。通常采用二次曲线外推法进行预测，预测模型为

$$\hat{y} = \hat{a} + \hat{b} x_t + \hat{c} x_t^2 \quad (9-4)$$

则第 $t$ 期的离差为

$$e_t = y_t - \hat{y}_t = y_t - \hat{a} - \hat{b} x_t - \hat{c} x_t^2 \quad (9-5)$$

离差的二次方和 $Q$ 为

$$Q = \sum e_t^2 = \sum \left( y_t - \hat{a} - \hat{b}x_t - \hat{c}x_t^2 \right)^2 \tag{9-6}$$

将收集到的各个时间序列点 $x_t$ 以及对应的具体保有量数值 $y_t$ 代入模型，可以得到一些方程组，结合最小二乘法可以求得参数 $\hat{a}$、$\hat{b}$、$\hat{c}$ 的值。计算出的模型需要用另外采集的数据代入进行验证，保证模型的预测精度（即离差 $e_t$ 与离差的二次方和 $Q$ 的值）控制在合理的范围之内。得到合理的预测模型后，输入想要预测的时间序列点 $x_t$，就可以得到对应的汽车保有量数值。

在进行曲线拟合的过程中，从相关图中能得出变化的趋势和周期，并能从图中发现一些跳点与拐点。跳点是指与其他数据不一致的观测值。如果跳点是正确的观测值，则在建模时应当将其考虑进去；如果是反常的值，则应把跳点设置成期望值。拐点是指时间序列从上升趋势突然变为下降趋势的点，也就是曲线的明显转折点。如果有拐点存在，则应在建模时用不同的模型去分段拟合该时间序列。

采用时间序列数据的方法对电动汽车保有量进行预测时，可通过建立趋势、季节、周期等因素下的状态空间方程，对各成分值进行预测，并以此对汽车拥有量样本期内和样本期外的值进行预测。但是时间序列数据的方法仅仅是基于历史数据来对未来进行延续性预测，只是围绕时间这个变量因素而没有考虑到未来电动汽车市场可能发生诸多复杂变化所带来的影响。当电动汽车市场或者相关政策发生较大变化时，预测结果可能会存在一定的偏差。因此时间序列数据预测法对于中、短期的预测效果要好于长期的预测效果。同时在电动汽车的普及阶段，外界因素发生重大变化的可能性很大，电动汽车保有量的发展趋势也将因此发生异于以往的变化。

### 9.2.3 基于情景分析的预测方法

情景分析预测法，也称前景描述法或脚本法，是在推测的基础上，对可能的未来情景加以描述，同时将一些有关联的单独预测收集起来形成一个总体的综合预测。情景分析预测法可以用于分析环境和形成决策、提高组织的战略适应能力、提高团队的总体能力以及实现资源的优化配置等方面。它通过确定主题、构造主题所处的环境、辨识关键的因素、假想可能的趋势和发展、对发展和趋势的影响检测等几个步骤实现对目标的预测。

利用情景分析预测法进行电动汽车保有量预测时，通常选取对电动汽车保有量具有影响的一些关键因素，如人口数量、人均 GDP、工业生产总值、道路货运量、道路客运量、公路里程、电动汽车动力电池使用寿命、动力电池的价格、消费者的购买能力、电动汽车性价比、国家和地区的政策引导等。随后利用线性规划和影响因子对其进行综合均衡，在此基础上进行分区预测，并通过对预测数据进行检验与校核，从而提高预测数据的准确性。

情景分析预测法又分为弹性系数法、千人保有量法和比例法。

（1）弹性系数法

弹性系数法是指通过对一个发展变化规律明显的因素进行预测，然后使用弹性系数对另一个因素变化做出预测的间接预测方法。通常根据人均国内生产总值（GDP）与电动汽车保有量的增长率比例来对电动汽车保有量进行预测。计算方式如下：

电动汽车保有量增长率=GDP 年均增长率×弹性系数

电动汽车保有量=（1+电动汽车保有量增长率）×前一年电动汽车保有量

GDP 一定程度上影响着电动汽车的销量，因此采用这种方式具有一定的参考价值。但是由于电动汽车保有量增长率与 GDP 年均增长率之间的弹性系数比较不好确定，而且这种方法是通过一个因素的预测值来预测另一个因素，只有在社会经济稳定发展的情况下才能得到良好的预测值。

（2）千人保有量法

千人保有量法是根据各地人口、经济和人均 GDP 等多个影响因素并结合预测地区的经济发展情况来进行综合考虑。首先确定人均 GDP 与电动汽车千人保有量之间的对应关系，然后根据区域的经济情况来估算电动汽车千人保有量，最后根据人口数量的变化规律来推测电动汽车的保有量。可以通过参考一些水平相当的城市来预测本地电动汽车的发展状况。其中，人均 GDP 值越高，其千人汽车保有量值越大。计算方式如下：

千人保有量=人均 GDP 值×$\beta$（根据用户对电动汽车的购买状况确定）

电动汽车保有量=千人保有量×人口数量

千人保有量法类似于弹性系数法，都是通过一个因素的变化情况来确定另一个因素的变化规律，但是二者也有一些不同。例如在预测电动汽车保有量时，弹性系数法是通过确定 GDP 变化情况和与电动汽车保有量之间的弹性系数来确定电动汽车保有量，考虑的因素较少，过程也较为简单。而千人保有量法通过变化情况并不能直接得到电动汽车保有量，而是先通过变化来预测千人保有量，再根据预测人口变化状况来间接确定电动汽车保有量。虽然考虑的因素较多，但大多是预测量，所以精度不会很高，但是其预测的角度不同，可以作为一种参考。

（3）比例法

比例法是依据地区国内生产总值水平、地域大小、地区常住居民人口等所占全国范围的比例来进行当地电动汽车保有量占全国保有量水平的预测。并依据往年所占比例，参考其发展趋势对保有量所占水平进行校核，从而得到电动汽车保有量预测的结果。

情景分析预测法可以针对未来变化不大的情况下给出比较精确的分析结果，

但是对于那些存在不确定性的情景来说，模拟出来的结果可能不太现实。在进行情景分析时，数据的时效性、分析师和决策者开发现实情景的能力都是主要的难点，这些难点对结果的分析具有修正作用。如果使用情景分析预测法对电动汽车保有量进行预测并且将其作为决策工具，其缺陷是所用的情景可能缺乏充分的基础，数据可能具有随机性，同时可能无法发现那些不切实际的结果。

### 9.2.4 基于 Bass 模型的预测方法

利用 Bass 模型可以将影响电动汽车扩散速度的因素分为两大类：一类是创新因素或外部因素，主要指在大众媒体传播（如广告）或政策激励等影响下产生购买者，也将其称为创新者；另一类是模仿因素或内部因素，主要指购买者对未购买者的影响，这里的未购买者也称为模仿者。Bass 模型中只考虑首次购买者的情况，即一人对应一辆车，这样就可以将购买者的人数与电动汽车销量对应起来了。Bass 模型的基本形式为

$$n(t) = \frac{\mathrm{d}N(t)}{\mathrm{d}(t)} = p[m - N(t)] + \frac{q}{m} N(t)[m - N(t)] \tag{9-7}$$

式中，$n(t)$ 为 $t$ 时刻电动汽车购买者的数量；$N(t)$ 为在时间 $t$ 时的累计购买者数量；$p$ 为创新系数（外部影响因素）；$q$ 为模仿系数（内部影响因素）；$m$ 为最终电动汽车购买者的总数（最大市场潜力）；$p[m - N(t)]$ 为因为外部影响因素而购买电动汽车的人数，即创新购买者数量；$\frac{q}{m} N(t)[m - N(t)]$ 为受先前购买者影响而购买电动汽车的人数，即模仿购买者数量。

当 $t = 0$ 时，$n(0) = pm$，$pm$ 即为电动汽车在未扩散前的购买者数量，这里可以把它看作电动汽车推广前政府对其的投入量。

通过对 Bass 模型基本形式进行积分，可以得到 $N(t)$ 的表达式，即

$$N(t) = m \left[ \frac{1 - \mathrm{e}^{-(p+q)t}}{1 + \frac{q}{p} \mathrm{e}^{-(p+q)t}} \right] \tag{9-8}$$

通过式（9-8）就可以得到任意 $t$ 时刻累计的电动汽车购买者数量。通过下式可以预测出 $N(t)$ 达到峰值的时间 $T$ 为

$$T = \frac{1}{p+q} \ln \left[ \frac{q}{p} \right] \tag{9-9}$$

式（9-9）中，$0 < p < 1$，其值的大小取决于政府政策支持力度、配套设施建设等外部因素的影响程度。$0 < q < 1$，其值的大小取决于产品价格、环保节能性、产品使用性等内部因素的影响程度。

由于 Bass 模型将购买情况简化为每人都为首次购买，实际情况下还存在许多重复购买的情况。随着电动汽车的普及与发展，还会有许多人更换升级自己的电动汽车，届时 Bass 模型的预测精度也会相应有所降低。

## 9.3 充电设施布局规划模型

充电站建设涉及在城市内和城际间的总体数量规划、选址布局问题。基于电动汽车的技术特点和使用特征，可以提出相对完善的充电站选址和布局理论体系。以下将对城市内充电站建设的数量规划模型与分级方法，基于中心地理论的布局选址方法，用于城际间道路进行充电站建设数量及间距规划的数学模型以及面向电动汽车用户的基于服务能力和服务水平为评价指标进行充电设施规模规划的充电站服务能力模型进行介绍。

### 9.3.1 基于燃料需求的城市充电设施数量规划模型

在电动汽车逐渐替代传统内燃机车辆的趋势下，电动汽车充电需求等效于传统车辆的燃料补给需求。现阶段，可根据传统车辆的燃料补给需求进行充电设施的规模规划，并根据城市车辆应用规模及发展规划进行拓展性的充电设施规划。其间考虑到家用充电桩能够吸引部分电动汽车用户的因素来引入折算系数，将该区域所有加油站平均日售油量折算成充电站的平均日售电量，进而确定规划区域内适宜的充电站建站数量 $Z_{jy}$ 为

$$Z_{jy} = \frac{E}{W_q} = \frac{C_{cd}\sum_{i=1}^{M}\left[O_i\sum_{j=1}^{N}\left(D_j\frac{Q_j}{G_j}\right)\right]}{W_q} \quad (9\text{–}10)$$

式中，$O_i$ 为加油站日售油量；$M$ 为加油站的数量；$Q_j$ 为电动汽车平均百公里电耗；$G_j$ 为加油车辆平均百公里油耗；$D_j$ 为加油的 $j$ 车型比例；$C_{cd}$ 为用户到充电站充电的比例；$W_q$ 为充电站一天的期望售电量。

### 9.3.2 面向区域的充电设施布局规划模型

充电设施的建设应以顾客的便捷性为目标，兼顾车辆使用中的燃料补给习惯。因此可以采用通过顾客能承受的最大找寻时间来确定充电站的最大服务半径的方法。充电站的服务半径按下式计算：

$$r = \frac{vt}{\lambda} \quad (9\text{–}11)$$

式中，$v$ 为车辆的行驶速度；$t$ 为顾客的最大寻找时间；$\lambda$ 为道路的曲度系数，即两点间实际交通距离和直线距离之比。

基于城市规划的中心地理论，对充电站按服务规模和服务半径进行分级（该分级原则已被引用到北京市电动汽车充电站建设标准中），根据电动汽车使用者最小交通成本的条件和服务领地的排他性，用六边形紧凑布局形式对充电站等级、规模关系以及服务区域加以概括。六边形布局既能满足充电路径最短原则，又能消除充电站布局的重叠区。次一级充电站的最佳分布位置选择在高一级充电站服务领地内服务薄弱的六边形的顶点处，从而能使充电站获得较高的经济收益，并改善了充电站的服务，如图 9-2 所示。

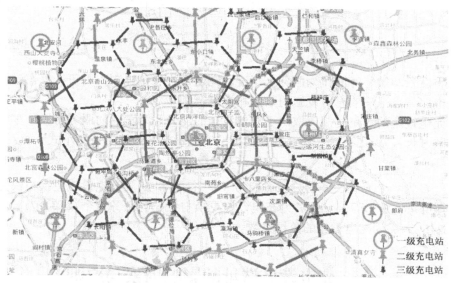

图 9-2 区域内多级充电设施网络示意图

### 9.3.3 面向城际间线性路段的充电设施布局规划模型

基于电动汽车在路上行驶时消耗的电量总和与该规划路段内充电站的充电需求相等的原则，在断面车流量统计及耗电量统计的基础上，引入线路差异系数、充电站引力系数和充电站利润率等影响因子，建立路段相邻充电站的建设距离模型，可求得线性路段上充电设施的平均控制距离 $l$ 为

$$l = \frac{L}{z} = \frac{LW_0}{C_d C_y \sum_{i=1}^{N}(Q_i V_{i,j})} \tag{9-12}$$

式中，$C_d$ 为线路差异系数；$C_y$ 为路段充电站引力系数；$W_0$ 为充电站一天的期望售电量；$V_{i,j}$ 为 $i$ 型车在 $j$ 路段上的车流量；$Q_i$ 为 $i$ 型车平均百公里电耗。

### 9.3.4 充电站服务规模规划模型

充电设施服务可采用输入过程服从泊松分布,服务时间服从定长分布,有 $C$ 个服务台,系统空间容量为 $N$ 个顾客,顾客源无限,服务规则是先到先服务的 $[M/D/C/N/\infty/FCFS]$ 型排队模型。各充电机同时工作且相互独立,平均服务率为 $\mu$,每小时到达充电站的电动车数量为 $\lambda$,系统服务强度 $\rho = \dfrac{\lambda}{n\mu}$,则可求得系统服务的排队队长 $L_q$ 和等待时间 $W_q$ 分别为

$$L_q = [(C-1)!(C\mu-\lambda)^2]^{-1}\lambda\mu\left(\dfrac{\lambda}{\mu}\right)^C P_0 \qquad (9-13)$$

$$W_q = \dfrac{L_q}{\lambda} \qquad (9-14)$$

将队长和等待时间作为服务水平进行充电设施服务控制,则可计算在满足既定充电服务水平下的充电设施的数量和规模。

充电设施的数量和规模取决于充电设施的能力和为车辆的服务水平(车辆充电排队时长),采用更换、快充为主的标准充电设施服务能力可用下式计算:

$$C = n\mu Tk + n'\mu'Tk \qquad (9-15)$$

式中,$C$ 为单个充电设施的总服务能力($V$);$\mu$ 和 $\mu'$ 为充电设施更换与快充服务台服务率($V/h$);$n$ 和 $n'$ 为充电设施更换与快充的服务台个数;$T$ 为日总时长(24h);$k$ 为充电设施的繁忙系数。

## 9.4 充电设施选址的影响因素与原则

充电设施的选址布局合理与否,直接关系到用户的充电便利性及投资方的利益。充电设施网络的选址规划是一个极其复杂的问题,大部分为多目标优化问题,而且问题的搜索空间庞大。

### 9.4.1 充电设施选址的影响因素

充电设施的选址问题涉及多方面的影响因素(见图9-3),如政府政策因素、不同的充电需求、区域经济发展、区域电网情况和环境因素等。

**1. 政府政策因素**

充电设施选址第一步应该参考所在城市的政府发展规划,充电设施的建设不能影响或者干涉政府的规划项目。充电设施地址的选择需要考虑是否会影响到城

# 第 9 章
## 充电设施的布局规划与用地选址

图 9-3　充电设施布局选址的影响因素

市公共场所的建设以及是否与城市绿化区域相冲突等。如果没有充分了解当地政府的相关发展目标，不做好前期的准备工作，必然会给充电设施后续的建设带来潜在的麻烦。

除此之外，建设充电设施需要占用相应面积的土地资源，在进行建设前必须与当地政府做好沟通协调工作，避免发生由于土地使用不当而导致的强制拆除事件。目前已经建设的加油站都经过了一系列的科学规划，站址的选择也比较合理，而且已经被当地居民所熟知，在进行充电设施建设选址时，可以考虑将建设地址选择在加油站附近，甚至可以将充电设施与加气站、加油站进行整合，这样可以提高土地的利用率。

国家电网的相关政策也同样会影响到充电设施的建设情况，充电设施的顺利建设运营离不开国家电网的支持。当前基于能源消费结构的整改，很多电网公司以及石油企业开始投资充电设施的建设。所以在规划建设充电设施前必须全面了解相关政策，从中获取一些契机。

### 2. 不同充电需求

一个城市电动汽车的充电需求通常直接与该城市的电动汽车保有量相关。同时，汽车的日行驶里程、满电时的续驶里程等都会对充电需求产生影响。此外不同的汽车运行模式对充电时间的需求也会有所不同。例如在公交车运行模式下，可以将充电设施的站址选择建设在公交场站的停车位置，利用晚上用电低谷时间来给车辆充电；在出租车运行模式下，由于出租车白天基本上大部分时间都在路上行驶，对充电的需求比较高，所以充电设施的位置应该尽量选择在出租车经常运行的范围内；而对于大众用户，充电设施可以选择建设在居民区的停车场、单位的办公区、商厦的停车位等一些公共场所内。

电动汽车的充电模式主要分为三种：常规充电、快速充电和更换电池充电。电动汽车在不同的运行模式下，对于充电时间的需求也不一样，这就需要在建设充电设施时，考虑满足不同充电时间需求的因素。如果电动汽车对于充电时间没有严格的要求,则可以利用电动汽车在停放的时间段同时电网处于低谷的时候对其进行充电,保证电动汽车正常运行;如果电动汽车对于充电时间有严格要求,就需要采用快速充电或者更换电池的模式对其进行及时的电能补给,以保证汽车正常运行。同时,不同的充电方式所要求的充电电压和电流也是不同的。当不同的用户选择不同的充电方式时,会导致充电设施日充电量发生不断的变化,这也将直接引起周边电网负荷的不断变化。因此,电动车充电设施选址应该根据城市的电网分布情况和不同充电需求来进行规划。

3. 区域经济发展

充电设施作为一个基础设施服务于大众,选址时需要贴近大众日常的生活轨迹。不合理的选址将会给未来的运营带来巨大的不良影响,不仅不能使车主们得到便捷的充电服务,同时也损害了投资商们的利益。站址的选择通常需要结合区域周围经济发展情况来确定。一般来说,越是繁华的区域,交通情况往往越好,主干线分布较多、车流量较大。而且繁华区域的人口密度较大,相对应的充电需求会比较大,所以在进行充电设施选址时,应该尽量将站址选择在发达的商业区。

(1) 人口数量

一个地区人口数量的多少直接反映了该地区具有充电需求的用户数量。通常情况下,一个地区的人口数量越多,那么该地区相应的具有充电需求的用户数量往往就会越多。随着电动汽车后续的发展以及政府的大力推广,未来拥有电动汽车的用户的充电需求会越来越多。只要人口分布密集和数量足够庞大,那么该地区的充电需求就会具有相当大的增长潜力。区域人口数量是该区域充电设施未来规划建设的重要衡量指标之一,也是充电设施选址的一项重要评估指标。

(2) 居民的购买能力

除了考量一个地区的人口数量以外,用户充电需求的增长潜力还与该地区居民的购买能力密切相关。通常来说,当地居民的购买能力越大,那么该地区未来的充电需求相对应也就越大。目前,中国汽车的消费量已经达到了空前的规模,同时平均每户家庭拥有的汽车数量也正在逐渐增加。随着后续电动汽车的推广以及人们环保意识和生活水平的不断提高,电动汽车也会成为越来越多家庭的首要选择,该区域未来的充电需求也会逐渐增大。因此,居民购买能力的大小对电动汽车充电设施选址有着非常重要的影响。

同时,对于一些经济条件相对较差的区域,可以兼顾与邻近发达区域的距离来考虑充电设施的选址。如果两地之间的人员流动比较大,可以考虑将站址选择在靠近它们的交界处,这样在满足用户充电需求的同时,也能够进一步缓解繁华地带的交通拥堵状况。

4. 区域电网情况

电动汽车充电设施在运营过程中离不开电网的支持，电网需要对其输送很大功率的电能，因此充电设施会对区域内的电网产生很大的影响。在规划充电设施选址时应该充分考虑该区域的输配电网的情况，这就需要与电力供应部门认真协商，将充电设施的建设纳入到城市电网规划当中，这样才能够保证电动汽车充电设施电能供应的安全性和稳定性。除此之外，由于充电设施是一种非线性的电力负荷，在工作过程中会产生大量的谐波，从而严重影响电网的正常运行。充电设施在进行短暂而又快速的充电过程中，负荷的变化也极其不规律，这会对电网造成极大的电压冲击。

在进行充电设施选址时，应该结合不同区域的充电需求评估建站可能性的大小。此外，政府还应该提供相应的优惠政策，结合电动汽车的推广情况和城市的整体发展规划，合理地规划充电设施的布局和建设，防止出现"一窝蜂"的重复投资问题，降低不必要的投资浪费。

5. 环境因素

在不同的充电场所、不同的环境条件下，电动汽车动力电池充、放电的能力都会有所不同。例如在不同的温度条件下，充电的能力就会产生很大差异：当动力电池处于常温环境下时，其接受电能的能力会比较强；而当动力电池处于低温条件下时，其接受电能的能力会比较弱，而对于充电设施来说则需提供更大的充电功率。因此，在对充电设施进行选址时还需要充分考虑充电设施所处的各种环境因素。

充电设施选址的规划建设还涉及更多方面的因素：对投资建设方来说，建站的规模和场地费用也是必须要考虑的因素；对使用方来说，不同充电方法在不同时段的充电电价也是需要考虑的因素。只有明确相关因素的作用和重要性，才能使选址更加明确和合理。

## 9.4.2 充电设施选址的原则

电动汽车充电设施选址的合理性关系到用户使用的便捷性。在进行选址工作前，首先必须要明确充电设施选址时所应该遵循的一些主要原则，其中包括示范性原则、便利性原则、经济性原则、电网安全性原则、建设可行性原则。在这些主要原则的基础上进行选址考虑才能使其更加的明确和合理，使充电设施能更好地发挥其功能并且使效率最大化。

1. 示范性原则

在电动汽车充电设施建设中，应与电动汽车推广应用的不同阶段相适应。当前，电动汽车产业处发展初期，应将充电设施的示范效应作为重点因素加以考虑，

**电动汽车**
充电技术及基础设施建设

其选址应重点考虑选择在人流密度较大的商业或住宅区域，推动社会公众对电动汽车及其能源供给方式的理解和认识。

2. 便利性原则

首先，电动汽车充电设施选址应该考虑车道情况、车道数量以及主次关系，这些因素直接关系到电动汽车进站的便捷性，进而影响充电设施的收益。车道多、主干线或者次干线的道路重要性越高，通畅程度越好，该站点的交通便利性就会越高，从而能够使电动汽车充电设施的价值充分体现出来。通常来说，充电设施应设置在城乡次干道路旁，其进、出口应该与城乡次干道路相连。

其次，车流量的大小也影响着电动汽车进、出充电设施的便利性。车流量主要受车速、隔离带情况以及转向限制等因素的影响。如果道路上行驶车辆的平均车速太快，则会出现进站车辆影响其他道路上车辆正常行驶的情况。并且由于车速过快，对车主来说不方便其减速进站，甚至可能错过进站机会。此外，隔离带的存在在限制车速的同时，还会导致车流量减少，进而影响充电设施的服务率。此外，有的车道还限制转向，从而使一些本打算充电的车主绕道而行，所以充电设施在选址时应该尽量避开有交叉路口的道路。

对于不同的使用人群，充电设施的选址也有所不同。例如：对于普通的上班人群，充电设施应该尽量选择设置在一些居民小区的停车场内，同时应该在一些商务区、办公区的停车场建立充电桩；对于市中心的人群来说，可以将充电设施设置在商场、娱乐中心、医院、公园等人员流量大的地区；对于投放于公共交通的电动公交车、出租车等交通工具，相对应的充电设施应该设置在道路交通条件较好的公交站点、公交公司与出租车公司的车辆专用停车区域等；对于电动工程车辆，如果数量较多，则应设置专门的充电站分布于相关工程部门附近。

3. 经济性原则

电动汽车充电设施的成功运行，需要投入大量的资金来支撑，这就要求必须合理规划，尽量减少建站过程中每一环节的成本。

在建设电动汽车充电设施的过程中，早期需要购置场地和设备器材等。在选址时除了应该充分考虑区位优势外，还要考虑到该区位的土地成本。要充分地做好该地段未来效益的评估工作，并且结合前期投入资金进行可行性分析，谨慎做出选择。

在选址设点时也要控制好充电设施的建设数量与分布密度，避免前期盲目的成本投入，这里可以借鉴加油站的设点模式。

对于公用充电站：高速公路上可以每间隔百公里设置两个充电站于服务区内；城区中的充电站可按照服务半径 2~3km 来设点；城乡主干道充电站可以按照每 20km 一对的密度来设点；对于一些车流量较大的地点（如机场、码头、热门景区等）可以加设充电站。

对于充电桩：主要考虑建设在停车位上，可以根据调研当地电动汽车数量按照某一百分比来配置。首批建设的充电桩数量不宜过多，避免其闲置现象的发生。对于商场停车场、景区停车场、医院停车场等车流量较大地区则应适当增大充电桩的建设比例；对于政府部门办公场所，应设置专门的公务车停车充电区域，充电桩按照1:1设置，同时需要另外考虑建设一些充电桩供社会车辆使用。

4. 电网安全性原则

在进行电动汽车充电设施选址的过程中应该充分考虑到对电网安全性产生的负面影响。充电设施所在地区会因为充电设施的巨大用电需求而新增一个巨大的充电负荷，所以需要考虑当地电网能否在这种环境下安全地运行。此外，一旦电动汽车得到普及应用，充电设施带来庞大的用电量也会给当地的电网造成巨大的压力。用电量的增加可能直接导致原有输配电网的重新改造或者需要新增输配电网甚至需要更新或者增加变压器。针对特定的地区，为了满足巨大的充电负荷要求甚至需要建设新的电厂或者对旧的机组进行升级改造。

大量的电动汽车集中在一个时间段内充电也会导致负荷的急剧增长。非工作时间段是家用电动汽车的充电高峰期，这一用电高峰形成的用电负荷峰谷不但对电网造成巨大压力，而且不利于电力的调度，降低整个电网的配电效率。此外，由于车辆充电场所的不确定性，从而导致系统的电网结构随时可能发生改变，进一步对系统的稳定性带来不可估量的潜在隐患。

因此，应当对当地的用电需求进行大致的评估，并且需要积极联系电网部门参与选址确定。既要避免充电设施过分扎堆布置，又要充分考虑当地电网的配电能力。同时充电设施应该便于供电电源的取得，应尽量靠近供电电源端，以便供电电源线的进出。

5. 建设可行性原则

建设可行性主要指自然地理环境和社会环境两个方面。

（1）自然地理环境

充电设施应充分利用附近的交通、道路、给水排水和消防等市政公共设施，应尽量避开排水不良的位置，不良的防洪条件增加了充电设施被淹没的风险。同时要考虑充电设施所在区域的地质情况，例如是否为地震多发区域、是否利于施工等，这些因素都会影响到施工成本以及增加未来对充电设施进行维护时的费用。另外，还要尽量选择拆迁少的地理位置，这样就可以缩短建设工期，而且还可以避免不必要的土地征用费用。

（2）社会环境

作为一项基础设施，充电设施的建设必须符合城市的建设规划，否则不会得到政府的支持。充电设施的选址应该将安全放在首位，作为服务性的设施，其建设不应该对环境造成危害，电动汽车在充电过程中会产生很大的噪声，更不能影响到周围居民的正常生活。同时与其他建筑物、构筑物之间应当按照有关规定保持适当的防火间距。

## 9.5 布局规划案例

为了适应不断增长的充电设施建设需求，积极落实《国务院办公厅关于加快新能源汽车推广应用的指导意见》，全国几大试点城市都在积极地开展充电设施布局规划工作。其中，北京作为首批试点之一，在空间布局规划探索的进程中起到了非常好的模范带头作用，本节以北京市为例进行展开说明。

北京作为中国的首都，是目前新能源汽车推广力度最大、充电基础设施拥有量最多的城市。在 2003 年就有 2 辆装配铅酸电池的电动客车被运用于 121 路公交车线路，这也使得北京成为最早进行新能源汽车推广的城市。

仅仅 2017 年上半年，北京市就已推广新能源汽车 13.54 万辆，其中私人电动汽车约 8.5 万辆；累计建成 9.23 万个充电桩，其中私人自用充电桩数量达到 6.5 万个，配建比约为 75%。截至 2017 年 8 月，北京市共建设公共类充电桩 26 673 个，其中交流充电桩 7989 个、直流充电桩 9553 个、交直流一体充电桩 9131 个。公共类充电桩主要集中于大型商圈、交通枢纽、办公区、高速公路服务区、公园景点、加油站等区域，基本形成了六环路以内平均服务半径为 5km 的公用充电网络。北京市主要区域充电设施分布图与北京市内充电桩分布比例图分别如图 9-4 和图 9-5 所示。

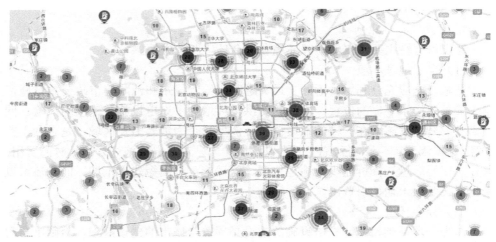

图 9-4　北京市主要区域充电设施分布图

# 第 9 章
## 充电设施的布局规划与用地选址

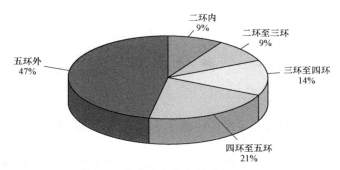

图 9-5　北京市内充电桩分布比例图

为配合北京城市副中心、北京新机场、2022 北京冬奥会、2019 北京世园会的建设，北京市正大力加紧上述区域的公用充电桩建设。截至 2017 年上半年，通州区已经实现高速公路充电网络全覆盖。"十三五"期间，通州区将规划建设近 1 万个充电桩，城市副中心重点区域及各乡镇中心实现"1km 充电圈"。北京市将重点规划在城市副中心行政办公区机关单位停车场、停车楼，各大型商场、超市、广场，各乡镇政府机关，主要道路、地铁沿线、旅游景点等建设充电设施。

目前，北京市正在继续加紧实施电动汽车充电设施安装计划。对于私用充电桩将继续落实"一车一桩"原则，对具有固定停车位及电源条件的小区，按规定建设私人自用充电设施；对不具备固定停车位或电源条件不足的老旧小区，组织建设小区公用充电设施。而对于公共充电桩，则将重点对北京市各级政府机关、事业单位、团体组织、企业单位的内部停车场资源进行挖掘，推进充电设施建设，解决职工使用电动车的后顾之忧。继续对大型商超、交通枢纽、公园景区及地铁 P+R 停车场等公用充电基础设施进行改造建设。

# 参 考 文 献

[1] 中国汽车技术研究中心. 中国新能源汽车产业发展报告[M]. 北京：社会科学文献出版社，2017.

[2] 鲁莽，周小兵，张维. 国内外电动汽车充电设施发展状况研究[J]. 华中电力，2010，23（5）：16–20.

[3] 张勇，蒲勇健，史乐峰. 电动汽车充电基础设施建设与政府策略分析[J]. 中国软科学，2014（6）：167–181.

[4] 陈吉清，邱泽鑫，兰凤崇，等. 纯电动汽车车载充电技术的发展研究[J]. 科技管理研究，2015，35（16）：36–40.

[5] 王震坡，孙逢春，刘鹏. 电动汽车原理与应用技术[M]. 北京：机械工业出版社，2014.

[6] 王震坡，孙逢春. 电动车辆动力电池系统及应用技术[M]. 北京：机械工业出版社，2012.

[7] 丁跃浇，张万奎，陈波. 电动汽车铅酸电池的进展[J]. 湖南理工学院学报（自科版），2007，20（2）：50–52.

[8] 陈清泉，孙逢春，祝嘉光. 现代电动汽车技术[M]. 北京：北京理工大学出版社，2002.

[9] 吴兴敏，于运涛，刘映凯. 新能源汽车[M]. 北京：北京理工大学出版社，2015.

[10] 崔源，徐增勇. 电动汽车动力电池现状分析[J]. 产业与科技论坛，2016，15（24）：80–81.

[11] 徐伟. 磷酸铁锂动力电池充电方法研究和均衡充电模块的设计[D]. 重庆：重庆大学，2010.

[12] 于京诺，王强，陈炜. 电动汽车磷酸铁锂动力电池技术的发展[J]. 汽车电器，2011（10）：11–13.

[13] 黎继刚. 锂离子动力电池管理系统的研究与实现[D]. 杭州：浙江理工大学，2010.

[14] 廖晓军，何莉萍，钟志华，等. 电池管理系统国内外现状及其未来发展趋势[J]. 汽车工程，2006，28（10）：961–964.

[15] 蒋金亮，苏红. 电动汽车分时租赁发展模式研究[J]. 交通与运输，2016（A02）：82–84.

[16] 赵伟博，牛东晓. 电动汽车分时租赁的推广策略研究[J]. 科技和产业，2017，17（4）：111–116.

[17] 麻友良，严运兵. 电动汽车概论[M]. 北京：机械工业出版社，2012.

[18] Montbach E, Davis D J, Khan A, et al. Novel Flexible Reflex (TM) Displays [C]. Proceedings of SPIE–The International Society for Optical Engineering, 2009, 7232.

[19] Pramanik S, Anwar S. Electrochemical model based charge optimization for lithium-ion batteries [J]. Journal of Power Sources, 2016, 313: 164–177.

[20] 赵侃，朱聪，曾诚，等. 基于电化学模型的电动公交车续驶里程预测及分析[J]. 公路交

通科技，2013，30（8）：153-158.

[21] 王晓亮. 聚合物动力锂电池组充电策略研究[D]. 哈尔滨： 哈尔滨工业大学，2011.

[22] 周文源，袁越，傅质馨，等. 全钒液流电池电化学建模与充放电分析[J]. 电源技术，2013，37（8）：1349-1353.

[23] Hu X，Li S，Peng H，et al. Charging time and loss optimization for LiNMC and LiFePO 4，batteries based on equivalent circuit models [J]. Journal of Power Sources，2013，239（10）：449-457.

[24] 刘玉杰，姜印平，孟祥适. 关于快速脉冲充电技术的研究[J]. 蓄电池，2004，41（2）：71-73.

[25] 李旺达，邓云霄. 脉冲式快速智能充电技术的研究[J]. 通信技术，2008，41（12）：402-404.

[26] 肖相如. 铅酸蓄电池脉冲快速充电方法的研究与应用[J]. 通信电源技术，2013，30（5）：64-67.

[27] 韩雪冰. 车用锂离子电池机理模型与状态估计研究[D]. 北京：清华大学，2014.

[28] 郭亮. 电动车用蓄电池充电技术的进展[J]. 电池，2002，32（4）：245-246.

[29] 张承宁，吴兵峰，孙逢春，等. 电动汽车脉冲快速充电器[J]. 北京理工大学学报（英文版），2002，11（3）：240-245.

[30] 李俄收，朱会田，吴文民. 电动汽车蓄电池的充电方法和充电设备[J]. 电源技术，2009，33（10）：910-913.

[31] 李旸. 电动汽车蓄电池快速充电法及智能平台的研究与实现[D]. 北京： 北京工业大学，2011.

[32] 刘玉杰，姜印平，孟祥适. 关于快速脉冲充电技术的研究[J]. 蓄电池，2004，41（2）：71-73.

[33] 张彦琴，刘汉雨，卢明哲. 锂离子电池充电方法及其评价指标[J]. 电池工业，2013，18（22）：99-102.

[34] 刘汉雨. 锂离子电池充电方法及寿命预测研究[D]. 北京： 北京工业大学，2014.

[35] 郭振，张长水，孟海军，等. 锂离子电池优化充电技术研究现状[J]. 电池，2013，43（2）.

[36] 徐伟. 磷酸铁锂动力电池充电方法研究和均衡充电模块的设计[D]. 重庆：重庆大学，2010.

[37] 郑欣. 蓄电池充电及其修复技术的研究[D]. 成都： 西南交通大学，2008.

[38] 李俊. 蓄电池快速充电技术研究[D]. 成都： 西南交通大学，2009.

[39] 陈一平. 车载智能快速充电机的设计与研究[D]. 天津： 天津大学，2008.

[40] 王建全. 大功率全数字化开关充电机的研究与实现[D]. 上海：上海交通大学，2008.

[41] 朱光欢. 电动汽车车载充电机及其相关技术研究[D]. 广州：华南理工大学，2011.

[42] 黄少芳. 电动汽车充电机（站）谐波问题的研究[D]. 北京：北京交通大学，2008.

[43] 徐海明. 电动汽车充电站运行与维护技术[M]. 北京：中国电力出版社，2012.

［44］姜久春. 电动汽车充电设施运行与维护技术［M］. 北京：北京交通大学出版社，2016.

［45］顾越. 电动汽车充电机及其电气性能测试研究［D］. 北京：北京交通大学，2012.

［46］叶健诚，董晨，马彦华，等. 电动汽车充电机性能评价指标体系研究［J］. 电测与仪表，2015，52（21）：91–96.

［47］高飞燕. 牵引用蓄电池智能充电机的研究与开发［D］. 长沙：湖南大学，2006.

［48］邓钧君. 用于电动汽车的车载充电机高效率谐振变换器研究［D］. 西安：西北工业大学，2015.

［49］张辉，王换民，李宁，等. 电动汽车无线充电混合补偿拓扑电路分析［J］. 电力系统自动化，2016，40（16）：71–75.

［50］徐海明. 电动汽车充电站运行与维护技术［M］. 北京：中国电力出版社，2012.

［51］任玉珑，史乐峰，张谦，等. 电动汽车充电站最优分布和规模研究［J］. 电力系统自动化，2011，35（14）：53–57.

［52］陈新琪，李鹏，胡文堂，等. 电动汽车充电站对电网谐波的影响分析［J］. 中国电力，2008，41（9）：31–36.

［53］郭静. 电动汽车充电机（站）的谐波特性研究［D］. 北京：华北电力大学，2013.

［54］黄少芳. 电动汽车充电机（站）谐波问题的研究［D］. 北京：北京交通大学，2008.

［55］王宇. 电动汽车充电站监控管理系统设计与实现［D］. 北京：北京工业大学，2015.

［56］严辉，李庚银，赵磊，等. 电动汽车充电站监控系统的设计与实现［J］. 电网技术，2009，33（12）：15–19.

［57］刘永相，惠富会，徐瑞林，等. 基于LabVIEW和CAN总线的电动汽车充电站监控系统设计［J］. 电测与仪表，2011，48（11）：41–44.

［58］吴智强. 基于嵌入式实时操作系统的电动汽车充电站网络监控系统的研究［D］. 北京：北京交通大学，2007.

［59］李明，姜久春，牛萌. 电动汽车充电站网络监控系统的研究［J］. 微计算机信息，2010，26（11）：163–164.

［60］王震坡. 奥运纯电动客车动力电池及其更换存储系统［J］. 新材料产业，2008（12）：16–18.

［61］张维戈. 纯电动公交车换电站优化设计和经济运行研究［D］. 北京：北京交通大学，2013.

［62］高赐威，吴茜. 电动汽车换电模式研究综述［J］. 电网技术，2013，37（4）：891–898.

［63］刘飞. 北京电动汽车充电站布局规划研究［D］. 北京：北京物资学院，2015.

［64］赵晓晨. 城市电动汽车充换电站选址优化研究［D］. 哈尔滨：哈尔滨工业大学，2015.

［65］刘晓欣，普碧才，刘镇，等. 电动汽车保有量预测研究现状［J］. 云南电力技术，2017，45（2）：30–33.

［66］韩刚团，江腾，等. 电动汽车充电基础设施规划与管理［M］.北京：中国建筑工业出版社，2017.5.

［67］丁雪枫. 电动汽车能量供给机制与充电设施空间布局［M］.上海：上海财经大学出版社，2014.11.